**EINE PUBLIKATION DES DUISBURGER INSTITUTS
FÜR SPRACH- UND SOZIALFORSCHUNG
SOWIE DES SALOMON LUDWIG STEINHEIM-INSTITUTS
FÜR DEUTSCH-JÜDISCHE GESCHICHTE**

VISIONEN DER GERECHTEN GESELLSCHAFT

MICHAEL BROCKE · MARGARETE JÄGER
SIEGFRIED JÄGER · JOBST PAUL · IRIS TONKS

VISIONEN DER GERECHTEN GESELLSCHAFT
DER DISKURS DER DEUTSCH-JÜDISCHEN PUBLIZISTIK IM 19. JAHRHUNDERT

BÖHLAU VERLAG KÖLN WEIMAR WIEN 2009

Bibliografische Information der Deutschen Nationalbibliothek:
Die Deutsche Nationalbibliothek verzeichnet diese Publikation in der
Deutschen Nationalbibliografie; detaillierte bibliografische Daten sind
im Internet über http://dnb.d-nb.de abrufbar.

© 2009 by Böhlau Verlag GmbH & Cie, Köln Weimar Wien
Ursulaplatz 1, D-50668 Köln, www.boehlau.de

Alle Rechte vorbehalten. Dieses Werk ist urheberrechtlich geschützt.
Jede Verwertung außerhalb der engen Grenzen des Urheberrechtsgesetzes
ist unzulässig.

Satz: SatzWeise, Föhren
Druck und Bindung: TZ-Verlag + Print GmbH, Roßdorf
Gedruckt auf chlor- und säurefreiem Papier
Printed in Germany

ISBN 978-3-412-20315-3

Inhalt

1. Der verweigerte Dialog: Analyse eines kulturellen Erbes 7
2. Methodische Überlegungen: Historische Diskursanalyse 12
3. Diskursiver Kontext: Die Debatte um Integration und rechtliche Zugehörigkeit 17
4. Publizistische Bedingungen 19
5. Ein großes thematisches Spektrum: Die zentralen Themen und Unterthemen der Texte 23
6. Das Sagbarkeitsfeld: Aussagenanalyse 34
7. Feinanalysen 81
8. Staat, Nation, Gesellschaft: Die jüdische Sicht / Zusammenfassung der Projektergebnisse 138
9. Die Bedeutung der Projektergebnisse für Gegenwart und Zukunft 145

Anhang 1: Aufbau des Archivs 151

Anhang 2: Analyse der Themenfelder 154

Anhang 3: Leopold Stein, Was ist das Wesen des christlichen Staates [Volltext] 162

Anhang 4: Lazarus Adler, Ueber das Verhältniß des Judenthums zur Cultur überhaupt und zur heutigen insbesondere [Volltext] 174

Verzeichnis der Sekundärliteratur 185

Verzeichnis der Primärliteratur 192

Ausführliches Inhaltsverzeichnis 197

1. Der verweigerte Dialog: Analyse eines kulturellen Erbes

Vor nun über 100 Jahren mussten Repräsentanten der jüdischen Minderheit in Deutschland feststellen, dass ihr Wunsch nach einer gemeinsamen jüdisch-christlichen Zivilgesellschaft von der Mehrheitsgesellschaft noch immer und erneut zurückgewiesen wurde. Von Generation zu Generation hatte die jüdische Minderheit diese Vision vielstimmig vorgetragen und seit der Aufklärung stets an die deutsche Kultur geknüpft. Doch nach wie vor stand der jüdischen Publizistik um 1900, wenn sie zu den Themen *Staat, Nation, Gesellschaft* Stellung bezog, eine machtvolle Mehrheitspublizistik gegenüber, die sich dem Dialog verweigerte und den deutsch-jüdischen (Gegen-)Diskurs nicht zu Wort kommen ließ.

Schon Mitte des 19. Jahrhunderts hatte der Widerstand gegen die rechtliche Gleichstellung der Juden in Deutschland programmatische Qualität angenommen[1]. Mit der Reichsgründung 1871 kamen antisemitische Kampagnen bestimmter politischer Lager und ihrer Verlage hinzu. Das Pamphlet *Unsere Aussichten* des Historikers H. von Treitschke artikulierte schließlich im Jahr 1879 den festen Willen der akademischen Bildungselite, die rechtliche Gleichstellung der deutschen Juden politisch zu unterminieren.

Mit der Formierung antisemitischer Parteien am Ende des Jahrhunderts rückte der Antisemitismus noch markanter in die Mitte des nationalen deutschen Selbstverständnisses. Das Ende der Weimarer Republik markierte bereits den Sieg der völkischen Bewegung. Im Nationalsozialismus wurde das deutsche Judentum nicht mehr nur ausgegrenzt, sondern vertrieben und in einem industriell angelegten Massenmord ausgelöscht.

Seitdem stehen die ‚Aufarbeitung' des Geschehens und die Frage nach dem ‚Warum' im Zentrum gesamtgesellschaftlicher Reflexion in Deutschland. Zunehmend ist die nationalistisch-völkische, bzw. christlich-antisemitische Vorgeschichte seit Beginn des 19. Jahrhunderts in den Blick gekommen[2]. Dabei wurde die Einsicht unabweisbar, dass die jüdische Minderheit in Deutschland, nach einer langen Vorgeschichte der Judenfeindschaft, auch nach der Epoche der Aufklärung bis hin zur NS-Machtübernah-

---

1 Vgl. Sterling 1956.
2 Dazu liegt inzwischen eine ausdifferenzierte, umfangreiche Forschungsliteratur vor. Vgl. die ausführliche Diskussion des Forschungsstandes bei Holz 2001, 26–115, sowie die Beiträge in Bergmann/Körte 2004. Zum Zusammenhang zwischen Romantik und Antisemitismus vgl. Hartwich 2005. Zur sprachlichen Reproduktion von Nationalstereotypen im 19. Jahrhundert vgl. Gerhard/Link 1991.

me mit sozialen und biographischen Folgen unterschiedlicher Formen der Ausschließung, Abweisung und Negierung konfrontiert war.[3]

Bisher ist jedoch kaum beachtet worden, dass jüdische Autoren gerade *während* dieser Zeiten und *ungeachtet* der oft herabsetzenden Lebensbedingungen einen couragierten und ausdifferenzierten Diskurs hervorbrachten, der eine kulturelle Grundsatzdebatte von historischer Dimension und gegenwärtiger Bedeutung darstellt. Noch in den Beginn der NS-Herrschaft hinein haben diese Autoren *für* die deutsche Kultur, aber *gegen* Nationalismus und völkische Verblendung Stellung bezogen und bedeutsame zivilgesellschaftliche Impulse gesetzt[4]. Sie haben versucht, *ihre* Wahrheit einer gesellschaftlich dominanten Wahrheit entgegenzusetzen – und sie sind mit diesem Versuch trotz intellektueller und philosophischer Brillanz gescheitert.[5]

Die hier vorgelegte Untersuchung beruht auf dem Projekt *Staat, Nation, Gesellschaft*, das vom Duisburger Institut für Sprach- und Sozialforschung (DISS) und dem Salomon Ludwig Steinheim-Institut für deutsch-jüdische Geschichte an der Universität Duisburg-Essen gemeinsam verwirklicht wurde. Sie will die Impulse und die diskursiven Voraussetzungen dieser Publizistik analysieren und für die Gegenwart fruchtbar machen, indem die Ergebnisse im Hinblick auf heutige Gesellschaftsentwürfe ins kulturelle Gedächtnis aufgenommen und reflektiert werden.[6] Ziel war es, den der jüdischen Publizistik zugrunde liegenden Diskurs zu rekonstruieren und seine demokratisch-republikanischen Vorstellungen und Entwürfe von Zivilgesellschaft herauszuarbeiten[7].

Darüber hinaus aber wollen die Projektergebnisse auch zu einem neuen Verhältnis zwischen Juden und Nichtjuden in einem demokratischen Deutschland beitragen: Die

---

3   Die Zurücksetzung in Bildungseinrichtungen untersucht Breslauer 1911; Herzog (1996) betrachtet das Spannungsverhältnis zwischen jüdischer Teilhabe und Ausgrenzung im Vorfeld der badischen Revolution 1848; Wiese (1999) dokumentiert die Abweisung jüdischer Theologie und Forschung durch die protestantische Orthodoxie des Kaiserreichs.
4   Zimmermann (1979) skizziert am Beispiel der Hamburger jüdischen Gemeinde zwischen 1830 und 1865 das Verhältnis zwischen jüdischer Emanzipation, Patriotismus und deutschem Nationalismus.
5   Vgl. dazu Brieler 1998, insbesondere das Kapitel „Die Historizität der Wahrheit", 585–598. Es geht also nicht um einen Streit um die Objektivität von Wahrheitsansprüchen, sondern um das Verhältnis von historisch legitimierter Wahrheit und historisch nicht legitimierter Wahrheit.
6   Das Projekt wurde vom Land Nordrhein-Westfalen im Rahmen der Initiative „Geisteswissenschaften gestalten Zukunftsperspektiven!" unter dem Schwerpunkt „Friedfertige Gesellschaft" gefördert und lief vom 01.06.2005 – 30.11.2006. Es wurde von Dr. Jobst Paul, Dr. Margarete Jäger und Iris Tonks (M.A.) unter der Leitung von Prof. Dr. Michael Brocke (Steinheim-Institut) und Prof. Dr. Siegfried Jäger (DISS) durchgeführt. Daneben trugen Jenny Dobberschütz, Daniela Hellbach, Matthias Leanza und Hacer Uçar als studentische Hilfskräfte bzw. Praktikanten zu den Projektergebnissen bei.
7   Vgl. beispielhaft Heitmann 1997 und 2002, sowie Wiese 2004.

heutige Auseinandersetzung mit den zivilgesellschaftlichen Beiträgen deutscher Juden, denen über so lange Zeiträume die Rezeption verweigert wurde, kann einen Zugang zur umfassenden und fruchtbringenden Aufarbeitung der deutschen Vergangenheit eröffnen, in der zur Befassung mit der Shoah die historisch reflektierte Erneuerung des Verhältnisses zwischen Juden und Nichtjuden in Deutschland hinzutritt.[8]

Das publizistische Werk deutsch-jüdischer Autoren des 19. Jahrhunderts ist nicht zu einem bestimmten geschichtlichen Zeitpunkt aus der öffentlichen Wahrnehmung gedrängt und marginalisiert worden, beispielsweise aus Anlass der Reichsgründung 1871 oder des fanatischen Patriotismus im Vorfeld des Ersten Weltkriegs. Im Gegenteil befanden sich jüdische Autoren, wenn sie sich an die breitere Öffentlichkeit richteten, stets in einer kulturellen, ideellen und häufig auch beruflichen Bedrängnis, sei es als jüdische Gelehrte oder als Rabbiner. Sie konnten meist nicht davon ausgehen, dass ihre Schriften von christlichen Lesern wahrgenommen und rezipiert würden. Rabbiner Joseph Aub klagte z. B. 1846 ganz allgemein, „daß die Bücher und Zeitschriften, welche von jüdischen Schriftstellern geschrieben und herausgegeben werden, (...) keinen Nutzen zur Belehrung der christlichen Mitbrüder haben, weil diese doch selten, fast nie diese Schriften lesen." (Aub 1846, 181)

Zuvor, im Jahr 1843, wies der Heidelberger Jurist Heinrich Bernhard Oppenheim darauf hin, dass der deutsch-jüdische Jurist Gabriel Riesser, der den Kampf um die Bürgerrechte in Deutschland seit dem Vormärz in maßgeblicher Weise führte, „glanzvolle Schriften" verfasst habe, die freilich „selbst Gesetzgebern unbekannt" seien. Stattdessen konsumiere man dort „die obscuren Traktätlein frömmelnder Landpfarrer, welche ihren eingesalzenen Judenhaß direkt aus *Schutt*[9] und *Eisenmenger* beziehen". (Oppenheim 1843, 48)

Rabbiner Joseph Eschelbacher beschreibt diese Verhältnisse noch im Jahr 1908, als habe es den Generationen währenden Kampf um Gleichberechtigung davor überhaupt nicht gegeben:

„Wie bei Ämtern und Anstellungen Juden im Hintergrunde stehen und nur schwer zur Geltung und Anerkennung kommen, so werden vielfach selbst bedeutende Werke von Juden wenig beachtet, wenig angeführt, selbst in namhafte Bibliotheken nicht aufgenommen und so um die Wirkung gebracht, die ihnen nach ihrem innern Gehalte zukommt. Diese Ignorierung oder Geringschätzung jüdischer Werke und Leistungen entgegenzuwirken, ist eine Pflicht der Selbstachtung und zugleich ein Kampf im Interesse der Wahrheit. Wir wollen Niemanden eine Meinung aufzwingen, aber auch wir wollen gehört und beachtet werden. Wir wollen nichts, wie der Welt das Material für

---

[8] Zum heutigen Verhältnis zwischen Juden und Nichtjuden vor dem Hintergrund einer Geschichte des Antisemitismus vgl. Halhuber/Pelinka/Ingruber 2002. Zum Problem deutscher Identität nach dem Holocaust vgl. Rüsen 2001. Vgl. auch die Vorüberlegungen zum Projekt von Paul (2004) sowie Brocke (2001), der in diesem Zusammenhang von einem neuen „Anbruch" spricht.

[9] Gemeint ist: Schudt 1714.

eine genaue und umfassende Prüfung und damit für ein gerechtes Urteil bieten. Wir wollen unsererseits dafür sorgen, dass die Schriften tüchtiger, wissensreicher und geistvoller jüdischer Schriftsteller nicht mehr unbeachtet zu Ladenhütern des Buchhandels werden, sondern bekannt und beachtet, von Juden, wie von ernsten, wahrheitsliebenden Nichtjuden gelesen und gewürdigt."[10]

Es ist mithin davon auszugehen, dass wir es mit einem zutiefst asymmetrischen, über Generationen hinweg ‚geschiedenen' Diskurs zu tun haben: Auf nicht-jüdischer Seite scheinen Verweigerung, Verdrängung, das Miss- und ‚Anders'-Verstehen, Herablassung und Belehrung vorzuherrschen, schließlich auch die antisemitische Demagogie. Nicht-jüdische Quellen übergehen ihre konkreten jüdischen Gegenüber in der Regel und billigen ihnen nicht den Status gleichberechtigter Dialogpartner zu. Die deutschjüdische Seite tritt hingegen mit Argumentationen, Ansprachen, Appellen und Protesten an konkrete Gegenüber hervor.

Wenn sich nun die bisherige Forschung – wie Christian Wiese beklagt hat – etwas einseitig an der Haltung der *nicht-jüdischen Gemeinschaft* orientiert, „an der Frage nach *ihren* Bildern von Juden und Judentum", nach „*ihren* praktisch-politischen Optionen angesichts der Problematik der jüdischen Integration in die Gesellschaft", so verwundert es nicht, wenn dabei die Marginalisierung der jüdischen Perspektive, die Geschichte „von Mißachtung und Verzerrung jüdischen Selbstverständnisses" im 19. Jahrhundert noch nicht prinzipiell durchbrochen werden konnte. (Wiese 1999, 6)

Es geht in der vorliegenden Untersuchung allerdings noch um mehr als um die bloße Anerkennung eines Unrechts. Susannah Heschel hat in einer grundsätzlichen These festgestellt, dass man erst über die Perspektive der deutschen Juden „die tatsächliche Situation der Zeit" *insgesamt* in den Blick bekomme (Heschel 1999, IX). Die These wirkt zunächst irritierend, denn woher könnte ein solches Gewicht der jüdischen Stimmen kommen, *wenn* sie doch programmatisch ignoriert wurden. Oder umgekehrt: Wie könnte gerade der *hegemoniale* Diskurs im 19. Jahrhundert weniger ‚wirklich' sein als der Diskurs der Minderheit deutscher Juden?

In der Tat erscheint Heschels These erst plausibel, wenn man ein quantitativ-mechanistisches Verständnis von ‚Diskurs' überwindet und stattdessen eine *qualitativ-diskursanalytische* Perspektive einnimmt. Offenbar erkaufte die national-christliche Position ihre Macht im 19. Jahrhundert mit einer stereotypen Selbstdarstellung, in der die Existenz eines jüdischen Gegenübers offenbar ausgespart blieb. Die Aufgabe, die Irrationalismen der christlichen Mehrheitsgesellschaft zu analysieren und bloßzustellen, blieb dagegen – meist notgedrungen – jüdischen Autoren vorbehalten.

Im Vorgriff auf die Ergebnisse kann kaum genug betont werden, dass für diese Autoren die umfassende gesellschaftliche Analyse und Diagnose im Vordergrund stand, das persönlich erlittene Unrecht aber – wenn überhaupt – nur am Rande. Dieses stellten die betreffenden Autoren unter dem Postulat des ‚langen Atems' meist ausdrücklich

---

10 Zit. n. Wiese 1999, 84.

zurück. Angesichts des großen, gemeinsamen Projekts der Aufklärung, dessen Realisierung – wie es schien – in Deutschland mit Händen zu greifen war, würde man Juden nicht auf der Seite des kleinlichen Egoismus finden.

Offenbar hat sich früh im 19. Jahrhundert im deutschen Judentum eine Form der Wahrnehmung, der Analyse und der Mitteilung artikuliert, die einen recht genauen Begriff von Diskurs und Geschichte voraussetzt: Bei aller – und oft begründeten – Hoffnung auf die unmittelbare Wirkung ihrer publizistischen Interventionen lassen die Autoren das Motiv der ‚Flaschenpost' anklingen: Sie äußern ihre Gewissheit, dass *spätere Zeiten* ihre Interventionen aufgreifen und ihnen Gerechtigkeit zuteil lassen werden[11].

Vor diesem Hintergrund wird das Gewicht des oft zitierten Urteils fassbar, das Gershom Scholem im Jahr 1962 äußerte[12]. Er wandte sich gegen den „Mythos", es habe ein im 19. Jahrhundert entstandenes, „im Kern" unzerstörbares deutsch-jüdisches Gespräch gegeben, das durch die Shoah zerstört worden sei. Liest man dieses Urteil umgekehrt, so war es die über viele Generationen anhaltende Dialogverweigerung deutschen Juden gegenüber, die sich während des NS-Regimes als gesellschaftliche Gleichgültigkeit niederschlug und die Realisierung der nazistischen Vernichtungspläne erst ermöglichte. Es ist ein sehr später, aber doch ein Beitrag zur Bewältigung des Unrechts, sich heute den Anliegen und Konzeptionen des deutschen Judentums im 19. Jahrhundert zu öffnen.

Im Zentrum steht dabei die Einsicht, die seit der Aufklärung von jüdischer Seite immer wieder an die Mehrheitsgesellschaft herangetragen wurde: dass die christlich geprägte, deutsche Kultur erst dann zur Integration von Minderheiten, d.h. *aller* Minderheiten befähigt wird, wenn sie ihr jüdisches Erbe als Voraussetzung ihrer selbst anerkennt und ihm ungeteilte Achtung entgegenbringt.

---

11 Die Hoffnung auf eine überdauernde Wirksamkeit von Diskursen setzt Vorstellungen von der ‚Macht' von Diskursen voraus und erinnert bereits an das Foucault'sche Verständnis des Begriffes „Diskurs". Vgl. die ausführliche Darstellung der Foucault'schen Machtanalytik bei Brieler 1998, 428–473.

12 Vgl. Scholem (1964), 278–281 und Scholem (1970), 7–12.

2. Methodische Überlegungen: Historische Diskursanalyse

Aus methodischer Sicht ist der Untersuchungsgegenstand (d.h. sind die Beiträge deutsch-jüdischer Autoren zum Thema) in einen Komplex aus Macht und Wissen eingebettet (,Macht-Wissens-Komplex'), für dessen Untersuchung sich das kulturwissenschaftliche Verfahren der historischen Diskursanalyse anbietet. Der untersuchte Diskursstrang gehört dem politischen Diskurs an, von dem er ein Unter-Thema bildet (*Staat, Nation, Gesellschaft*). Dieses ist seinerseits der Diskursebene *Broschüren-Publizistik* zuzuordnen, die von deutsch-jüdischen Publizisten zwischen 1848 und 1871 veröffentlicht wurde.[1] Im engeren Sinn wurde dem Projekt der Duisburger Ansatz von Diskursanalyse zugrunde gelegt. Dieser orientiert sich an den diskurstheoretischen und historischen Überlegungen Michel Foucaults, stützt sich aber zugleich auf neuere Ergebnisse historischer Diskursforschung.[2]

2.1. Zum Verhältnis von Diskurstheorie und Diskursanalyse

Bei einer Diskursanalyse geht es darum, die Sagbarkeitsfelder im Diskurs und damit zugleich historisch *jeweils gültige Wahrheiten* zu ermitteln. Ziel ist es, die Macht-Wirkungen von Diskursen sowie ihre sprachlichen, aber z.B. auch ikonographischen Wirkungsmittel sichtbar zu machen.[3] Diskurs kann dabei als „eine institutionell verfestigte Redeweise" verstanden werden, „insofern eine solche Redeweise schon Handeln bestimmt und verfestigt und also auch schon Macht ausübt".[4] Als vielfach verschränkter

---

1 Die Jahre 1848 und 1871 sind markante Zeitpunkte, die aber auch unter- oder überschritten werden können, da Diskurse nicht *ex nihilo* beginnen und auch nicht von heute auf morgen abbrechen.
2 In Wodak/Meyer (Hg.) (2001) sind weitere diskursanalytische Ansätze vorgestellt, die sich auf unterschiedliche theoretische Grundlagen stützen. Zur Mischform bei Fairclough vgl. Fairclough 1989. Letzterer beruft sich auf Foucault, bezieht aber ideologiekritisch-marxistische Überlegungen in seinen Ansatz Critical Discourse Analysis mit ein. Zum soziohistorischen Ansatz bei Ruth Wodak vgl. Wodak 2001. – Mit dem Duisburger Ansatz, der sich auch auf die an Foucault orientierte Inter-Diskursanalyse von Jürgen Link bezieht, ist bereits eine Reihe empirischer Projekte erfolgreich durchgeführt und publiziert worden. Vgl. dazu z.B. Jäger M. / Jäger S. 2007, Caborn 2006, Çelik 2006, Jäger et al. 2003. Zur Rezeption Foucaults in der Geschichtswissenschaft vgl. vor allem Brieler 1998, Landwehr 2001, Martschukat 2002, Maset 2002, Sarasin 2003 und Eder (Hg.) 2006.
3 Vgl. dazu einführend Link 1982.
4 Link 1983, 60; vgl. auch Link 1995, Sp. 744, der die *formierende, konstituierende* Kraft der Diskurse

„Fluss von ‚Wissen' bzw. sozialen Wissensvorräten durch die Zeit"[5] schaffen Diskurse Vorgaben für die Subjektbildung und für die Strukturierung von Gesellschaften. Als historisches *a priori* bestimmen Diskurse über künftige Entwicklungen mit, allerdings nicht im Sinne eines Determinismus: Diskursverläufe, obschon oft von langer Dauer, können sich auch zufällig, auch aufgrund nicht zu erwartender diskursiver Ereignisse ändern etc.[6]

Der Fluss der Diskurse kann unterbrochen werden, versiegen, jedoch auch wieder zu Tage treten, nachdem er längere Zeit gleichsam unsichtbar geblieben ist. Diskursive Auseinandersetzungen sind zudem mit Machtkämpfen und Inklusions- und Exklusionsprozessen verbunden, die sich oft zu Macht- und auch zu Herrschaftsverhältnissen verfestigen. Diskursanalyse macht diese Prozesse sichtbar, indem sie in qualitativ vollständiger Bandbreite zunächst die Äußerungen zu einer bestimmten Zeit, in einer bestimmten Gesellschaft und zu bestimmten Themen etc. erfasst. Daraus können – als inhaltliche Verdichtungen von *Äußerungen* – *Aussagen* ermittelt werden, die in ihrer Gesamtheit die Diskurse ausmachen.[7] Die Untersuchung stützt sich mithin auf einen Diskursbegriff, bei dem der Diskurs als Grundlage von Macht-Wissens-Beziehungen, von Handlungen und Handlungsfolgen gedacht wird – oder: als ‚Vergegenständlichung' von Wissen.[8]

Gegenüber der Analyse von Gegenwartsdiskursen besteht die Besonderheit einer *historischen* Diskursanalyse freilich darin, dass sie der „Unerbittlichkeit der Historizität" unterworfen ist (vgl. Brieler 1998): Sie bezieht sich nämlich auf *Aussagen*, die ursprünglich aus einem nun historisch gewordenen Kontext hervorgingen und auf ihn gemünzt waren. Dieser Kontext muss zunächst für den heutigen Leser/die heutige Leserin verstehbar gemacht werden, indem z. B. Anspielungen auf historische Ereignisse geklärt, ein Blick auf den Autor und auf den Anlass seiner Ausführungen geworfen wird, Bibelstellen erläutert und fremdsprachige Zitate übersetzt werden und der Tatsache Rechnung getragen wird, dass die verwendete Kollektivsymbolik historischen Veränderungen unterliegen kann[9]. Auch ergeben sich Bedeutungsverschiebungen in den verwendeten Be-

---

betont. Diskurs ist danach ein „materielles Produktionsinstrument", mit dem in geregelter Weise (soziale) Gegenstände (wie z. B. ‚Wahnsinn', ‚Sex', ‚Normalität' usw.) wie auch die ihnen entsprechenden Subjektivitäten produziert werden.

5   Vgl. Jäger 2004[4], 132 ff.
6   Vgl. dazu Foucault 1976, 256 f.
7   Diskursanalyse untersucht folglich, wie Diskurse Wirklichkeit hervorbringen und verändern. Insbesondere werden auch die Strategien analysiert, mit denen das Feld des Sagbaren ausgeweitet oder eingeengt wird (z. B. Unterwerfungs-, Abwehr-, Relativierungs-, Normalisierungsstrategien). Zum Verfahren siehe Jäger 2004[4], 171–214, zur theoretischen Grundlage, insbesondere zum Verhältnis von Äußerungen zu Aussagen, den „Atomen des Diskurses", vgl. insbesondere Foucault 1981.
8   Foucault bezeichnet diesen Zusammenhang auch als Dispositiv. Vgl. Foucault 1978, 119–124.
9   Zum System der Kollektivsymbolik vgl. Link 1982.

grifflichkeiten aufgrund des historisch anderen diskursiven Kontextes, oder bestimmte Begrifflichkeiten (historisch und aktuell) müssen erläutert werden.

Im Rahmen einer historischen Diskursanalyse werden diese Aussagen aber nicht nur mit dem heutigen Wissen über den weiteren historischen Verlauf des Diskurses, sondern auch vor dem Hintergrund aktueller wissenschaftlicher, gesellschaftspolitischer und auch ethischer Interessen und Absichten interpretiert. Spitzt man diesen Gedanken zu, so könnten sogar Zweifel an der Möglichkeit aufkommen, dass ein historischer Diskurs überhaupt rekonstruierbar ist, bzw. ‚richtig' verstanden werden kann.[10]

Ist z.B. nicht Miss- und Nichtverstehen vorprogrammiert, weil ein heutiger Betrachter nicht mehr verstehen *kann*, in welcher Weise historische Quellen ihre Welt interpretieren, da sie die Zukunft nicht kennen? Woher könnten überhaupt Maßstäbe zur Beurteilung derartiger Fragen gewonnen werden?

Einige Argumente relativieren diese Zweifel in hohem Maß. Zum einen darf in der Tat unterstellt werden, dass historische Diskursanalysen unternommen werden, um daraus ethische und politische Orientierungen zu beziehen. Daher steht die *Auswahl* eines Untersuchungsgegenstandes im Zusammenhang mit einem ethischen bzw. gesellschaftspolitischen Interesse, über das die betreffende Forschung allerdings auch Rechenschaft ablegen muss. Doch berührt dies nicht die Validität der wissenschaftlichen Methode der Diskursanalyse selbst.

Zum anderen geht die Diskurstheorie im Anschluss an Foucault bereits davon aus, dass Diskursanalysen sich in jenen historischen Diskursen bewegen, die sie untersuchen, und dass sie zu ihnen in einem reflektierten Verhältnis stehen: Historische Diskursanalysen bewegen sich nicht in einem Raum des völlig Unbekannten, auch wenn dem Untersuchenden besondere hermeneutische Kompetenzen und Erfahrungen abgefordert werden. Zentral für die These von der „Unerbittlichkeit der Historizität" ist gleichwohl der Gedanke, dass der Wahrheitsanspruch von Diskursanalysen der historischen Relativität unterworfen ist, aber innerhalb dieser Grenzen wissenschaftlich produktiv sein kann.

---

10 Vgl. dazu die einleitenden Bemerkungen zu Eder (Hg.) 2006. Dort heißt es: „Bei der (historischen) Diskursanalyse handelt es sich ... um keine bestimmte Methode, sondern um ein Forschungsprogramm bzw. eine Forschungsperspektive: Diskursanalyse zu betreiben, bedeutet heute, durchaus differente, wissenschaftlich ausgearbeitete und explizite Methoden und Verfahren einsetzen zu können ..." (ebd. S. 13) Das bei unsere Analyse zugrundegelegte Verfahren stellt in diesem Sinne eine um den historischen Aspekt erweiterte Form von Diskursanalyse dar, wie sie in einer Vielzahl von Projekten erprobt worden ist. Siehe dazu die weiteren Begründungen im Text.

2.2. Zur Vorgehensweise

Bei dem zu untersuchenden Diskurs handelt es sich um einen *Ausschnitt* aus dem gesamtgesellschaftlichen Diskurs zu den Themen *Staat, Nation, Gesellschaft*, fokussiert auf Äußerungen deutsch-jüdischer Publizisten zwischen 1848 und 1871, und das heißt: um einen Diskurs, der aus dem gesamtgesellschaftlichen Diskurs ausgeschlossen worden ist.[11]

Gesucht wurden zwischen 1847 und 1872 als Separatdrucke erschienene Werke deutsch-jüdischer Autoren, die in Titel, Untertitel und Zusatzangaben Bezug nehmen auf die umfassende Thematik *Staat, Nation, Gesellschaft*.

Aus der zwischen 1848 und 1871 entstandenen deutsch-jüdischen Publizistik[12] wurden in einem ersten Schritt 272 Schriften und Abhandlungen ausgewählt. Bei der Auswahl haben wir darauf geachtet, dass die Autoren sich in weitgehend geschlossenen Argumentationen mit der Thematik *Staat, Nation, Gesellschaft* auseinandersetzten und sich damit an eine breitere Öffentlichkeit richteten. Entwürfe einer integrativen Gesellschaft aus jüdischer Sicht wurden ebenso aufgenommen wie Analysen und Repliken, die im Zusammenhang des oft judenfeindlichen öffentlichen Diskurses im Sinn von Abwehr und Verteidigung entstanden.

Alle 272 Texte zusammen bildeten das *Corpus* für eine *Themenanalyse*, wobei die Themen selbst aus den Äußerungen der Schriften generiert wurden. Ergebnis der Themenanalyse war ein *Dossier* von 55 Schriften, das die Grundlage für eine *Aussagenanalyse* bildete.[13]

In Bezug auf die Materialgrundlage des Projekts war somit zu unterscheiden zwischen dem *Archiv* der Schriften, dem *Corpus* des Projekts sowie dem *Dossier*, das die Grundlage der Aussagenanalyse bildete.

In das *Archiv* wurden die Schriften aufgenommen, bei denen Titel, Untertitel oder sonstige bibliographische Angaben darauf hinwiesen, dass sie sich auf den Themenkomplex *Staat, Nation, Gesellschaft* beziehen. Aus diesen Schriften wurden dann diejenigen in das *Corpus* des Projekts übernommen, die bei Sichtung von Inhaltsverzeichnis und kursorischer Lektüre diesen Eindruck bestätigten. Aus dem *Corpus* bildeten wir dann – durch die Analyse der in den Schriften aufgegriffenen *Themen* – das *Dossier* als Grundlage der *Aussagen*analyse.

Bei den methodischen Überlegungen zum Projekt zeigte sich, dass die innerhalb einer Kritischen Diskursanalyse anzufertigenden Strukturanalysen für diese Unter-

---

11 Das Projekt dient daher auch der Materialaufarbeitung für die historiographische judaistische Forschung, die die Lebensbedingungen der jüdischen Minderheit in Deutschland bis zur Shoah unter historisch bestehenden Macht- und Herrschaftsverhältnissen analysiert.
12 Dem Projekt lag ein Schriftarchiv von ca. 800 Publikationen zugrunde. S. dazu auch Anhang 1.
13 Zum Konzept der Kritischen Diskursanalyse und dem Zusammenhang von Struktur- und Feinanalysen vgl. auch Jäger 2004⁴.

suchung sinnvoller Weise in zwei Schritten vorzunehmen sind: Zunächst wurde die *Themen*struktur (Strukturanalyse I) und in einem weiteren Schritt – darauf aufbauend – die *Aussagen*struktur (Strukturanalyse II) des Diskurses ermittelt. Insofern setzte sich bei dieser Untersuchung die Strukturanalyse aus einer Themen- und Aussagenanalyse zusammen.

Vor dem Hintergrund dieser Analysen wurden schließlich zwei – für den Gesamtdiskurs typische – Texte ausgewählt, um sie nun einer Feinanalyse zu unterziehen. Dabei sollten die Tiefenstruktur des Diskurses, die angewandten sprachlich-stilistischen Mittel (Anspielungen, Symbole etc.) sowie die Diskursstrategien der Autoren betrachtet werden.

Für die Auswahl der Texte, die der Feinanalyse unterzogen wurden, galten drei Kriterien: So sollte einer der Texte bei durchschnittlichem Umfang die thematische Bandbreite des Diskurses repräsentativ gut, ein zweiter – von vergleichbarem Umfang – nur durchschnittlich abdecken.

Mit dieser Kombination konnten wir nicht nur die qualitative Tiefe des Diskurses erfassen, sondern auch die – insgesamt gesehen – übliche Art und Weise der Ansprache der Adressaten. Schließlich sollten beide Texte einer Textsorte angehören, die im Corpus dominierte. Feinanalysiert wurden schließlich die Texte:

- Leopold Stein: Was ist das Wesen des Christlichen Staates? Eine zeitgemäße Frage. Frankfurt a. M., Literarische Anstalt (J. Rütten), 1852.
- Lazarus Adler: Vorträge zur Förderung der Humanität. Kassel, M. S. Messner'sche Buchhandlung, 1860.

Alle erwähnten Analysen zusammen (Themen-, Aussagen- und Feinanalysen) dienten abschließend dazu, Folgerungen zu formulieren, nicht zuletzt mit Blick auf das heutige Verhältnis von Mehrheits- und Minderheitengesellschaft.

3. Diskursiver Kontext:
Die Debatte um Integration und rechtliche Zugehörigkeit

Mit der Schlacht, in der Napoleon Bonaparte 1806 die veraltete und überforderte preußische Armee besiegte, wurde auch der kulturelle liberale Rahmen zerstört, in dem sich seit Moses Mendelssohn die von Berlin und Königsberg ausgehende, jüdische Aufklärungsbewegung, Haskala, hatte entfalten können. Aufgeklärte, kosmopolitische Visionen sahen sich danach einer strengen innerpreußischen Reformpolitik gegenüber, die den modernen Verwaltungs- und Militärstaat schuf und nun Patriotismus und Loyalität zu Staat und Monarch ins Zentrum rückte.

Für die jüdischen Gemeinden wurde damit die Debatte um Integration und rechtliche Zugehörigkeit akut, die David Friedländer bereits im Jahr 1793 in seiner Schrift *Aktenstücke, die Reform der jüdischen Kolonien in den preußischen Staaten betreffend* begonnen und im Jahr 1799 in seinem (anonymen) *Sendschreiben an seine Hochwürden, Herrn Oberconsistorialrath ... Teller ... von einigen Hausvätern jüdischer Religion* fortgesetzt hatte (Friedländer 1799). Während Friedländer in *Aktenstücke* die bis dahin eher grundsätzlich geführte Debatte um die „bürgerliche Verbesserung der Juden" staatspolitisch konkretisierte, wagte er im *Sendschreiben* den Entwurf eines Reformjudentums, welches sogar anbot, zugunsten seiner Zugehörigkeit zum christlichen Staat auf Teile seiner Identität zu verzichten.

Friedländers radikaler Vorstoß kann geradezu als Ausgangspunkt der nachfolgenden Reflexionen deutscher Juden über ihr Verhältnis zu *Staat, Nation und Gesellschaft* in Deutschland und der Ausbildung eines Reformjudentums angesehen werden, das von der Vision einer Konvergenz zwischen Judentum und Christentum getragen war.[1] Dieser Vision kamen auf christlicher Seite zwei Dissidenten-Bewegungen entgegen, die sich seit 1845 innerhalb des Protestantismus und des Katholizismus in Deutschland formierten. Die protestantischen ‚Lichtfreunde' und die ‚Deutschkatholiken' wurden nicht nur zu den Haupttriebkräften der Revolution von 1848 vor allen in den größeren Städten. Beide Bewegungen widerriefen auch einige der zentralen christlichen Dogmen, was als Brückenbau in Richtung des Judentums verstanden werden konnte. Viele deutsche Juden schlossen sich nicht zuletzt auch aus diesem Grund der Revolutionsbewegung an, von der die endgültige Einlösung religiöser Toleranz, d.h. das Ende des christlichen Suprematsanspruchs erwartet wurde.

Spätestens mit dem Scheitern der Revolution von 1848 stellte sich allerdings heraus, dass die Erwartungen nicht eingelöst wurden. Zum einen setzte sich die judenfeindliche Tradition auch innerhalb der Revolutionsbewegung durch, zum anderen bestand die

---

1 Vgl. zu der nachfolgenden Darstellung Paul 2006.

nachrevolutionäre Reaktion darauf, dass die während der Revolution ausgesprochenen politischen und Bürgerrechte für Juden wieder weitgehend kassiert wurden.

Mit der nachrevolutionären Phase nach 1848 beginnt daher eine spezifische Periode innerhalb der deutsch-jüdischen Geschichte des 19. Jahrhunderts. Sie ist einerseits durch den juristischen Kleinkrieg deutscher Obrigkeiten gegen die politische und bürgerrechtliche Gleichstellung der Juden geprägt, andererseits durch die bürgerliche Prosperität des deutschen Judentums, die von den nicht-jüdischen Eliten der deutschen Städte in der Regel mit Sympathie begleitet wurde.

Die Erklärung für diese Sympathie dürfte darin liegen, dass sich die bürgerlichen Eliten insgesamt von der reaktionären Politik insbesondere der preußischen Regierung getroffen sahen und konfessionelle Zugehörigkeiten eine immer geringere Rolle spielten. An ihre Stelle trat eine bürgerlich-liberale Allianz, die 1859 in der Gründung des Deutschen Nationalvereins kulminierte, in dem Juden und Nicht-Juden kooperierten. Die Vereinigung, die sich die revolutionäre Bewegung Garibaldis in Italien zum Vorbild genommen hatte und die intensiv auf eine demokratische ‚Machtübernahme' in Deutschland hinarbeitete, war in ihrer breit angelegten Vernetzungsarbeit (nicht zuletzt über Schützen-, Sport- und Gesangsvereine) weit gediehen, als Preußen mit dem Krieg gegen Österreich im Jahr 1866 zugleich die entstandene liberale Demokratiebewegung zerschlug und sein repressives Regime zementierte.

Dass damit der Meinungsfreiheit allgemein und der individuellen publizistischen Intervention im Besonderen ein nachhaltiger Schlag versetzt worden war, setzte sich als politische Einsicht auch im deutschen Judentum nur langsam durch. Erst 1869 kam es zur Gründung des Israelitischen Gemeindebunds, der zwar weitgehend ein Verwaltungsverband blieb, dessen Konstituierung aber doch die Befürchtung spiegelt, dass die Zeit der individuellen publizistischen Interventionen deutscher Juden zu Ende gehe und künftig ein Verband diese Funktion erfüllen müsse.

Letztlich aber führten erst die massiven antisemitischen Kampagnen seit 1871 und schließlich die Gründung von Antisemitenparteien zu Beginn der 1890er Jahre zur Gründung des von breiten Kreisen getragenen *Centralvereins Deutscher Staatsbürger Jüdischen Glaubens* (CV, 1893–1938) und anderer Verbände, die sich der *publizistischen* Abwehr des Antisemitismus widmeten. Damit fand die ‚individuelle Selbstvertretung', die davor die Mentalität vieler deutscher Juden geprägt hatte, weitgehend ein Ende, damit aber auch die im Mittelpunkt unseres Projekts stehende *individuelle* Broschürenliteratur der Dialog- und Interventionsschriften.

Mit den beiden Jahren 1848 und 1871 richtet unsere Arbeit den Blick auf eine Entwicklungsepoche des deutschen Judentums, in der äußere Repression und bürgerliche Prosperität zusammenkamen und in der, wie nie zuvor und wie danach nicht mehr, die Chance der bürgerlichen Aufhebung des christlich-jüdischen Religionskonflikts gegeben war: Danach war der deutsch-jüdische „Gegendiskurs" aus dem gesamtgesellschaftlichen Diskurs vollends ausgeschlossen.

4. Publizistische Bedingungen

4.1. Gleichberechtigte Publikations- und Distributionsmöglichkeiten deutsch-jüdischer Autoren

Die deutsch-jüdische Geschichte des 19. Jahrhunderts ist sichtlich geprägt vom Gegensatz zwischen ‚starken' und ‚schwachen', städtischen und ländlichen Gemeinden, darüber hinaus aber – und mit großem Gewicht – auch von der Überregionalität des deutschen Sprach- und Diskursraums im 19. Jahrhundert. Zu ihm gehörten trotz einer wechselvollen Geschichte west- und ostpreußische sowie österreichisch-habsburgische (heute osteuropäische) Gebiete. Von den dortigen jüdischen Bildungsstätten gingen erhebliche Impulse in die Gemeinden des traditionellen deutschen Westens aus. Von daher werden im Archiv des Projekts deutsch-jüdische Publikationen berücksichtigt, die im *deutschsprachigen* Raum des 19. Jahrhunderts publiziert wurden und die sich dialogisch oder intervenierend an die nicht-jüdische Umwelt wandten.[1]

Es ist davon auszugehen, dass sich deutsch-jüdische Autoren während des 19. Jahrhunderts auf die gleichen Publikations- und Distributionsbedingungen wie nicht-jüdische Autoren stützen konnten. Zum einen zeigen besonders spektakuläre, mit gedruckten Broschüren geführte Disputationen zwischen deutschen Juden und christlichen Herausforderern (beginnend mit der Mendelssohn-Lavater-Kontroverse), dass deutsch-jüdische Autoren im Prinzip keine Nachteile hatten, Werke zu veröffentlichen und überregional anzubieten.

Des weiteren scheint der Bereich der Buch- und Broschürenliteratur für deutsch-jüdische Autoren nur in dem Maß von Zensur und Benachteiligung betroffen gewesen zu sein, wie dies für das Publikationswesen allgemein galt. Aus Sondierungen in Druckwerken deutsch-jüdischer Autoren geht hervor, dass gelegentlich zwar die fehlende Rezeption, nicht aber Zensur oder publizistische Behinderung beklagt werden. Die Logistik der Druck- und Verlagshäuser und des Postwesens muss bereits vor der zunehmenden Vernetzung durch Eisenbahnverbindungen in der Mitte des Jahrhunderts außerordentlich leistungsfähig gewesen sein.

Dies belegt nicht zuletzt die Fülle und Verbreitung deutsch-jüdischer Zeitschriften und Zeitungen im gesamten deutschsprachigen Raum, wie aus Zitationen in untersuch-

---

1 Hinzu kommt eine internationale Komponente insofern, als – vor allem seit der Reichsgründung 1871 – deutsch-jüdische Gelehrte und Rabbiner nicht selten Positionen in den jüdischen Gemeinden in England und in den Vereinigten Staaten annahmen und danach in englischer Sprache publizierten. Im Archiv wurden deshalb deutschsprachige Schriften dieser Autoren berücksichtigt, so weit sie an die Öffentlichkeit des deutschen Sprachraums adressiert sind.

ten Schriften hervorgeht. Selbst sehr ‚entlegene' Publikationen deutsch-jüdischer Autoren des 19. Jahrhunderts sind in den nationalen Bibliotheken in Deutschland, bzw. in europäischen und außereuropäischen Bibliotheken heute noch vorhanden.

Das Schicksal des deutschen Judentums, Auswanderung, Flucht und Vertreibung, und schließlich die Auslöschung im Völkermord durch das NS-Regime haben allerdings auch zur Vernichtung vieler privater Bibliotheken deutsch-jüdischer Familien geführt und zur Verstreuung einzelner Druckwerke (oft nur in Einzelexemplaren) über die ganze Welt.[2]

Festzuhalten ist aber, dass kaum die Publikations- und Distributionsbedingungen der deutsch-jüdischen Autoren dafür verantwortlich gemacht werden können, wenn deren Werke durch die christliche Umwelt nicht rezipiert wurden. Deutsch-jüdische Autoren führen stattdessen während des gesamten Jahrhunderts immer wieder an, dass die weit verbreiteten judenfeindlichen Einstellungen in der Öffentlichkeit der Grund sind, dass Schriften deutscher Juden gesamtgesellschaftlich ignoriert werden und es daher zu keinem Dialog zwischen Juden und Nicht-Juden kommt. Insgesamt ist davon auszugehen, dass trotz derselben Rahmenbedingungen der deutsch-jüdische Diskurs einem fortschreitenden Prozess des Ausschlusses unterworfen war.

4.2. Die wichtigsten Medien der Zeit: Zur Bedeutung der Broschürenliteratur[3]

Die wissenschaftlich-philosophische Broschürenliteratur erlebte im 19. Jahrhundert eine erstaunliche Karriere. Nimmt man die deutsche Aufklärungsperiode als Ausgangspunkt, so begann die Publizistik über Broschüren – was deutsch-jüdische Interventionen betrifft – als Abfolge von so genannten ‚offenen Briefen' in der Mendelssohn-Lavater-Kontroverse von 1769/70[4]. Diese mehr als ein Dutzend Streitschriften umfassende Kontroverse mit noch zurückhaltender Beteiligung deutsch-jüdischer Autoren fand eine Fortsetzung in der Friedländer-Teller-Kontroverse zwischen 1799 und 1801 mit bereits weit über einem Dutzend separat gedruckter Streitschriften und einer bereits deutlicheren Beteiligung deutsch-jüdischer Autoren[5]. Im Jahr 1804 bereits folgte die Grattenauer-

---

2   Viele Titel, die bibliographisch bekannt sind und für das Archiv des Projekts von Interesse gewesen wären, waren nicht mehr zugänglich. Daher wurden in Einzelfällen andere Titel der betreffenden Autoren (u. a. z. B. Predigten, Reden zu Jubilarfeiern, Einweihungsreden, Jubilaradressen an Fürstenhäuser, Aufsätze in Zeitschriften und Periodica u. a. m.) ins Archiv aufgenommen, die gesamtgesellschaftlich wahrgenommen werden konnten.
3   Die nachfolgenden grob-quantitativen Angaben zur Broschürenliteratur im Verlauf des 19. Jahrhunderts basieren auf bibliographischen Recherchen im Zusammenhang des vorliegenden Projekts. Vgl. zu den Quellen Kap. 2.2.
4   Vgl. Jansen 1982.
5   Vgl. Friedlaender / Schleiermacher / Teller 2004.

Kontroverse mit ähnlichem Zuschnitt. Danach riss die Reihe solcher Debatten nicht mehr ab, die ausschließlich über separat gedruckte und distribuierte Schriften, weniger dagegen durch Repliken in Zeitungen und Zeitschriften geführt wurden und so eine überregionale Öffentlichkeit schufen.[6]

Davon unterscheidet sich der Befund für den Zeitraum zwischen 1840 und 1847 sehr auffällig. In einer kaum überschaubaren Fülle und Vielfalt wurden in diesem Zeitraum unter intensiver deutsch-jüdischer Beteiligung Debatten in der gesamten Bandbreite der Publikationsformen geführt, d. h. sowohl mittels Broschüren als auch mit Artikeln in den in großer Zahl entstandenen Zeitungen und Zeitschriften.

Dies änderte sich wiederum in der Revolutions-Phase um 1848, in der die überregional distribuierten Broschüren zunächst eine politische Bedeutung annahmen. Was deutsch-jüdische Interventionen betrifft, standen diese nicht zuletzt im Zusammenhang mit dem Kampf um die rechtliche Gleichstellung. Zugleich trat aus deutsch-jüdischer Perspektive eine neue Funktion der Broschüren-Literatur hinzu: die Vermittlung von deutsch-jüdischen, kulturellen, historischen und religionsphilosophischen Perspektiven in die breite Öffentlichkeit.

Auffällig ist danach der Einschnitt von 1871/72: Während die christlich-fundamentalistisch bzw. völkisch-antisemitisch geprägte Broschüren-Literatur sprunghaft zunimmt, gehen deutsch-jüdische Interventionen in Broschürenform stark zurück, wobei Autoren zunehmend auf umfassendere Buchveröffentlichungen ausweichen. Als ausschlaggebend dafür müssen die von verschiedenen Seiten betriebene Re-Konfessionalisierung, die unmittelbar nach 1871 initiierten antisemitischen Kampagnen und das sich bildende Parteiensystem angesehen werden.

Der veränderte, nun eher auf Massenpropaganda abgestellte Begriff von ‚Öffentlichkeit' führte auf deutsch-jüdischer Seite im Verlauf weniger Jahre zur Einsicht, dass individuelle, möglicher Weise emotional aufgeladene Interventionen vermittels Broschüren für die unmittelbar Beteiligten, aber auch für die jüdische Minderheit insgesamt mit Gefahren verbunden waren und sich die Artikulation eines deutsch-jüdischen Standpunkts an die korporative Struktur des neu entstandenen Staats anzupassen habe.

Zum Stellenwert von Broschüren in der öffentlichen Auseinandersetzung im 19. Jahrhundert liegt darüber hinaus ein authentisches Dokument vor[7]. In einer Denkschrift für den Coburger Herzog Ernst II. hat Gustav Freytag im Jahr 1853 ein umfassendes ‚Medienprogramm' formuliert, das zwar zunächst für das liberale Lager gedacht war, das in seiner ‚Modernität' aber letztlich alle Aspekte zusammenfasst, die auf viele Jahrzehnte für politische und öffentliche Akteure eine Richtschnur darstellten. Darin beschreibt Freytag die Broschüren-Literatur als eines der wichtigsten Medien der Zeit.

---

6   Vgl. Grattenauer 1803a und 1803b. Bereits 1791 veröffentlichte Grattenauer anonym: Ueber die physische und moralische Verfassung der heutigen Juden. Stimme eines Kosmopoliten. Vgl. Grattenauer (1791).
7   Vgl. zu den folgenden Angaben: Hambrecht 1993, 79.

Publizistische Bedingungen

Auch wenn Broschüren „weder bei den Buchhändlern noch beim Publikum sonderlich populär" seien, lasse sich mit ihnen „aber rasch und angemessen auf aktuelle Ereignisse im In- und Ausland reagieren, auch würden diese Druckschriften von der Tagespresse am eifrigsten besprochen und kommentiert."

Freytag hebt darüber hinaus hervor, dass gar eine „Aufsicht über die Broschürenliteratur" ausgeübt werden müsse, die die Neuerscheinungen in ganz Deutschland verfolge und im Bedarfsfall bei qualifizierten Autoren Broschüren bestelle. Über Buchhändler seien neu produzierte Broschüren zügig an die Tagespresse und an Korrespondenten weiterzuleiten. Daraus geht hervor, dass die Broschüren-Literatur eine spezifische, publizistische Bedeutung angenommen hatte, insofern mit ihrer Hilfe im Untersuchungszeitraum offenbar eine neue „Öffentlichkeit" konstituiert wurde, an deren Entstehungsprozess sich deutsch-jüdische Autoren beteiligten. All dies unterstreicht das mediale Gewicht von Broschürenliteratur im 19. Jahrhundert.

Davon abgesehen sind aber auch diskursanalytische Aspekte zu bedenken: So bieten Separatdrucke in der Regel geschlossene Argumentationen. In Einleitungen, Vorworten, Widmungen und Schlussworten lässt sich die diskursive Positionierung der jeweiligen Autoren erschließen. Darüber hinaus geben Annotationen und Literaturangaben im Text Aufschluss über den spezifischen diskursiven Kontext. Solche Merkmale bieten in Zeitungen und Zeitschriften veröffentlichte Texte in der Regel nicht. Die diskursive Positionierung der Autoren und die Ermittlung ihres Verständnishintergrunds sind bei einer *diskurshistorischen* Untersuchung von besonderer Bedeutung, um den Diskurs, bzw. in diesem Falle einen bestimmten Ausschnitt eines Diskurses, kartieren zu können.

Im Hinblick auf das Forschungsziel des Projekts, Interventionen deutsch-jüdischer Autoren zur Thematik *Staat, Nation, Gesellschaft* zwischen 1848 und 1871 zu untersuchen, gingen wir davon aus, dass Autoren, die Separatdrucke veröffentlichten, sich damit ausdrücklich an eine breitere Öffentlichkeit wandten, d.h. dass sie insbesondere auch ein nicht-jüdisches Leserpublikum zu erreichen suchten.[8]

---

8   Umgekehrt war davon auszugehen, dass insbesondere in jüdischen Zeitungen und Zeitschriften veröffentlichte Texte sich nicht oder nicht ausdrücklich an ein nicht-jüdisches Lesepublikum wendeten, die aus diesen Gründen auch nicht Eingang in das Corpus des Projekts fanden.

5. Ein großes thematisches Spektrum: Die zentralen Themen und Unterthemen der Texte

Nachdem das der Untersuchung zugrundeliegende Material-Corpus und dessen historisch-diskursiver Kontext zumindest im Überblick umrissen wurde, werden im folgenden die ermittelten Texte thematisch aufgeschlüsselt.

5.1. Themenanalyse

Ein erster Untersuchungsschritt galt der thematischen Analyse *(Themenanalyse)* der aus dem Archiv gewonnenen 272 Schriften *(Corpus)*. So wurde es möglich, sowohl die thematische Bandbreite als auch die Gewichtung der einzelnen Themen innerhalb des Diskurses zu *Staat, Nation, Gesellschaft* aus jüdischer Sicht zu erfassen. Dabei galten folgende Bewertungskriterien:

- *Textsorte:* Sie kann Aufschluss über das Wirkungsumfeld und die Wirkungsweise des Textes geben. Wir unterscheiden zwischen Streitschrift, Predigt, Vortrag, Kommentar und wissenschaftlicher Abhandlung.
- Auch die Erfassung der *Textadressierung* und *Sprecherposition* gibt Hinweise auf das Wirkungsumfeld und die Wirkungsweise des Textes. Hinsichtlich der jeweiligen Zielgruppe der Texte wurde unterschieden, ob sie sich vornehmlich (oder ausschließlich) an Juden, an Nichtjuden oder an *alle* Gesellschaftsmitglieder richteten. Dem lag der Gedanke zugrunde, dass Texte, die sich nur an Juden richten, eine eingeschränktere Wirkung auf den Gesamtdiskurs haben als jene, die sich an die gesamte Öffentlichkeit wenden. Auch war zu berücksichtigen, ob sich die Verfasser ausdrücklich *als Juden* äußerten oder nicht. So wurde ausgeschlossen, dass den Autoren eine ‚jüdische Perspektive' *zugeschrieben* wurde.
- *Literatur- und Debattenverweise:* Mit diesem Auswahlkriterium konnte der intertextuelle Charakter der Texte ermittelt werden. Die genannten Quellen verwiesen auf den konkreten diskursiven Kontext, in den die Verfasser ‚hineinschrieben'.
- Eine stichwortartige *Inhaltsangabe* ergänzte die Themenanalyse, wobei auch die thematischen Schwerpunkte und – sofern erkennbar – auch der Anlass der Veröffentlichung notiert wurden.

Entsprechend der Bewertung anhand der erwähnten Kriterien ordneten wir die Texte jeweils einer von drei Kategorien zu, die wie folgt definiert waren:
- *Zentral:* Die Texte beziehen sich hauptsächlich und ausführlich auf den Diskurs um *Staat, Nation, Gesellschaft*.

Ein großes thematisches Spektrum

- *Nicht zentral:* Die Texte beziehen sich auch und unter anderem auf den Diskurs *Staat, Nation, Gesellschaft*. Dieser nimmt innerhalb der Argumentation keine zentrale Stellung ein.
- *Unwichtig:* Die Texte beziehen sich am Rande, bzw. nicht auf den Diskurs *Staat, Nation, Gesellschaft* und werden daher als nicht relevant eingestuft.

Die 272 Texte verteilten sich auf diese unterschiedlichen Kategorien wie folgt:

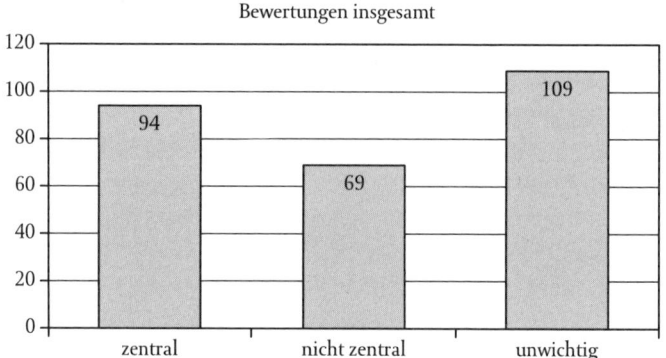

Bei der Untersuchung der Texte der Kategorien „zentral" und „nicht zentral"[1] hinsichtlich der in ihnen angesprochenen Themen[2] ergab sich eine Liste von 21 Themen:[3]

1. *Antisemitismus/Antijudaismus:* Äußerungen[4] zu Urteilen über, bzw. Vorurteilen gegenüber Juden.
2. *Christentum:* Äußerungen, die sich mit der Entwicklung des Christentums einschließlich Reformbestrebungen, die sowohl die katholische als auch die protestantische Ausprägung betreffen können, beschäftigen.
3. *Deutsche Kultur:* Äußerungen zu Personen und Leistungen aus dem deutschen kulturellen Leben, z. B. zu Lessing, Schiller, Mendelssohn, Kant etc.
4. *Deutsche Nation:* Äußerungen zur Entwicklung der deutschen Nation und der eigenen Positionierung dazu sowie zu Patriotismus.
5. *Diskriminierung und Emanzipation von Juden:* Äußerungen zum Emanzipationsprozess von Juden und dessen Rückschläge.

---

1 Auf diese Weise reduzierte sich die Materialgrundlage auf 163 Druckschriften.
2 Wie zu erwarten war, befassten sich die einzelnen Texte durchaus mit mehreren Themen. Diskursanalytisch formuliert, bestanden sie in der Regel aus mehreren Diskursfragmenten.
3 Außerdem wurden Hinweise auf regionale und/oder zeitgeschichtliche Ereignisse, wie z. B. Versammlungen, Gesetze, etc. festgehalten, die für eine Rekonstruktion des diskurshistorischen Kontextes von Bedeutung sein könnten.
4 Der Begriff „Äußerung" bezieht sich hier und im folgenden auf die von Foucault eingeführte Unterscheidung zwischen Äußerungen und Aussagen. Vgl. Foucault 1981 sowie die Ausführungen im zweiten Kapitel.

Die zentralen Themen und Unterthemen der Texte

6. *Fortschritt/Optimismus:* Äußerungen, die eine positive Zukunftsperspektive für Juden in der Gesellschaft entwerfen.
7. *Jüdische Bildung und Wissenschaft:* Äußerungen, die die Bedeutung von jüdischer Bildung und Wissenschaft für die Gesellschaft darlegen. Hier sind z. B. auch jüdische Schulen und andere Erziehungsinstitute gemeint.
8. *Jüdische Ethik:* Äußerungen, die sich mit der jüdischen Ethik und ihren Geboten, z. B. dem Gebot der Nächstenliebe befassen. Gleichfalls Äußerungen, die das Verhältnis des Judentums und seiner Ethik zu den Grundvoraussetzungen der Nationenbildungen ansprechen, sowie solche, die das Judentum als Grundlage des Christentums thematisieren.
9. *Jüdische Riten und Kulte:* Äußerungen zu speziellen Bräuchen, wie z. B. Feier des Sabbat, Speisevorschriften, Beschneidungen, rituelle Waschungen, Hochzeiten etc.
10. *Jüdischer Internationalismus:* Äußerungen, die die Zerstreuung des Judentums (Diaspora) und die damit verbundene universale Perspektive des Judentums ansprechen.
11. *Kirche/Religion und Staat:* Äußerungen, die sich auf das Verhältnis von Kirche, Religion und Staat, die jeweiligen Rechte von Religionen und ihren Status in der Gesellschaft beziehen.
12. *Konversion:* Äußerungen zum Übertritt vom Judentum zum Christentum und umgekehrt.
13. *Orthodoxes Judentum:* Äußerungen, die sich auf das traditionelle Judentum beziehen und bei denen die Tora der Maßstab für das jüdische Leben ist und die eine Einhaltung der religiösen Gebote einfordern.
14. *Palästina/Zionismus:* Äußerungen, die sich mit dem Ursprung und dem Herkunftsland sowie mit Ansiedelungsmöglichkeiten der Juden in Palästina befassen.
15. *Philosophie:* Äußerungen, die sich auf philosophische Texte und Gedanken beziehen, z. B. zu Spinoza, Deismus, Idealismus.
16. *Recht:* Äußerungen zu den Rechten der Bürger gegenüber dem Staat, Äußerungen zu rechtlichen Aspekten und Vorgängen im Zusammenhang der Emanzipation der deutschen Juden.
17. *Reform des Judentums:* Äußerungen, die sich auf die Reformbewegungen im Judentum und ihre Ziele beziehen.
18. *Positionierung der Juden in der Gesellschaft:* Äußerungen, die sich mit der Vorstellung befassen, wie Juden sich in der Mehrheitsgesellschaft einbringen und verhalten sollten, z. B. im Hinblick auf Assimilation/Inkulturation.
19. *Universalismus:* Äußerungen, die sich mit globalen Konzepten von Demokratie, Gleichberechtigung und Menschenrechten befassen.
20. *Verhältnis Judentum/Christentum:* Äußerungen, in denen die Bezüge der Religionen zueinander diskutiert werden. Dazu gehören sowohl solche, die sich auf Unterschiede und Abgrenzungen sowie auf solche der Konvergenz zwischen Judentum und Christentum beziehen.

21. *Zukunfts- und Humanitätsreligion:* Äußerungen, in denen die Bedeutung der Religion, insbesondere des Judentums für eine humane Zukunft angesprochen wird.

Auf der Grundlage dieser Themenzuordnungen wurden zunächst die angesprochenen Themen der Texte (aus der Kategorie „zentral" und „nicht-zentral") herausgearbeitet und ihre unterschiedlichen Themenspektren miteinander verglichen. Auf diese Weise ergaben sich zwei thematische Cluster,[5] die zusammen die thematische Breite des Diskurses „Staat, Nation, Gesellschaft" aus jüdischer Perspektive darstellen. So war ein qualitatives Ergebnis gewonnen, mit dessen Hilfe im weiteren Verlauf der Analyse alle Texte aus der Kategorie „zentral" und aus der Kategorie „nicht-zentral" getrennt untersucht werden konnten.

5.2. Das Bemühen um Gehör: Ergebnisse der Themenanalyse der *zentralen* Texte

5.2.1. Streuung der zentralen Texte im Untersuchungszeitraum

Es zeigt sich, dass in der Zeit von 1842–1875 nur in fünf Jahren keine zentralen Texte erschienen (1843, 1851, 1855, 1874 und 1875).[6] Drei dieser Jahre liegen außerhalb des Untersuchungszeitraums (1848–1871), so dass dieser weitgehend durch zentrale Texte abgedeckt ist.

5.2.2. Textsorten, Adressierung und Sprecherposition

Es überwiegen wissenschaftliche Abhandlungen und Vorträge, was als Hinweis darauf gelten kann, dass sich in den Texten eine komplexe Argumentationsstruktur auffinden lässt. Dass in weitaus mehr als der Hälfte der zentralen Texte (60) Verweise auf weitere Literatur vorgenommen wurden, zeigt, dass diese tief im Diskurs zu *Staat, Nation, Gesellschaft* verwurzelt sind.

Die zentralen Texte richten sich in den meisten Fällen (59) sowohl an Juden als auch Nicht-Juden. In nur 1 Fall richten sich ausschließlich an Juden. Auch dies ist ein Hinweis

---

5 Unter ‚Cluster' sind hier und nachfolgend Zusammenhänge der Themen zu verstehen, die in den Texten häufig zusammen angesprochen worden sind.

6 Obwohl der konkrete Untersuchungszeitraum des Projekts die Jahre 1848–1871 umfasst, wurden auch Texte gesichtet, die in den Jahren unmittelbar vor und nach diesem Zeitraum erschienen sind. Dies geschah, weil davon auszugehen ist, dass die 48er Revolution sich bereits in Texten vor 1848 ankündigte. Außerdem trat 1847 das Preußische ‚Judengesetz' in Kraft, mit dem sich die Handlungsbedingungen von Juden erheblich veränderten. Da davon auszugehen ist, dass der Diskurs *Staat, Nation, Gesellschaft* nicht mit der Reichsgründung 1871 abbrach, wurden auch einige Texte aus der Zeit nach dem eigentlichen Untersuchungszeitraum mitberücksichtigt.

darauf, dass die Autoren bemüht waren, sich in den Diskurs zu *Staat, Nation, Gesellschaft* einzubringen – und dies aus jüdischer Sicht, wie die Markierung der Sprecherposition zeigte: Von den 94 Texten waren 78 eindeutig aus jüdischer Perspektive formuliert.

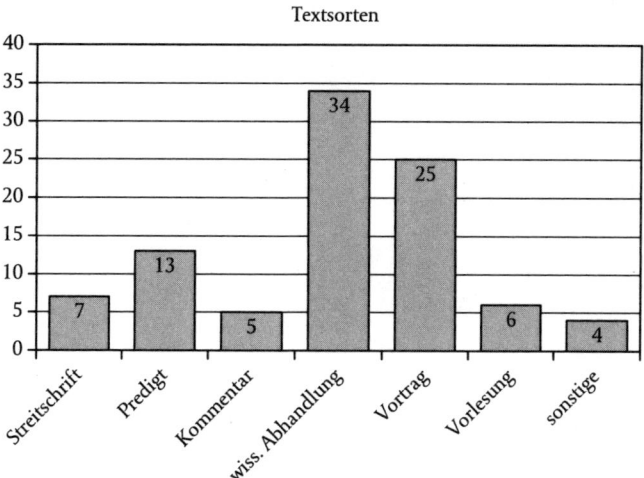

5.2.3. Verteilung der Themen auf Themenbereiche

Das Thema *Kirche, Religion und Staat* wird in 45 Texten angesprochen und steht damit deutlich im Vordergrund. Es folgen mit 40 Nennungen Bezüge auf die *Deutsche Nation* sowie mit 39 Nennungen das Thema *Diskriminierung/Emanzipation von Juden*. Das Thema *Recht* wird in 38 Texten adressiert.

Somit kristallisieren sich vier Hauptthemen heraus, die sich sehr nah um den Diskurs *Staat, Nation, Gesellschaft* gruppieren, wobei die jüdische Perspektive dadurch betont wird, dass das Thema *Diskriminierung/Emanzipation von Juden* eine große Rolle spielt.

Insgesamt verteilten sich die Themen – nach abnehmender Häufigkeit – wie folgt:

Die vier (Haupt-)Themen *Kirche/Religion und Staat; Deutsche Nation; Diskriminierung und Emanzipation von Juden; Recht* wurden im Hinblick auf ihre jeweiligen Verknüpfungen mit den restlichen Themen betrachtet. Danach konnte ein Themen-Cluster (s. o.) erstellt werden, in dem sich die zentralen Themen von jenen deutlich abhoben, die ihnen logisch untergeordnet waren oder die sich aus ihnen ableiteten. Folgende Themen waren es, die an die vier Hauptthemen der zentralen Texte ankoppelten: *Antisemitismus, Judentum und Christentum, Universalismus, Fortschritt, Juden in der Gesellschaft* und *Jüdische Ethik*. Der Diskurs aus jüdischer Perspektive ist somit von insgesamt 10 Unterthemen bestimmt.[7]

---

7 Die Anordnung der Themen zu ‚Themenclustern' erwies sich auch deshalb als günstig, weil auf

Ein großes thematisches Spektrum

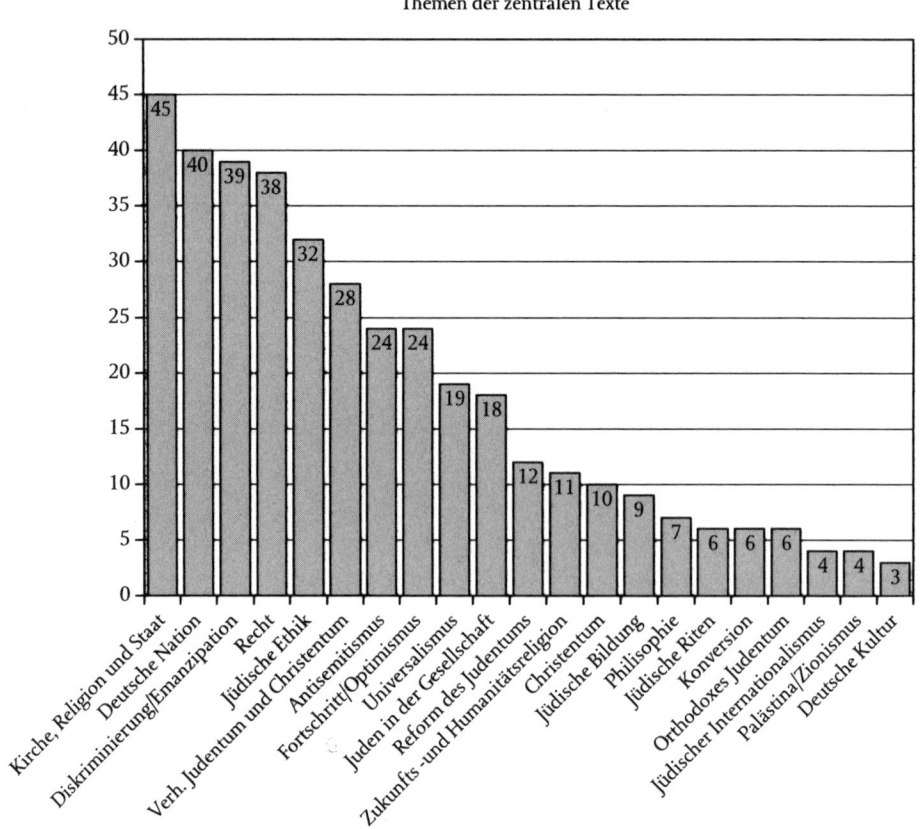

Themen der zentralen Texte

Insgesamt handelt es sich um einen Komplex von Themen, in dem sowohl allgemeine Fragen aufgeworfen werden *(Fortschritt, Universalismus, deutsche Nation, Recht)* wie auch Fragen, die sich mit der besonderen Stellung von Juden in der Gesellschaft befassen *(Diskriminierung/Emanzipation; Juden in der Gesellschaft, jüdische Ethik)*.

diese Weise die Texte ermittelt werden konnten, die einer weiteren *Aussagenanalyse* (Strukturanalyse II) unterzogen wurden. S. dazu weiter unten.

Die zentralen Themen und Unterthemen der Texte

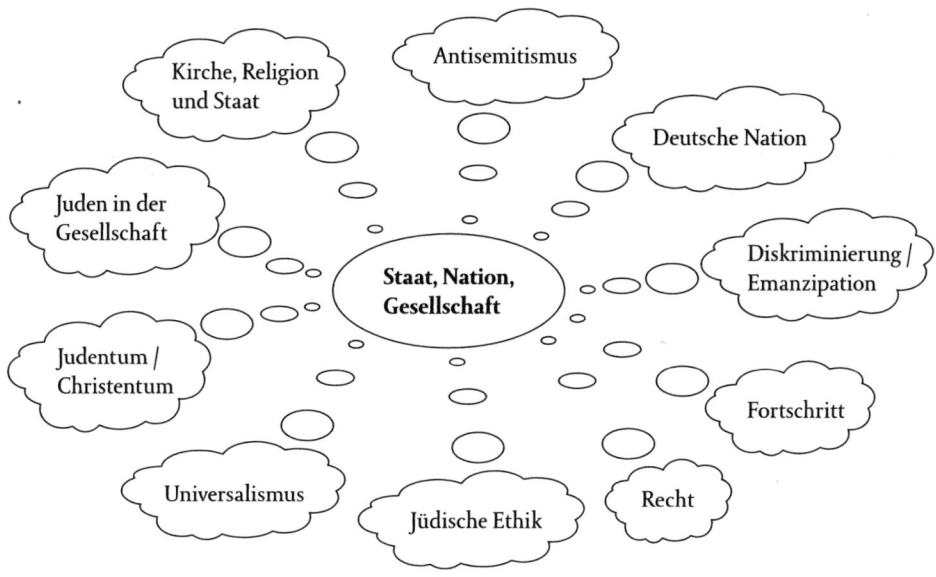

5.3. Festere Verschränkung mit dem Religionsdiskurs: Ergebnisse der Themenanalyse der *nicht zentralen* Texte

5.3.1. Streuung der Texte im Untersuchungszeitraum

Auch wenn wir die ‚nicht zentralen' Texte im weiteren Verlauf der Untersuchung nicht mehr berücksichtigen mussten, da genügend Texte aus der Kategorie ‚zentral' vorhanden waren, erwies sich eine Themenanalyse auch dieser ‚nicht zentralen' Texte als nützlich, insbesondere in ihrer Funktion als Kontroll- und Vergleichsgruppe.

Die ‚nicht zentralen' Texte verteilen sich demnach gleichmäßig auf den Untersuchungszeitraum. In nur acht Jahren, von denen allerdings nur vier im eigentlichen Untersuchungszeitraum liegen (1851, 1856, 1857 und 1869), lagen keine Texte vor.

5.3.2. Wissenschaftliche Abhandlungen, gefolgt von Predigten und Vorträgen: die Textsorten, die Textadressierung und die Sprecherpositionen

Auch bei den nicht zentralen Texten überwiegen die wissenschaftlichen Abhandlungen, gefolgt von Predigten und Vorträgen. Die relative Häufigkeit von Predigten kann als ein Hinweis dafür gewertet werden, dass sich die Schriften häufig auch mit inner-

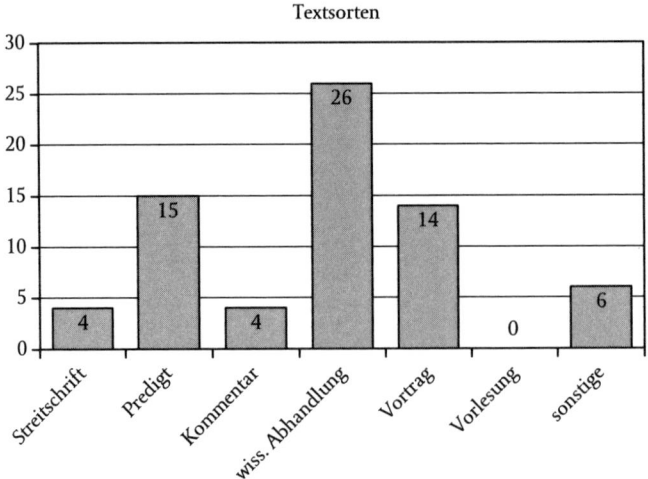

jüdischen Debatten und Kontroversen beschäftigen, was ihre Einordnung in die Kategorie „nicht zentral" bedingte.

Von den 69 nicht zentralen Texten richten sich nahezu die Hälfte (31 = 48 %) sowohl an Juden wie auch an Nicht-Juden. Im Unterschied zu den zentralen Texten richtet sich jedoch ein größerer Teil auch nur an Juden (27 = 39 %). Dennoch ist die Dominanz der gemeinsamen Ansprache an Juden und Nicht-Juden als ein Indiz dafür zu werten, dass die Autoren die allgemeine Öffentlichkeit anzusprechen suchten. Sie taten dies aus vorwiegend jüdischer Sicht, wie die Markierung der Sprecherposition zeigt: Von den 69 Texten sind 61 aus dieser Perspektive formuliert.

5.3.3. Verteilung auf die Unterthemen

Am häufigsten wird das Thema *Kirche, Religion und Staat* angesprochen, gefolgt von dem *Verhältnis Judentum und Christentum*. *Diskriminierungen / Emanzipation* von Juden werden nur geringfügig weniger angesprochen. Schließlich gehören auch die Themen *Jüdische Ethik* und *Recht* zu den am häufigsten angesprochenen inhaltlichen Komplexen.

Hier zeigt sich bereits ein Unterschied gegenüber den Themenverteilungen bei den zentralen Texten, bei der zu den Hauptthemen auch die *Deutsche Nation* gehörte. Dass dies bei den nicht zentralen Texten nicht so ist, verwundert aber nicht. In diesen Texten spielt demgegenüber das Verhältnis von Judentum und Christentum eine dominantere Rolle. Dies kann als ein Hinweis darauf gewertet werden, dass die Ausrichtung der Texte stärker religionstheoretisch geprägt sind. Dieser Eindruck bestätigt sich, wenn man die Themen der nicht zentralen Texte unter dem Gesichtspunkt abnehmender Häufigkeit betrachtet.

Die zentralen Themen und Unterthemen der Texte

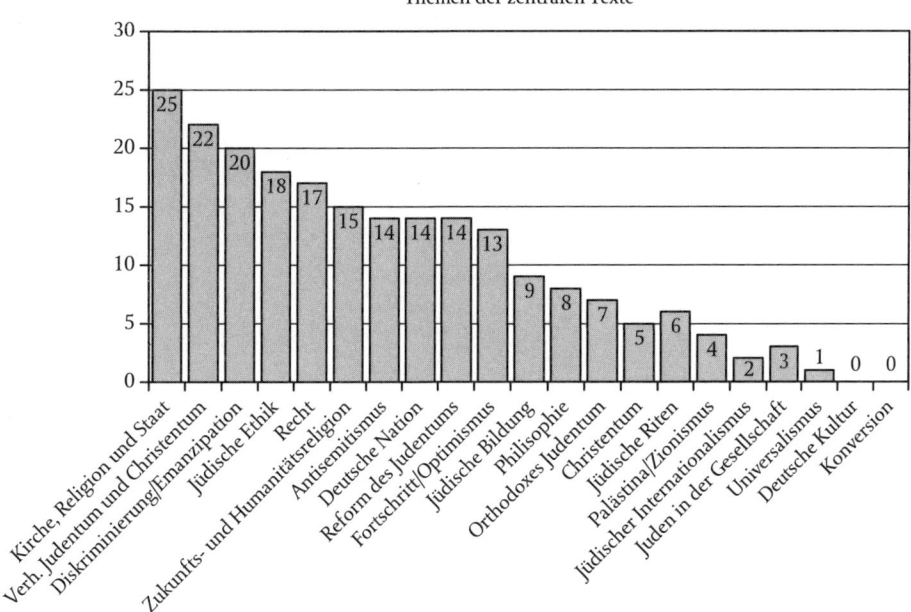

Fragen der Religion, wie sie etwa in den Themen *Zukunfts- und Humanitätsreligion, Reform des Judentums, Jüdische Bildung* sowie bei der Diskussion ethischer Fragestellungen aufgeworfen werden, spielen eine stärkere Rolle als in den zentralen Texten. Dennoch stehen bei fünf der zehn meist genannten Unterthemen Gesichtspunkte deutlich im Vordergrund, die dicht am Diskurs *Staat, Nation, Gesellschaft* liegen.

So wird zugleich *die gesamte Verteilung* der jüdischen Perspektive auf diesen Diskurs konturiert. An die fünf dominierenden Themen der nicht zentralen Texte koppelten sich folgende weitere Themen an: *Zukunfts- und Humanitätsreligion, Antisemitismus, Deutsche Nation, Reform des Judentums, Fortschritt, Christentum* und *Philosophie*.

Demnach sind die Themen der nicht zentralen Texte zwar mit dem Diskurs *Staat, Nation, Gesellschaft* stark verknüpft, weisen in ihrer strukturellen Verknüpfung aber festere Verschränkungen mit dem Religionsdiskurs auf.

Interessant ist, dass hier im Unterschied zum Themencluster der zentralen Texte ein wichtiges Thema wegfällt, das für den Nationendiskurs von großer Bedeutung ist: *Universalismus*. Dafür treten andere Themen hinzu, die religiöse und wissenschaftliche Komplexe wie *Christentum, Zukunftsreligion* und *Philosophie* behandeln.

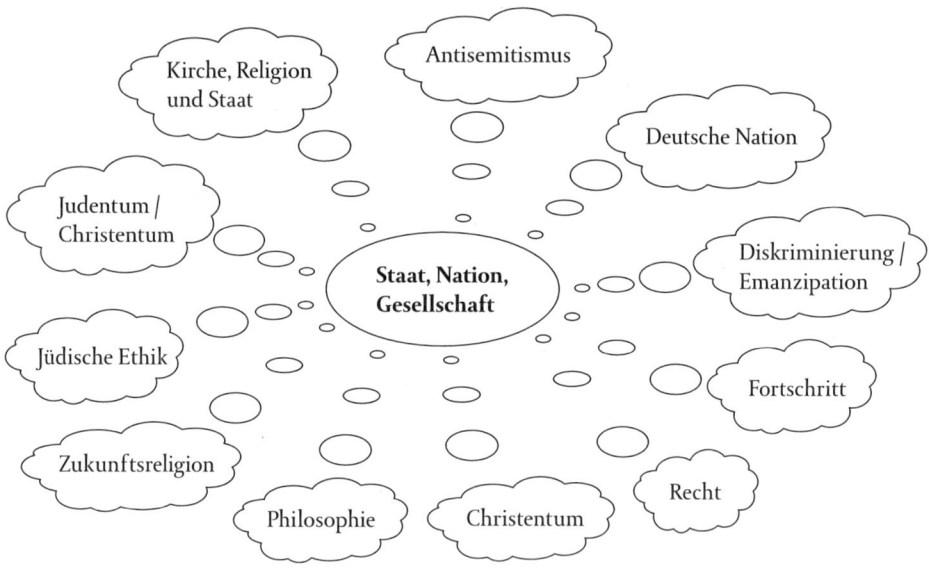

5.4. Vom Corpus zum Dossier – als Grundlage einer Aussagenanalyse

Im Unterschied zur Themenanalyse, bei der Themen analysiert und deren Stellenwert gewichtet wurden, geht es bei der nun folgenden *Aussagenanalyse (Strukturanalyse II)* darum, die *Äußerungen*, die in den zentralen Texten zu diesen Themen gemacht werden, zu analysieren, um sie zu *Aussagen* zu verdichten. Die Aussagenanalyse ermittelt die *inhaltlichen Kerne*, die sich aus der Oberfläche der Texte herauskristallisieren lassen. Stellt man sie zu Aussagenketten zusammen, so ergeben sie zusammen den gesuchten *Diskurs* oder die spezifische *diskursive Formation* zu *Staat, Nation, Gesellschaft* (aus jüdischer Sprecherposition).[8]

Auf dem Weg zur Aussagenanalyse ist zunächst eine Reduktion der 94 zentralen Texte sinnvoll, wobei nur jene Texte berücksichtigt werden, in denen ausschließlich die zum Cluster gehörenden Themen angesprochen werden.[9] Daraus ergibt sich eine Reduktion der zentralen Texte auf 48 Texte in der Zeit von 1845–1873.

Sie verteilen sich allerdings nicht gleichmäßig auf den Untersuchungszeitraum. Vor

---

8   Aus unserer Sicht ist es vertretbar, dass wir damit die Heterogenität des Sagbarkeitsfeldes nicht weiter berücksichtigen, da es uns um den Diskurs um *Staat, Nation, Gesellschaft* und nicht um den allgemeinen jüdischen Diskurs in dieser Zeit geht.

9   Dies bedeutet umgekehrt, dass alle Texte bei der weiteren Diskursanalyse nicht weiter berücksichtigt werden, in denen Themen angesprochen sind, die *nicht* zum Themencluster der zentralen Texte gehören.

Die zentralen Themen und Unterthemen der Texte

allem in der Zeit 1851–1859 erschienen nur drei Texte, die sich ausschließlich mit Themen des ermittelten Clusters befassten. Um die historische Kontinuität des Diskurses zu berücksichtigen, werden deshalb die fehlenden Jahre[10] durch solche zentralen Texte aufgefüllt, in denen neben den Clusterthemen auch weitere Themen angesprochen wurden. Dadurch können die Lücken weitgehend geschlossen werden.[11] Auf diese Weise erhöht sich die Anzahl der weiter zu analysierenden Texte auf 55[12].

Bei der oben beschriebenen Reduktion berücksichtigten wir mithin die ganze Fülle der in den Texten angesprochenen Themen wie auch die chronologische Streuung der Texte über den Untersuchungszeitraum. So konnte der Diskurs zu *Staat, Nation und Gesellschaft* (aus jüdischer Perspektive) in seiner *qualitativen* Bandbreite vollständig erfasst werden.[13]

---

10 Es handelt sich dabei um die Jahre 1851, 1852, 1855, 1856, 1857, 1858 und 1859.
11 Unberücksichtigt bleiben lediglich die Jahre 1851 und 1855.
12 Die bibliografischen Angaben zu den 55 Texten finden sich im Verzeichnis der Primärliteratur, S. 192 in diesem Band.
13 Hinzuweisen ist darauf, dass nicht eine quantitative Vollständigkeit, sondern die Ermittlung qualitativer Schwerpunkte das Ziel ist. Diese liegen dann vor, wenn bestimmte Aussagen (nicht Äußerungen) besonders häufig auftreten. – Die Texte des so zusammengestellten Dossiers werden im weiteren Verlauf elektronisch eingelesen. Anschließend werden die den Diskurs betreffenden Fragmente markiert und in eine für diesen Zweck konzipierte Datenbank eingegeben. Dann werden sie einer Aussagenanalyse unterzogen.

6. Das Sagbarkeitsfeld: Aussagenanalyse

6.1. Vorbemerkung

Die 55 verbleibenden Texte bilden das *Untersuchungsdossier* für eine Aussagenanalyse, mit der das Sagbarkeitsfeld des jüdischen Diskurses im Untersuchungszeitraum ermittelt wird.

Wir überprüften in einem ersten Schritt die bisher gewonnene thematische Gliederung und ihren logischen Aufbau und präzisierten oder differenzierten die Themen. Es ergaben sich sieben Themenkomplexe mit der folgenden Themenstruktur:

I. Akkulturation (soziale / bürgerliche Integration)
1. deutsche Nation: Ort der Akkulturation
2. deutsche Kultur: Lob kultureller Leistungen und deutscher Leistungsträger in Kunst, Philosophie etc.
3. Patriotismus: Vaterlandsliebe; bürgerliches Engagement im Vaterland; (demonstrative) Verehrung des Fürsten / der Regierung
4. Kritik am Judentum: Überwindung / Korrektur der jüdischen Abgeschlossenheit
5. Jüdische Nation: im Sinne von jüdischen Selbstdefinitionen als „Nation", „Stamm", „Blut" etc.

II. Antisemitismus
1. Abwehr (von Antisemitismus)
2. Gewalt: Thematisierung von Pogromen / Judenverfolgung
3. Christlicher Antisemitismus: Verfolgung / Bevormundung des Judentums durch Christen / durch die christlichen Kirchen / mit christlichen Begründungen
4. ‚Argumente': anti-judaistische und antisemitische Klischees / typische ‚Argumente' der Judenfeindschaft

III. Jüdische Ethik
1. Rechte: Menschen- und Bürgerrechte; Menschenwürde; Sozialpflicht des Eigentums (Recht der Armen gegenüber den Besitzenden); Wehrthematik; keine Hierarchien;
2. Werte: Ganzheit: der Gesellschaft / der Menschheit, des Menschenbilds: Einheit von Körper und Geist; Freiheit *und* Gleichheit; Nächstenliebe; staatsbürgerliche Pflichterfüllung; Familienethos;
3. Theokratie: Verschmelzung von Religion und Gesellschaft; als Moralisierung der gesamten Gesellschaft
4. Kritik an der Aufklärung: Kritik an einer Vernunft-Fixierung; Kritik an Abstraktion / Reduktion; Wissenschaftskritik

	5. Grundlage der Gesellschaft: Judentum als soziales und rechtliches Vorbild der Menschheit; als Stifter einer gemeinsamen Ethik
	6. Jüdische Bildung/Wissenschaft: Teil der messianischen Aufgabe; Teil der jüdischen Reform; Gewinn für die deutsche Nation
IV. Judentum – Christentum	1. Kontrast: Diesseits / Jenseits; gesellschaftlich / individuell; jüdische (reine) Lehre / heidnische Elemente; christliche Leitkultur und die Juden
	2. Übereinstimmung: gleiche Aufgabe / gleiche Ethik; Christentum als Teil / Fortsetzer des jüdischen Heilsplans
	3. Judentum als Grundlage des Christentums: Mutter-Tochter-Topos
	4. Konvergenz: Vision der Annäherung und Vereinigung von Judentum und Christentum
	5. Konversion: Kritik; Analyse
V. Auseinandersetzung mit dem Christentum	1. Werte: Christentum als Hierarchiebildung (Macht / Unrecht / Verbrechen); als Fixierung auf das Individuum; als Askese (Körperfeindlichkeit);
	2. Fortschritt: Christentum als Fehlentwicklung wird überwunden / Christentum überwindet seine Fehlentwicklung
	3. Heidentum: Abschied von den jüdischen Grundlagen; Erbe des klassischen Altertums;
VI. Recht	1. Grundrechte: Kampf um Bürgerrechte / um bürgerliche Gleichstellung; Gleichstellung der Konfessionen / Religionen; Gewissensfreiheit; Ausschluss aus Berufen
	2. Fortschritt: Gewissheit hinsichtlich der Durchsetzung der Bürgerrechte / der Gleichstellung
	3. Staat: staatliche Verantwortung
VII. Universalismus	1. Fortschritt: Ziel des Judentums: Menschheit / Recht für alle Menschen; Menschheit auf dem Weg zur humanen Gesellschaft
	2. Deutsche Nation: Würde / guter Ruf, Vorbild für Europa; Teil der Menschheit

Nun suchten wir in den Texten jene Passagen, bzw. *Text- Fragmente* auf, in denen die jeweiligen Themen angesprochen wurden, und gaben diese Fragmente in eine speziell dafür konzipierte Datenbank ein.[1] Bei Abschluss der *Fragmentierung* umfasste die Datenbank insgesamt 1.301 Fragmente. Schon zuvor waren anhand einer Analyse die inhaltlichen, semantischen und logischen Beziehungen der sieben (obigen) Themenkom-

---

1 Für diese Datenbank erstellten wir zu allen Texten Inhaltsangaben und beschrieben die jeweilige Gliederung und den argumentativen Aufbau. So konnten jene Passagen aufgefunden werden, in denen die relevanten Themen (s. „Themencluster") angesprochen wurden (= Fragmentierung).

plexe und ihrer jeweiligen Unterthemen ermittelt worden, wobei für den Diskurs besonders typische Themenkonstellationen und -kombinationen hervortraten[2]. Vor dem Hintergrund dieser Analyse konzentrierte sich die weitere Untersuchung auf jene Fragmente, die die betreffenden Themenkonstellationen und -kombinationen ansprachen. Wir riefen sie aus der Datenbank ab und unterwarfen sie einer Aussagenanalyse, die die folgende grundlegende *Struktur* erbrachte:

Es handelt sich zum einen um *konzeptionelle Aussagen*, d. h. solche, die sich mit prinzipiellen ethischen und gesellschaftlichen Fragen befassen. Hierunter sind etwa das spezifische Gottes- und Menschenbild zu fassen, wie auch individual- und sozialethische sowie universalistische Grundsätze, die sich in gesellschaftlichen Konzepten zu sozialer Gerechtigkeit und Rechtsstaatlichkeit konkretisieren.

Daneben stehen Aussagen, die um das Verhältnis von *Judentum, Christentum und Antisemitismus* kreisen. Diese sind zwar mit konzeptionellen Aussagen häufig verschränkt, doch als Reaktion auf die damaligen (also historischen) antijüdischen Diskurse, mit denen die bürgerliche, rechtliche und soziale Benachteiligung von Juden legitimiert wurde, gewinnen sie eine eigene Bedeutung[3]: Die Aussagen konzentrieren sich auf das Verhältnis zwischen jüdischen und nicht-jüdischen bzw. christlichen Werten, sie beziehen Stellung zu der großen Bandbreite antisemitischer Klischees und gehen der Frage nach, was der Kern von Antisemitismus ist und wie dessen zerstörerische Wirkung zustande kommt.

Im Folgenden werden die oben dargestellten Ergebnisse der Aussagenanalyse im Detail referiert, wobei zugleich das Sagbarkeitsfeld des Diskurses im Untersuchungszeitraum ausgebreitet wird. Die Aussagen wurden gewonnen aus den Äußerungen, die in den Diskursfragmenten aufgefunden wurden. Die Bandbreite der Aussagen des Diskurses wird durch unterschiedliche diskursive Positionen hergestellt, die von den jeweiligen Autoren artikuliert werden.[4] Wenn also im Folgenden die Äußerungen bestimmter Autoren referiert und analysiert werden, so werden diese nicht als einzelne Äußerung

---

2 S. dazu Anhang 2. Die aus dieser Analyse resultierenden „typischen" Themenkonstellationen machten es erforderlich, dass die Fragmente mit folgenden Themen analysiert wurden: Jüdische Ethik → Werte (457 Fragmente), Jüdische Ethik → Werte in Verbindung mit Akkulturation → Patriotismus (81 Fragmente), Jüdische Ethik → Werte in Verbindung mit Universalismus → Fortschritt (105 Fragmente), Judentum – Christentum → Übereinstimmung (82 Fragmente), Judentum – Christentum → Judentum als Grundlage des Christentums (41 Fragmente), Auseinandersetzung mit dem Christentum → Heidentum (25 Fragmente), Jüdische Ethik → Werte in Verbindung mit Recht → Grundrechte (94 Fragmente) sowie Jüdische Ethik → Werte in Verbindung mit Antisemitismus → Argumente (56 Fragmente).

3 Bedeutungsverschiebungen aufgrund von historisch anderen diskursiven Kontexten stellen die historische Diskursanalyse vor besondere Anforderungen. Sie muss z. B. exakte Kontextbestimmungen vornehmen, um die konkrete semantische Füllung von Wörtern, Topoi und Argumenten bestimmen zu können.

4 Vgl. zum Konzept der Diskursposition M. Jäger 1996 sowie Jäger 2004[4].

dieser Personen, sondern als (überindividuelle) Aussage innerhalb eines Diskurses begriffen.

6.2. Konzeptionelle Aussagen

6.2.1. Gottes- und Menschenbild: Monotheismus und sittliche Freiheit

Durchgängig vertreten die Autoren ein monotheistisches Gottesbild und thematisieren das Verhältnis von Gott und Menschheit. Gott wird dabei als ein geistiges Wesen vorgestellt, das sich in der Natur und im Menschen konkret offenbare.

Ludwig Philippson etwa betont, dass es „nur Einen, Einigen, unkörperlichen nur im Geiste anzubetenden Gott" (1845 Philippson Religion 92)[5] gibt, dieser sich aber konkret offenbare:

> „Wir wissen ferner, daß, diesen Allen entgegengesetzt, „die religiöse Idee" auftrat, und zwar im Mosaismus; die religiöse Idee, welche die Gottheit selbst zum Ausgangspunkte nahm, indem sie die Erkenntniß dieser Gottheit als eine gegebene, nicht erst zu findende, setzte, nun aus Gott die Welt, in der Welt den Menschen werden ließ. Sie erkannte daher nur eine Einheit der Gottheit an, begriff die Natur, als Werk dieser Gottheit, als eine Einheit, und ebenso den Menschen im Ebenbilde Gottes." (1848 Philippson Begründung, 149)

Lazarus Adler spricht sogar von „Menschen-Vergöttlichung" und fährt fort:

> „Es ist jene Offenbarung und das Studium der Offenbarung, wodurch diese Lehre zum Bewußtsein der Menschen gekommen ist. Sie besteht in der Aussprechung, Verständigung und Verständlichung des heiligen Gotteswortes, der Lehre, die durch Israel ist gegeben worden, daß der Mensch, jeder Mensch ein Ebenbild Gottes, ein Träger dieses höchsten Prinzips, durch seine sittliche Freiheit mit allen übrigen Menschen sich in eine große Friedensgemeinschaft auflösen und vereinigen soll." (1860 Adler Handwerk 82)

Dennoch kann in der *jüdischen* Glaubenslehre, wie etwa Samuel Holdheim gegen Friedrich Julius Stahl betont, nicht von einer Gleichsetzung von Menschheit und Gott die Rede sein:

> „Je ernster wir es daher mit der Religion als einer in dem Menschen und über dem Menschen waltenden und ihn an sich bindenden Gotteskraft nehmen und je strenger und eifersüchtiger wir darüber wachen, daß man uns Religion und Humanität nicht identificire, weder die eine von der andern unabhängig mache, noch die Religion in der Humanität aufgehen lasse, um so entschiedener müssen wir gegen Stahl auftreten, der, ächt theokratischen Geistes, die Humanität dem Bekenntniß gegenüber als eine von Gott losgerissene Macht der Finsterniß, als das Belijalswerk der modernen von Gott abgefallenen Philoso-

---

[5] Zu den folgenden Zitatangaben siehe Literaturverzeichnis der Primärliteratur.

phie des Pantheismus bezeichnet und unerschöpflich in Schmähungen gegen dieselbe ist." (1856 Holdheim Stahl 37)

Holdheim spricht daher auch davon, dass in der Glaubenslehre des Judentums „Gott, wenngleich über dem Weltall in unendlicher Erhabenheit thronend und waltend, sich dennoch in der Schöpfung bezeugt und offenbart." (1856 Holdheim Stahl 37–38) Gott wird somit als ein transzendentales ‚Wesen' konzipiert, das sich aber immer auch in weltlichen Phänomenen ‚niederschlägt' und offenbart.

Was an der obigen Äußerung von Adler auch noch deutlich wird, ist der Verweis auf die „sittliche Freiheit", also die Auffassung, dass der Mensch zwischen moralischen Werten entscheiden könne.

Auch Philippson (1848 Philippson Begründung 151) betont den freien Willen: „Die religiöse Idee setzt den Menschen von vorn herein als frei, mit freiem Willen versehen, frei und sich selbst bestimmend zwischen Gutem und Bösem zu wählen." Dies kommt auch zum Ausdruck, wenn von einer „wahrhaft religiösen und Gewissensfreiheit" (1856 Holdheim Stahl 36–37), von einer „vollendeten und bewußten Sittlichkeit" (1858 Stern Erziehung 23–24), von einer „geistigen Selbstbestimmung oder Selbsteinschränkung des eignen Willens" (1860 Adler Vorträge Civilisation 49), von einem „sittlich freien Willen" (1864 Zunz Selbstregierung 342a) oder einer „Einheit und Ganzheit des Menschen" (1848 Philippson Begründung 147) gesprochen wird.

Aber nicht nur bei der Entscheidung zur Sittlichkeit wird ein freier Wille zu Grunde gelegt. Auch umgekehrt wird die freie Selbstbestimmung als ein Wert der Sittlichkeit selbst betrachtet: „Freie Selbstbestimmung in ihrer größten Ausdehnung und Humanität sind eins und bilden die höchste Stufe der Sittlichkeit" (1859 Adler Handwerk 78–79). Samson Hirsch (1854 Hirsch Christenthum 234–235) macht darauf aufmerksam, dass das Christentum durch Paulus ‚Lehre' von der Erbsünde der Vorstellung einer freien sittlichen Entscheidung entgegenstehe:

„Nicht als ein solcher, seinen Sohn erziehender Vater, stand Gott Israel gegenüber, sagt Paulus, so daß Israel zuletzt, wenn seine Erziehung vollendet war, dieses göttliche Gebot als das Gebot seines eigenen Herzens in sich hätte selbst finden können – die ererbte Sünde verhindert für immer dieses Finden des göttlichen Gebotes als das Gesetz des eigenen Herzens – sondern Gott war blos der Herr und Israel blos der Sklave, und das Gesetz war nur ein (235) Gesetz des Herrn seinem Sklaven gegenüber; es blieb diesem und mußte ihm immer ein äußerliches, fremdes Gebot bleiben, das es auch nur äußerlich, d. h, gar nicht erfüllen konnte." (1854 Hirsch Christenthum, 234–235)[6]

---

6 Weitere Belegstellen finden sich bei 1845 Philippson Religion 85, 92, 92–93, 98–100; 1846 Stern Zukunft 302–303; 1848 Philippson Begründung 147, 149, 150–151, 151, 152, 155–156, 158–159, 160–161, 161, 162a, 162b; 1849 Zunz Demokratie 310, 313; 1850 Adler Allioli 9, 13–14, 18, 18–19, 19, 20, 22–23, 28a, 28b; 1852 Stein Staat 8, 10b, 14; 1853 Saalschütz Geist 3, 4b, 5; 1854 Hirsch Christenthum 212–213, 213–214, 214–216, 216–217, 220, 223–224, 228, 231, 232, 232–233, 233–234, 234–235, 235, 235–236; 1856 Holdheim Stahl 35–36, 36–37, 37, 37–38; 1858 Stern Erziehung 10–11, 12a+b, 12–13, 13, 14–

Ausgehend von diesem Gottesbild wird betont, dass die jüdische Religion am Leben der Menschen orientiert und offen für deren Probleme sei.

Adler drückt dies prägnant aus, wenn er sagt, dass das Judentum keine „Buchstabenreligion" (1860 Adler Vorträge Cultur 119–120) sei, sondern sich durchaus auch von neuen geistigen Strömungen inspirieren lassen könne. So auch Lazarus (1872 Lazarus Blick 21): „Religion! Allerdings nicht im Sinne des tödtenden Buchstabens, sondern im Sinne des belebenden Geistes." Auch bei Buchholz (1871 Buchholz Volk 241a) findet sich die Betonung des praktischen Moments des jüdischen Glaubens, wenn er von einer „werkthätige[n] Menschenliebe" spricht.[7]

Bei Hirsch (1854 Hirsch Christentum 219–220) zeigt sich eine Zuspitzung. Er vertritt die Auffassung, dass das Judentum reformiert werden müsse, *weil* es zu einem bloß äußerlich bleibendem Ritual geworden sei. Das Judentum sei somit von seinen ursprünglichen Intentionen abgewichen:

> „Pharisaïsmus und Sadduzäismus, Romantizismus und Orthodoxismus, Mystizismus und Buchstabengläubigkeit irren nicht blos, sie versündigen sich auch. Sie entstehen doch wieder aus Trägheit und leisten dieser Vorschub. Wahrlich! Es ist leichter die Religion auf den Lippen und in den Händen haben, als im Herzen (Jesaia 29, 13); es ist leichter und bequemer dem äußerlichen Buchstaben gehorchen als dem Geiste [...] Wie ist aber ein blos äußerlicher Buchstaben- oder Traditionsdienst einem Gotte gegenüber noch möglich, welcher, wie das schon die Bibel von Gott sagt, nichts für sich bedarf, welcher keinen Cultus zu seinem Nutzen braucht; sondern wo der Cultus nur noch den Zweck haben kann, das Gemüth des Menschen zu erwecken und zu läutern?" (1854 Hirsch Christenthum 219–220)[8]

Zusammenfassend kann gesagt werden, dass das monotheistische Gottesbild als Grundlage einer Ethik dient, die im realen Leben der Menschen verankert ist und die auf metaphysische Überhöhungen verzichten kann.

15, 23–24; 1859 Adler Handwerk 78–79, 81–82, 82, 82–83, 84–85; 1860 Adler Vaterland 171; 1860 Adler Vorträge Cultur 114–115, 116; 1860 Adler Vorträge Civilisation 49; 1860 Kaempf Stützen 6c, 7; 1861 Philippson Mission 392; 1862 Philippson Atheisten 428; 1864 Zunz Selbstregierung 342a, 342c, 343a, 343b, 344, 345b, 345–346; 1867 Jellinek A Kriege 8; 1870 Jacoby Arbeiterbewegung, 351.

7   1846 Stern Zukunft 323a, 323b; 1847 Einhorn Verhalten 5–6; 1848 Schwarz Sendschreiben 6; 1849 Philippson Gesinnung 859; 1850 Adler Allioli 45–46; 1852 Stein Staat 10a; 1857 Ritter Beleuchtung 20; 1858 Stern Erziehung 12b; 1860 Adler Vorträge Cultur 119–120; 1861 Philippson Mission 379; 1871 Buchholz Volk 241a; 1872 Lazarus Blick 21.

8   In diesem Kontext wird von Autoren auch darauf aufmerksam gemacht, dass die Moralgesetze im Judentum einen höheren Stellenwert haben als die Zeremonialgesetze, welche man durchaus reformieren dürfe. Vgl. 1846 Stern Zukunft 298–299; 1850 Adler Allioli, 34–35, 35–36, 43, 43–44, 44–45; 1854 Hirsch Christenthum 217, 219–220, 220–221, 221–222, 224–225, 226, 227, 227–228, 229, 232–233, 233, 233–234; 247a, 247b.

6.2.2. Individual- und Sozialethik:
Nächstenliebe – Gleichheit und Gerechtigkeit

Aufbauend auf diesem Gottes- und Menschenbild wird insbesondere das jüdische Gebot der Selbst- und Nächstenliebe hervorgehoben.

Das Gebot der Selbst- und Nächstenliebe dient als eine individualethische Grundlage, aus der sozialethische Normen zu Gleichheit und Gerechtigkeit, u. a. auch zur Verteilungsgerechtigkeit entwickelt werden.[9]

6.2.2.1. Individualethik

Das Gebot der Selbst- und Nächstenliebe wird nahezu durchgängig als zentral angesehen, wobei dieses Gebot auf das oben dargestellte Gottes- und Menschenbild bezogen wird. Aus Sicht der Autoren entspringt es aus jenen bzw. lässt sich davon ableiten: Wenn Gott sich in der Welt und in den Menschen offenbare, dann müsse seine Schöpfung genauso geheiligt werden.

Bei Lazarus Adler findet sich beispielsweise folgende Äußerung: „Als oberstes Princip der Sittenlehre im Judenthume kann das Gebot bezeichnet werden: ‚Ihr sollt heilig sein, denn ich euer Gott bin heilig.' (3. B. M. 19,1)" (1850 Adler Allioli 18–19)

Bei Jos. L. Saalschütz heißt es diesbezüglich: „Die Grundlage aller Religion und aller Menschenpflicht bildet für immer das Mosaische zwiefache Gesetz: ‚Liebe Gott mit ganzem Herzen, ganzer Seele, allen Kräften' und ‚liebe deinen Mitmenschen wie dich selbst.'" (1853 Saalschütz Geist 5)

Auch bei Ludwig Philippson heißt es: „Du sollst Dich heiligen, und Liebe Deinen Nächsten wie Dich selbst." (1845 Philippson Religion 92) Dabei kann die Nächstenliebe durchaus männlich konnotiert sein, etwa dann, wenn anstatt von Nächstenliebe von einer „Lehre von der allgemeinen Bruderliebe" (1866 Ehrentheil Ehrentod 11–12) gesprochen wird.[10]

Es findet auch eine Ausweitung des Gebots der Selbst- und Nächstenliebe auf die

---

9 Zugleich wird mit dieser Vermittlung auf judenfeindliche Angriffe reagiert, die dem Judentum ethische Grundlagen absprechen wollen. Neben die konzeptionelle Konnotation tritt daher oft eine Konnotation der Abwehr judenfeindlicher Angriffe, die zu weiteren Aussagen führt. Im Folgenden werden jedoch zuerst die konzeptionellen Grundaussagen dargestellt. Aussagen, die sich darüber hinaus auf die Abwehr von judenfeindlichen Angriffen beziehen, werden weiter unten dargestellt.

10 Vgl. dazu auch: 1845 Philippson Religion 91, 92; 1846 Stern Zukunft 314–315; 1847 Einhorn Verhalten 6–7, 11; 1848 Philippson Begründung 153–155; 1849 Zunz Demokratie 315–316; 1850 Adler Allioli 8, 9, 9–10, 11a+b, 11–12, 12, 13–14, 14–15, 15a, 15–17, 17–18, 18, 18–019, 20, 22–23, 31b; 1852 Stein Staat 9–10, 10b, 11a+b; 1853 Saalschütz Geist 4b, 4–5, 5, 5–6, 6–7, 7–8; 1854 Hirsch Christentum 223–224; 1858 Stern Erziehung 12–13, 21; 1860 Kaempf Stützen 6c, 7; 1866 Ehrentheil Ehrentod 8, 11–12; 1866 Geiger Auflösung 418a, 419–420, 420–421; 1867 Jellinek A Kriege 14; 1869 Lieser

Tier- und Pflanzenwelt statt. Diese ‚ökologische' Dimension der jüdischen Ethik liegt zwar argumentativ nahe, wenn man von der Offenbarung eines Gottes in der Welt ausgeht. Sie ist allerdings selten anzutreffen und kann deshalb als am Rande des Sagbarkeitsfeldes angesiedelt angesehen werden:

> „Jede Pflanze, jedes Thier hat seinen Werth in sich und wenn es der in seiner Gattung bestehenden Form entsprechend gebildet ist, dann ist es schön und edel. Der Nutzen, den der Mensch daraus zieht, kann unmöglich als Maßstab dienen." (1860 Adler Vorträge Cultur 113)[11]

Darüber hinaus sei das Judentum eine friedliche Religion, die auch Andersgläubige respektiere: Diese sollten nicht missioniert werden, vielmehr sollten Juden durch ihren gelebten Glauben ein positives Vorbild für andere Menschen sein. Teilweise wird diese Ansicht dann wie bei Immanuel Heinrich Ritter auch als Argument gegen das orthodoxe Judentum genutzt:

> „Es ist der Gedanke, den Lessing so energisch vertrat und der sich ebenso der rechtgläubigen Orthodoxie als jener Art von Aufklärung entgegenstellt, welche die positiven Religionen eine mit der andern gleichgültig und unsicher machte. Es ist der Gedanke, daß man bei dem größesten Eifer für die eigene, die herzlichste Anerkennung der andern Religion müsse walten lassen, daß die praktisch-sittliche Betätigung eben darin bestehe, bei der Vorliebe und der natürlichen Voreingenommenheit für die Religion der Väter die gleichgroße subjective Berechtigung der andern anzuerkennen, daß die Liebe, welche mit der einen Seite der eignen Herzensüberzeugung zugewendet ist, auf der andern Seite nicht verzehrende Glut, sondern den warmen Anhauch der Freundschaft äußere." (1857 Ritter Beleuchtung 21)[12]

Der friedfertige Charakter des Judentums wird auch insofern hervor gehoben, als die Todesstrafe abgelehnt wird.[13]

Wagner 15–16; 1870 Fürst Todesstrafe 41–42; 1870 Jacoby Arbeiterbewegung 361–362, 369–370; 1871 Buchholz Volk 241a.

[11] Bei Adler (1850 Adler Allioli 30–31) findet sich die ähnliche Äußerung, dass das jüdische Moralgesetz auch das Gebot enthalte, „nicht eher vom Fleische eines Thieres zu essen, als bis dieses wirklich todt ist (also Mitleid gegen die Thierwelt)." S. auch 1850 Adler Allioli, 22–23.

[12] 1846 Stern Zukunft 314–315; 1848 Schwarz Sendschreiben 6; 1850 Adler Allioli 9, 18–19, 19–20, 20, 21–22, 23–24, 24–25, 25–26, 29a+b, 30–31, 31b, 32–33, 33–34, 48–49, 49–50; 1850 Einhorn Ungarn 20; 1852 Stein Staat 7–8, 8, 11a+b; 1854 Hirsch Christentum 221, 221–222; 1856 Holdheim Stahl 7; 8; 9, 12–13, 13, 22–24, 32–33; 33–34, 46; 1857 Ritter Beleuchtung 21; 1860 Adler Vorträge Cultur 120–121, 121; 1860 Kaempf Stützen 6a, 7; 1860 Riesser Rechte 604–606.

[13] 1848 Grünhut Invalide 6; 1858 Philippson Völker 18; 1866 Geiger Auflösung 410, 410–411; 1870 Fürst Todesstrafe 38, 41–42, 47–48.

6.2.2.2. Sozialethik

Aus sozialethischer Perspektive werden Freiheit, Gleichheit und Gerechtigkeit als anzustrebende Werte formuliert und als Rechtsgedanke mit der monotheistischen Gottesidee verknüpft:

> „Gesetz und Recht sind nicht des Menschen Eigenthum, worüber er nach Willkür schaltet und waltet, sondern das ausschließliche, unveräußerliche Eigenthum des erhabenen Weltenrichters, der alle Menschen in seinem Ebenbilde geschaffen, und kraft dieser Ebenbürtigkeit die Gleichheit und Gleichberechtigung Aller zu einem obersten Grundsatze seiner heiligen Lehre erhoben hat" (1862 Unger Verfassung 8).

Darüber hinaus wird die Differenz bzw. das wechselseitige Verhältnis zwischen Freiheit auf der einen und Gleichheit und Gerechtigkeit auf der anderen Seite diskutiert.[14] Ludwig Philippson äußert im Hinblick auf Freiheit und Gleichheit, dass beide für sich genommen als Handlungsprinzipien unzureichend seien.

> „Die Gleichheit und Freiheit sind zwei Prinzipien, die, so nahe sie miteinander verwandt sind, doch nicht miteinander verbunden zu sein brauchen. Auch in einem despotischen Staate kann die Gleichheit existiren: Alle sind daselbst Sklaven und in gleichem Maße der Willkür des Herrschers unterworfen. So hat in unsrer Zeit das Prinzip der Gleichheit im französischen Staate eine sehr große Verwirklichung erhalten, während die Freiheit, sowohl in den allgemeinen Institutionen als auch als persönliche Freiheit nur in sehr bedingter Weise vorhanden ist. Im Gegensatz hat die letztere eine große Stätte in England gefunden, während der Staat und die Gesellschaft sich daselbst noch aus aristokratischen Bausteinen zusammenfügen, und selbst die jüngste Reformbill das Wahlrecht noch nach dem Steuercensus vertheilt." (1845 Philippson Religion 104)

Mit Blick auf das Verhältnis von individueller Freiheit und dem Recht der Gesellschaft hebt er hervor:

> „Es giebt unveräußerliche Freiheiten des Individuums; es giebt heilige, unveräußerliche Rechte der Gesellschaft; jene müssen daher durch diese geregelt und abgegrenzt werden; es giebt also keine unbeschränkte Freiheit des Individuums und kein unbegrenztes Recht der Gesellschaft. Die Gesundheit und die Blüthe einer Nation wird demnach allein in der allmäligen Entwickelung zu einem maßvollen Verhältnis zwischen der Freiheit des Individuums und dem Rechte der Gesellschaft bestehen." (1858 Philippson Völker 21–22)

Sollten diese Grundsätze nicht eingehalten werden, bestehe die Gefahr von Stillstand, Revolution und/oder eines unbeschränkten Despotismus.

In anderen Fragmenten tauchen weitere Äußerungen zu diesem Thema auf: Stern (1858 Stern Erziehung 19–20) sieht eine unmittelbare Wechselwirkung zwischen den vom Staat gewährten Freiheitsrechten und der Bereitschaft des Bürgers, Gemeinschafts-

---

14 Die Differenz zwischen Letzteren spielt keine entscheidende Rolle, da meistens in der Weise argumentiert wird, dass nur eine gleiche *Behandlung* gerecht ist.

pflichten anzuerkennen. (vgl. auch 1849 Zunz Demokratie 315; 1853 Saalschütz Geist 5–6) Für Zunz (1864 Zunz Selbstregierung 342c) besteht „… in der sittlichen Aufgabe kein Widerspruch zwischen Einzelnem und Gesammtheit; vielmehr in der Förderung des Allgemeinen gerade der Werth des sittlichen Leben des Einzelnen." An anderer Stelle heißt es:

> „Wie jedes Ding, so hat auch der Mensch seine zwei Seiten: eine besondere, ihm als Einzelwesen eigenthümliche – und eine allgemeine, die ihn als Glied eines größeren Ganzen kennzeichnet. In Wirklichkeit sind beide Seiten weder zu trennen noch scharf abzugrenzen, denn zusammen erst – in ihrer Einheit – machen sie den Menschen aus." (1870 Jacoby Arbeiterbewegung 354a)

In den Fragmenten ist mithin eine Aussage über das Verhältnis von Freiheit und Gerechtigkeit bzw. Gleichheit zu finden, wonach individuelle Freiheit und sozialer Zusammenhalt zugleich realisiert werden *sollen* und *können*, während beide Momente für sich einen schädlichen Charakter hätten. Gerade das Zusammenspiel zwischen individuellen bzw. partikularen Momenten und gemeinsamen, vereinheitlichenden Momenten wird als prinzipiell möglich und politisch wünschenswert angesehen. Dabei wird die ‚Stelle' des Gemeinsamen unterschiedlich besetzt.

Bei Adler (1860 Adler Vaterland 167) findet sich beispielsweise das ‚Gleichnis' von Steinen und Diamanten. Demnach sei jeder Diamant (der individuelle Mensch) zwar auch ein Stein (ein Mitglied der Gemeinschaft), habe aber eben aufgrund spezifischer Einflüsse seine besonderen und kostbaren Eigenschaften entwickeln können. Hier wird also das, was Stern (1858 Stern Erziehung 5–6) ähnlich argumentierend das „allgemein Menschliche" nennt, zum gemeinsamen Zusammenhang.

Daneben gibt es auch Äußerungen wie die von Saul Isaak Kaempf (1860 Kaempf Stützen 4–5), wonach der Staat bzw. das Recht und die staatsbürgerlichen Pflichten „gleichsam der Kitt" der Gesellschaft seien. Auch Abraham Geiger (1866 Geiger Auflösung 415–416) spricht ähnlich bezüglich des Vaterlandes von einem „einigenden Band."

Bei Lazarus (1872 Lazarus Blick 23–24) findet sich auch obige Äußerung: „Wenn in den Ideen eine Theilung der Arbeit sich erzeugt und nirgends die Sammlung derselben im öffentlichen Geiste zugleich sich vollzieht, so findet leicht eine Erstarrung des Volksgeistes statt." Für Lazarus stellt die Religion, welche er als die „ideale Kraft im Volksleben" bezeichnet, dann diese anzustrebende „Sammlung" dar. (1872 Lazarus Blick 20–21)[15]

---

15 1845 Philippson Religion 91, 92, 98–100, 104, 104–105; 1846 Stern Zukunft 302–303; 1847 Einhorn Verhalten 6–7, 9; 1848 Philippson Begründung 151, 153–155, 155–156, 160–161, 161, 162; 1848 Zunz Märzhelden 301, 302a+b, 302–303, 306, 307; 1849 Salomon Himmel 6; 1849 Zunz Demokratie 308–309, 310, 311a+b, 312, 313–314, 315a, 315–316; 1850 Adler Allioli 28b; 1850 Einhorn Ungarn 13, 17; 1852 Stein Staat 16; 1853 Philippson Stoff 69, 75a+b, 76a+b, 77–78, 79–80, 81; 1853 Saalschütz Geist 4a, 4–5, 7–8; 1854 Hirsch Christentum 220, 223–224; 1858 Philippson Völker 17a, 21–22; 1858

Es ist diese Konzeption, die eine diskursive ‚doppelte Frontstellung' ermöglicht. Auf der einen Seite können sozialistische Gesellschaftskonzeptionen kritisiert werden, da sie zu einer Gleichmacherei führen würden:

> „Wir sehen also, daß hier weder von Communismus, noch Socialismus, weder von Gütergemeinschaft, noch von Aufhebung des Eigenthums die Rede ist; das Eigenthum blieb in seiner strengsten Unverletzlichkeit; Jeder genoß selbst die Früchte seines Fleißes; aber auf dem Grundsatz der Gleichheit in der ganzen Nation wurde Verhältnißmäßigkeit des Besitzes zur Grundlage des Eigenthums gemacht, und alle Besitzverwirrung durch gleichen Antheil am Grundbesitz, Unmöglichkeit des Schuldenwesens, Erlaß- und Jobeljahr aufgelöst." (1848 Philippson Begründung 153–155)

Zum anderen kann auch eine Kritik an der Aufklärung formuliert werden, insofern sie zwar das Prinzip der Arbeitsteilung und Spezialisierung anerkenne, aber vergesse, sich einen gemeinsamen Bezugspunkt zu geben.

> „Theilung der Arbeit! sie ist die Mutter aller Vollkommenheit in den Schöpfungen, welche die Menschen vollziehen, sie ist zu gleicher Zeit die höchste Gefahr für die Arbeit der Menschen, wenn es sich darum handelt, dass die Persönlichkeit, welche an derselben Theil nimmt, nicht daran zu Grunde gehen soll. Durch die Theilung der Arbeit siegt die Sache und unterliegt der Mensch, siegt der Gegenstand und das Objekt, aber die Persönlichkeit siecht dahin, wenn es nicht gelingt einen Gegensatz und eine Hülfe dagegen zu finden." (1872 Lazarus Blick 18–19)[16]

6.2.3. Freiheit, Gleichheit und Brüderlichkeit als universale Werte des Judentums

Trotz solcher Kritik an der Aufklärung werden in den Äußerungen der jüdischen Autoren immer wieder Freiheit, Gleichheit und Brüderlichkeit als universale Werte hervorgehoben. Die Aussagen dazu setzen sich mit der Geschichte des Judentums auseinander und heben den religiös-historischen Gehalt dieser Werte besonders hervor. Gleichzeitig

---

Stern Erziehung 3, 3–4, 4a+b, 4–5, 5–6, 6–7, 7, 7–8, 8, 9a+b, 10, 12b, 13–14, 14–15, 15a, 18, 19–20, 20–21, 21, 23, 23–24, 25a+b, 25c, 25–26, 26, 26–27, 27, 27–28, 28, 28–29, 29, 29–30, 30; 1859 Adler Handwerk 78–79, 81–82; 1860 Adler Vaterland 167, 167–168, 173a; 1860 Adler Vorträge Civilisation 49; 1860 Adler Vorträge Kultur 114, 117; 1860 Kaempf Stützen 4–5, 6b+c; 1861 Philippson Jan. 219–220; 1861 Zunz Erste Wahlrede 317–318; 1861 Zunz Zweite Wahlrede 325; 1862 Philippson Atheisten 129; 1862 Unger Verfassung 8; 1864 Zunz Selbstregierung 341a+b, 342a+b+c, 343a+b, 347; 1866 Geiger Auflösung 410, 415–416, 416–417; 1870 Jacoby Arbeiterbewegung 345–346, 351, 353–354, 354a+b, 355–356, 356, 357, 361–362, 369–370; 1871 Buchholz Volk 241a; 1872 Lazarus Blick 12–13, 13–14, 20–21, 23–24, 30–31.

16 Vgl. auch 1845 Philippson Religion 98–100; 1848 Philippson Begründung 147, 153–155, 155–156, 161; 1848 Zunz Märzhelden 303; 1853 Philippson Stoff 79; 1856 Holdheim Stahl 35–36; 1860 Adler Vorträge Civilisation 53–56; 1860 Adler Vorträge Cultur 119–120; 1872 Lazarus Blick 18, 19, 19–20, 20, 20–21, 21–22, 23–24, 24, 24–25, 25–26, 26–27, 27, 29a+b, 30–31.

lassen sie ein Bild von der Zukunft entstehen, das von der Hoffnung auf die Verwirklichung der Werte von Freiheit, Gleichheit und Brüderlichkeit geprägt ist.

Die religiöse Idee des Judentums, die sich schrittweise auf die ‚Völkertafel' ausweite, (1848 Philippson Begründung 150–151) sei – so die Autoren – Ausgangspunkt der Entwicklung universalistischer Vorstellungen. Die mosaische Institution sei die Wurzel, deren Triebe Juden in alle Welt mitnahmen (1845 Philippson Religion 98). Das jüdische Moralgesetz sei wesentlich für die jüdische Religion (1850 Adler Allioli 31), die nie materielle Herrschaft angestrebt habe und in Konflikte mit anderen Völker nur defensiv hineingerissen worden sei (1858 Philippson Völker 16).

Da – wie etwa Lazarus Adler betont – jeder Mensch ein Ebenbild Gottes sei, sei der religiöse ‚Auftrag' des Judentums im doppelten Sinne universalistisch angelegt. Auf der einen Seite betreffe er die *ganze* Menschheit und müsse in ihr verbreitet werden. Auf der anderen Seite soll *eine* Menschheit hergestellt werden:

> „Wir sind nämlich insofern nur Zwischenhändler, als wir für das geistige Vermittlungsgeschäft zwischen der Menschheit und ihrer Zukunft bestellt sind. Unsere vorzüglichste Beschäftigung soll Menschenfreundlichkeit, wohlthätiges Wirken – gemilat chesed – sein, wir sollen dies fort und fort ausüben, überall hin zu verbreiten suchen, damit einstmalen jeder das besitze, was Allen zu besitzen wünschenswerth ist, einstmalen für Alle das entstehe, was nur durch Mitwirkung eines Jeden entstehen kann – schalom – Friede, Einheit, Universalität." (1859 Adler Handwerk 84–85)[17]

Das Judentum sei von Gott als Vorbild für die Menschheit auserwählt. Für einige Autoren ergibt sich daraus die Sicherheit:

> „Die Zeit muß kommen, muß auf Erden kommen, hatten die Propheten längst gesagt, wo alle Menschen sich dieses Prinzip aneignen werden; wo also wahre Gleichheit, wirkliche Freiheit und die ächte Bruderliebe unter allen Menschen herrschen wird. Endlich hatte das Judenthum auch das deutliche Bewußtsein von dem, was es selbst in dem göttlichen Plane der Weltgeschichte sein sollte. Es sollte Muster und Beispiel den Völkern sein. Durch sein Beispiel sollten die Völker das wahre Leben und das wahre Lebensprinzip finden lernen." (1854 Hirsch Christentum 223–224)[18]

Wichtig ist, dass die Umsetzung dieser humanen Prinzipien nicht missionarisch erfolgen soll.

Bei Lazarus Adler ist die zeitgenössische Kultur ein Sprössling des Judentums, und

---

17 Vgl. auch 1845 Philippson Religion 91, 92–93, 98, 111; 1846 Holdheim Vaterland 8; 1847 Einhorn Verhalten 11: 1848 Philippson Begründung 150–151; 1850 Adler Allioli 18–19; 1852 Stein Staat 12; 1856 Holdheim Stahl 1; 1859 Adler Handwerk 81–82; 1861 Philippson Mission 379, 392; 1862 Unger Verfassung 7–8; 1860 Adler Vorträge Civilisation 51–53, 53–56, 56, 58–59; 1871 Buchholz Volk 242.

18 Vgl. auch 1849 Salomon Himmel 8–9, 12; 1854 Hirsch Christentum 213, 214–216, 248b; 1858 Philippson Völker 16a; 1860 Adler Vorträge Civilisation 58–59; 1866 Ehrentheil Ehrentod 7.

umgekehrt sei das Judentum für den Fortschritt dieser Kultur der notwendigste Bestandteil (1860 Adler Vorträge Cultur 118).

Sigismund Stern äußert sich ähnlich: das Judentum sei dazu berufen, der Menschheit die Unendlichkeit des einen Gottes zu bringen; Christentum und Islam sollten die Errungenschaften des Judentums zum Besitztum der ganzen Menschheit erheben und sie den einen Gott erkennen lehren (1846 Stern Zukunft 322 f.). Insofern wird die Menschheitsgeschichte als selbstständige und vollgültige Entfaltung der menschlichen Natur angesehen (1848 Philippson Begründung 160–161).

Vor dem Hintergrund der spezifischen Erfahrung des Judentums und ausgehend von seiner Individual- und Sozialethik betonen viele Publizisten, dass die Nation nur *eine* Form gesellschaftlicher Organisation darstelle und nicht zum alleinigen Prinzip erhoben werden dürfe:

> „Im vorigen Jahrhundert schwelgte man im Ideale des Kosmopolitismus. Es war eine flache und einseitige Tendenz. In unsrer Zeit schwelgt man im Ideale des Nationalismus, und dies ist nicht minder eine einseitige Tendenz. Die Natur des Menschen ist, Gott sei Dank! reicher angelegt, als auf solche einfache Lebensmomente beschränkt zu sein, und wie es unterhalb der Nationalität noch Momente gibt, die unstreitig ihre Berechtigung und ihren Inhalt haben, wie Familie und Individuum, so gibt es dergleichen auch über die Nationalität hinaus. Zu diesen gehört insonders die Religion." (1865 Philippson Deutschtum 456)[19]

Universalistische Werte wie Gleichheit und Freiheit werden eng an Religion und Religiosität gebunden. Das Erwachen des religiösen Bedürfnisses wird als Voraussetzung für die Entfaltung des Höchsten am Menschen und der Menschheit gesehen. (1858 Stern Erziehung 10, 12). Es bestehe ein unlösbarer Zusammenhang zwischen Religiosität, Humanität und der Achtung auch anderer Religionen (1858 Stern Erziehung 14–15, 30). Jede weltliche Autorität habe sich einem noch höheren Gesetz unterzuordnen, das für alle gelte (1858 Stern Erziehung 15). Dabei wird das monotheistische Prinzip hervorgehoben:

> „Die Herrschaft polytheistischer Cultur erstreckte sich nur auf das Aeußerliche des Stoffes, die Formen der Schönheit nachzuahmen und den phantastischen Wahngebilden einen stofflichen Ausdruck zu geben; die der monotheistischen über sein inneres Leben, es zu gestalten, dienstbar zu machen den menschlichen Bestrebungen, welchen das in der Ferne leuchtende Ziel einer geistigen Vollendung unversiegbare Kraft und ausdauerndes Ringen mit widerstrebenden Hindernissen einflößte." (1860 Adler Vorträge Cultur 116).

---

19 Vgl. auch 1847 Einhorn Verhalten 10–11, 11; 1848 Grünhut Invalide 6; 1848 Philippson Begründung 152–153, 153–155, 155–156; 1848 Zunz Märzhelden 301, 302a, 302b, 302–303, 304, 306, 307, 313–314; 1849 Salomon Himmel 12; 1849 Zunz Demokratie 313, 313–314, 315a+b, 315–316; 1850 Einhorn Ungarn 14; 1857 Ritter Beleuchtung 12–13; 1860 Adler Vaterland 172, 173b, 173–174, 175–176, 177–178, 179; 1860 Adler Vorträge Cultur 117; 1860 Kaempf Stützen 3, 3–4; 1861 Frankel Judeneid 8; 1862 Unger Verfassung 4–5, 8; 1864 Philippson März 236–237; 1865 Philippson Deutschtum, 456–457; 1866 Geiger Auflösung 415, 415–416, 419–420; 1873 Unger Herschermacht 35–36.

Auch Ludwig Philippson stellt die monotheistische Idee des Judentums ins Zentrum:

> „Die Erkenntnis und Anbetung des einzigen, einigen, unkörperlichen Gottes, des Schöpfers der Welt, des Allgerechten und Allliebenden, der den Menschen in seinem Ebenbilde geschaffen und ihn zur Heiligung in Recht und Liebe bestimmt hat, die Erkenntnis und Anbetung dieses Gottes im strengsten Monotheismus und im Geiste, ohne Gegensatz und Mitgottheit, ohne Bild und leibliche Darstellung – dies war und ist die religiöse Idee, welche die Gotteslehre Israels in die Welt gebracht und bis auf den heutigen Tag unbedingt erhalten hat." (1862 Philippson Atheisten 428)

Diese Ebenbildlichkeit des Menschen begründe den grundsätzlich zum Guten angelegten Charakter des Menschen und seine Fähigkeit zu positiven Werten, etwa zur Nächstenliebe, die auch auf den Umgang mit Feinden ausgeweitet wird, somit zu einem Leben in Freiheit, Gleichheit und Brüderlichkeit:

> „... das ist die Aufgabe des Jahrhunderts ... der weltbewegende Gedanke der Freiheit, Gleichheit und Brüderlichkeit Aller!" (1870 Jacoby Arbeiterbewegung 369–370).[20]

Allerdings wird die historische Entwicklung des Universalismusgedankens im Judentum als Teil eines noch nicht abgeschlossenen Prozesses reflektiert. Der Geist Gottes zeige sich etwa an einem Paradox der jüdischen Existenz: Das Judentum habe im eigenen Land keinen Gedanken an Religions- und Gewissensfreiheit gehabt. Erst in der Zerstreuung erkannte es, dass es für Gerechtigkeit und Bruderliebe in allen Ländern eintreten müsse (vgl. etwa 1856 Holdheim Stahl 34).

Doch auch die ursprüngliche Abgeschlossenheit des Judentums habe den Fortschritt nicht aufhalten können. Die jüdische Theokratie habe die Keime der Weltreligion zunächst in sich eingeschlossen, konnte aber auf Dauer den Hunger nach Bewegung und Reform nicht bändigen. Das zeitgenössische Judentum knüpfe nun daran mit einem ‚gemässigten Fortschritt' an (vgl. 1856 Holdheim Stahl 40, 40–41, 41–42, 42, aber auch 1848 Zunz Märzhelden 303). Auch das orthodoxe Judentum wolle keine Stagnation, sondern Fortschritt (1850 Adler Allioli 45–46). Samuel Hirsch konkretisiert dies so:

> „Wenn die Juden heute anerkennen, dass die Ceremonien des Mosaismus nur eine zeitliche Erscheinung, nur eine damals zeitgemäße, sinnbildliche Darstellung der ewigen Wahrheiten waren; dass also die Ceremonien heute aufgegeben, mit anderen, unserer Bildungsstufe entsprechenderen vertauscht werden könne, ohne daß die Wahrheit dabei verlöre (...), so ist das ein Beweis, daß sie Pharisäismus und Sadduzäismus in sich überwunden haben." (1854 Hirsch Christentum 247).

Samuel Holdheim spricht von einer *Verklärung* des Judentums in dem Sinne, dass das Judentum die Bildung aller Zeiten mit sich trage. Reform im Sinne einer aufkläreri-

---

[20] Vgl. auch 1845 Philippson Religion 91, 92–93; 1848 Philippson Begründung 161; 1852 Stein Staat 7–8; 1848 Zunz Märzhelden 302; 302–303; 1849 Zunz Demokratie 309; 1850 Adler Allioli 23–24; 1853 Philippson Stoff 77–78; 79–80; 1853 Saalschütz Geist 6–7; 1854 Hirsch Christentum 213, 214–216, 223–224; 1856 Holdheim Stahl 41; 1861 Philippson Mission 392.

schen ‚tabula rasa' lehnt er jedoch ab. Die kulturelle Substanz müsse bewahrt werden, um sie in die neue Zeit zu tragen (vgl. 1856 Holdheim Stahl 35–36, 36–37 sowie 1854 Hirsch Christentum 220).

Fortschritt und Universalismus werden auf individual- und sozialethische Werte bezogen, so etwa auf Freiheit, Gleichheit und Brüderlichkeit, bei denen das jüdische Volk beispielhaft vorangehen könne (1870 Jacoby Arbeiterbewegung 369–370; 1854 Hirsch Christenthum 223–224; 1861 Philippson Mission 392). Das Leben sollte Tugend, Herzensgüte und Pflichttreue gewidmet sein (1854 Hirsch Christentum 247). Ziel der Geschichte sei die Schaffung eines sittlich freien, guten und gerechten Menschen (1848 Zunz Märzhelden 302 302–303). Liebe und Toleranz werden als Mittelpunkt der Religion der Zukunft gesehen (1854 Hirsch Christentum 248; 1856 Holdheim Stahl 46):

> „Es ist der Gedanke, daß man bei dem größesten Eifer für die eigene, die herzliche Anerkennung der andern Religion müsse walten lassen, dass die praktisch-sittliche Betätigung eben darin bestehe, bei der Vorliebe und der natürlichen Voreingenommenheit für die Religion der Väter die gleichgroße subjective Berechtigung der andern anzuerkennen". (1857 Ritter Beleuchtung 21)

Dabei werden *Bildung* und *Ausbildung* als Motor für diese Ziele, aber auch als Grundlage einer funktionierenden Gesellschaft und prosperierenden Nation ausgemacht:

> „Es ist der Geist, der dasjenige, was die Erziehung im Hause still bezweckt, nämlich: einen sittlich freien, guten und gerechten Menschen hervorzubringen, hineinzupflanzen strebt in die Menschheit, also in die Nation." (1848 Zunz Märzhelden 302–303)

Ideale sind von besonderer Bedeutung, um das Ziel zu erreichen, etwa das Ideal von Recht und Freiheit, das auf die Erziehung der Kinder und das Denken und Arbeiten der Menschen wirke:

> „Stellt nur unbesorgt das Ideale auf, das Wirkliche wird sich schon daraus entfalten; die Ideale, die unser großer Dichter auf das Papier niederschrieb, wer mag die Millionen zählen, in welchen sie Segen und Fortschritt, wirkliche Freude und wirkliches Heil auf gebauet …" (1861 Zunz Erste Wahlrede 319)

Durch Bildung ließe sich das ‚ganze' Individuum entfalten, aber auch die ‚Ganzheit' aller Individuen:

> „Jedem Individuum die möglichste Entfaltung seiner Individualität zu gewähren und zu fördern, und aus der Gesammtheit der Individuen eine immer innigere und vollständigere Einheit zu entwickeln. Dies ist der Geist in der Menschheit." (1853 Philippson Stoff 76; vgl. auch 79, 81)

Es wird eine Erziehung eingefordert, die in religiöser, nationaler und beruflicher Hinsicht den ganzen Menschen erziehe.[21]

---

21 Vgl. 1858 Stern Erziehung 3; 3–4, 4–5; 5–6, 7, 8, 29–30.

Kinder sollten nicht im Bewusstsein trennender religiöser Gegensätze, sondern zur Toleranz erzogen werden (1858 Stern Erziehung 7–8; 13–14). Sie sollten nicht durch frühe berufliche Festlegungen gehindert werden, ihren ‚Beruf für die Menschheit' zu erkennen.[22]

> „Also für die erste Bildungsstufe eine gleiche, und wenn irgend möglich, eine gemeinsame Bildung und Erziehung für Alle. Keine Confessionsschulen, keine nationale Erziehung, keine Schulen nach Standes- und Berufsunterscheiden, sondern nichts als Volks- und Elementenschulen." (1858 Stern Erziehung 9)

Ludwig Philippson bezieht sich auf Wilhelm Humboldt, wenn er betont, dass „alle Menschenracen [...] gleichmäßig zur Freiheit bestimmt" seien und zielt damit auf die generelle Gleichheit von Menschen ab (1853 Philippson Stoff 75).[23]

Das Verhältnis von Individuum und Gemeinschaft wird als eine Einheit angesehen: Ein Individuum könne am besten auf sein Volk wirken, wenn in ihm das Ideal des Volkes lebe, und ein Volk wiederum könne am besten auf die gesamte Menschheit zurückwirken, wenn in ihm die Ideale der Menschheit lebendig seien. Deshalb müsse der Sinn für das Gesamte und Allgemeine offen gehalten werden:

> „Und es muss Menschen geben, welche das Gesammtleben nicht bloss ihres eigenen Volkes, sondern das Gesammtleben der Menschheit in Idealen in ihrem Herzen tragen." (1872 Lazarus Blick 30–31)

Nach A. Grünhut hat die Nation bereits dann Moralität und ist die „wahre Religion" bereits verwirklicht, wenn sie „nur aus vaterlandsliebenden Bürgern" besteht[24]. Das sehen nicht alle jüdischen Publizisten so. Für die meisten der Autoren ist erst die Verwirklichung des *Rechtsstaates* auf der Basis universaler Grundrechte ein Indiz für „wahre Religion". Zu diesen Grundrechten gehört insbesondere die Freiheit:

> „Denn die Seele der Verfassung ist Freiheit; bläst man die Freiheit aus, so stirbt die Verfassung, und bestände sie aus tausend Paragraphen." (1861 Zunz Erste Wahlrede 318)

Die Geltung der Rechtsidee müsse durch Regierung, Wissenschaft und eine freie Volksvertretung gewährleistet sein (1862 Unger Verfassung 11). Die Selbständigkeit des Einzelnen entwickele sich zur Selbstverwaltung der Gemeinde und der Selbstregierung des Rechtsstaates, in dem die Gesamtheit regiert (1862 Zunz Selbstregierung 345, 362).

Auch die Lösung konkreter rechtlicher und sozialer Probleme wird in die Perspektive einer fortschreitenden universalistischen Entwicklung gestellt. So wird der vollständige Eintritt der Juden in den Staatsverband nicht allein unter dem Aspekt der Erleich-

---

22 Vgl. 1858 Stern Erziehung 9, 25–26, 27; 27–28, 28–29; gleichfalls 1854 Hirsch Christentum 248.
23 Vgl. 1853 Philippson Stoff 77–78; 79–80; 1853 Saalschütz Geist 6–7; 1854 Hirsch Christentum 213
24 1848 Grünhut Invalide 6. Diese Äußerungen werden allerdings mit Blick auf Juden, die Dienst im Militär verrichten, gemacht.

terung individueller Lebensverhältnisse gesehen, sondern unter dem eines innerweltlichen Heilsgeschehens:

> „… um wie viel weniger dürfen erst wir in der Förderung des Heiles unserer Mitbürger, in so weit diese uns gegönnt wird, ermüden, die wir die thätige Liebe gegen alle unsere Mitmenschen und vorzüglich gegen die unserem Wirkungskreise Zunächststehenden als das Wesentlich der israelitischen Verpflichtungen betrachten, die wir den vollständigen Eintritt in den Staatsverband als ein unentbehrliches Mittel zur Verwirklichung des Messiasreiches ansehen und im Vaterlande einen heiligen Boden erkenne, wohin uns die Vorsehung zur Mitanstrebung des erhabenen Zieles gestellt, welchem nach den Verheißungen des Judenthums die gesammte Menschheit entgegengeht …" (1847 Einhorn Verhalten 11)

Schließlich beziehen die Autoren auch die Lösung der soziale Frage und das Problem der Nationalität in die universalistische Fortschrittsperspektive ein. Hinsichtlich der sozialen Frage betont Ludwig Philippson bereits 1845 das Vorbild der mosaischen Institution, die Reichtum ebenso wie Armut verhindern wolle (1845 Philippson Religion 98, 111). In einer späteren Äußerung heißt es:

> „Zwei Probleme hat die zivilisirte Welt zu lösen: die Frage der Nationalität und des Proletariats. (…) so wird sie auch ohne Gewaltsamkeit im regelmäßigen und natürlichen Wege die Verhältnisse des abhängigen Arbeiterstandes zu heben und die besonnenen und fleißigen Glieder des Proletariats in bessern Zustand zu bringen vermögen. So auch mit der Nationalitätsfrage. (…) Dagegen muss jeder Nationalität das Recht eingeräumt werden, sich in ihrer Eigenthümlichkeit frei entwickeln zu dürfen und in Sprache und Sitte unbehindert existiren zu können. Sicherlich haben die Völker als solche einen nicht geringeren Anspruch als die Individuen auf gesetzlich persönliche Freiheit. Hierzu kann ihnen aber nur der entwickelte Staat verhelfen und die bloße staatliche Selbständigkeit verbürgt ihnen dies durchaus nicht." (1864 Philippson März 1864 236–237)

Es müssten also gewaltlose Wege über einen entwickelten Rechtsstaat unter Wahrung von Freiheitsrechten gefunden werden, um diese Probleme zu lösen.

Die soziale Frage und ein sich zuspitzender Nationalismus werden aber nicht als isolierte Probleme angesehen, sondern sie werden in den Zusammenhang menschlicher Zivilisation und Kultur gesetzt:

> „Der Mensch soll sich Wohlbefinden und glücklich sein, das kann er aber nur durch die Arbeit werden. Die Civilisation will also den Menschen durch Arbeit glücklich machen. Dasselbe will auch das Judenthum. Aber das Judenthum will noch etwas Höheres. Das Judenthum will nicht nur das leibliche Wohlergehen, das Judenthum will auch das geistige Wohlergehen, die Zufriedenheit der Seele, des höheren Selbstbewusstseins. Das Judenthum hat sonach von der Civilisation keinen Schaden zu fürchten, die dient ihm vielmehr, wirkt in seinem Dienste stehend für sein Ziel und seine Bestrebung. (…) Das Judenthum fördert wie keine andere Religion die Wohltätigkeit als das Erste, das Höchste, was der Mensch zu leisten berufen ist." (1860 Adler Vorträge Civilisation 53–56, vgl. auch 58–59)

> „Was ist nun Cultur? Nichts anderes als die der unendlichen Fortbildung fähige Entwick-

lung des menschlichen Geistes. Die Cultur schließt sonach Alles in sich, was den Menschen frei und geistig fortgeschritten macht." (1860 Adler Vorträge Cultur 114)
Johann Jacoby stellt die Verbindung zwischen Arbeiterfrage und Kultur her:

„Die Arbeiterfrage – wie wir sie auffassen – ist keine bloße Magen- und Geldfrage, sie ist eine Frage der Cultur, der Gerechtigkeit und Humanität." (1870 Jacoby Arbeiterbewegung 353–354).

Derselbe Autor sieht in der kapitalistischen Entwicklung das Moment eines unerwarteten ‚Umschlags' gegeben, der von niemandem für denkbar gehalten wird (1870 Jacoby Arbeiterbewegung 356–357): Das Kapital konzentriere sich zwar in den Händen weniger, auf deren Mildtätigkeit dann das Arbeiterproletariat angewiesen sei (1870 Jacoby Arbeiterbewegung 347). Die kapitalistische Produktion bringe aber auch selbst die Kräfte hervor, die ihr ein Ende setzten:

„Durch das enge Zusammenleben (...) entwickelt sich nach und nach in den Arbeitern ein Klassenbewusstsein, das den Einzelnen trägt und hebt und die Gesammtheit zum Kampfe für ihr sociales Recht begeistert. Ein eigenes Verhängnis ist es, daß die capitalistische Production selbst die Kräfte sammeln und schulen muß, die dazu bestimmt sind, der Capital- und Klassengesellschaft ein Ende zu setzen." (1870 Jacoby Arbeiterbewegung 352)

Es ist unübersehbar, dass ihre universalistische Zukunftserwartung die Autoren dazu führt, den negativen Zeiterscheinungen mit Optimismus zu begegnen. Sie sehen in ihnen teilweise bereits die Zeichen des erwarteten Umschwungs, oder leiten den künftigen Fortschritt aus bereits vollzogenen Fortschritten ab.

Leopold Zunz ist sich z. B. 1849 sicher, „dass die europäische Menschheit, indem sie Adel, Glaubensrechte und Sklaverei abschafft, auf dem besten Wege sei, in die Demokratie einzulenken." (1849 Zunz Demokratie 309). Johann Jacoby prangert die ‚traurige, unsichere Lage' der Arbeiter an, ist sich aber sicher, dass diese sich nicht in „die früheren socialen Zustände" zurückwünschen. (1870 Jacoby Arbeiterbewegung 348–349) Andere beklagen den herrschenden Materialismus, proklamieren aber zugleich ein Jahrhundert der Aufklärung, des Fortschritts und der Humanität, das gegen Judenhass und Vorurteile die Oberhand behalten werde:

„Doch unser Jahrhundert ist immerhin, trotz der materialistischen Richtung der Zeit, das Jahrhundert der Aufklärung, des Fortschritts und der Humanität. Das sind die Mächte, die für uns kämpfen und die zum sichern und vollständigen Siege führen müssen, wenn auch noch mit gelehrten und sophistischen Gründen in das Rad der Zeit zu greifen versucht wird." (1869 Lieser Wagner 15–16)

Ludwig Philippson beschreibt den universalistischen Traum wohl treffend:

„Wohl erkannten die Propheten, daß trotz dieses sich immer wiederholenden Untergangs der einzelnen Völker die Menschheit zu einer fortschreitenden Entwickelung bestimmt und in ihr begriffen ist, sie verkünden das Endziel dieser Entwickelung in der allgemeinen Erkenntniß des einig-einzigen Gottes, in allgemeiner Herrschaft des Rechts, in allgemeiner

Uebung der Liebe, in einer gerechteren und gleichmäßigeren Vertheilung des Eigenthums, darum im allgemeinen Frieden und der Ruhe des Lebens." (1858 Philippson Völker 17)[25]

6.2.4. Konkretisierungen

Die individual- und sozialethischen Grundsätze, die sich in den Äußerungen der jüdischen Autoren auffinden lassen und die – verbunden mit ihrem spezifischen Gottes- und Menschenbild – mit universalistischen Werten von Freiheit, Gleichheit und Brüderlichkeit zusammengedacht werden, konkretisieren sich in Ausführungen, bei denen es um die Ausgestaltung der Gesellschaft und Nation geht. Im Vordergrund stehen dabei die Frage der sozialen Gerechtigkeit und des Verhältnisses von Rechtsstaat und Nation.

6.2.4.1. Soziale Gerechtigkeit:

Die Forderung nach Freiheit und Gleichheit bzw. Gerechtigkeit wird dabei u. a. auf Eigentumsverhältnisse bzw. die soziale Frage angewendet. Demnach seien sowohl Armut als auch übermäßiger Reichtum zu vermeiden. Es wird von einer Sozialpflicht des Eigentums ausgegangen:

> „Wie der Mensch selbst, so hat auch jegliches Eigenthum des Menschen – außer der besondern Seite, die es zum Privatbesitz eines Einzelnen macht, – noch eine (359) allgemeine, universelle Seite, welche der Gesammtheit begründeten Anspruch darauf giebt." (1870 Jacoby Arbeiterbewegung 358–359)

Oder:

> „Wohin würde das die Menschen führen, hätte das Judenthum nicht auf das höhere Ziel des Lebens hingewiesen, auf das menschlicher Wohlthätigkeit und menschlichen Wirkens für das Wohl Anderer, für das Wohl Aller? Der Mensch soll industriell sein, denn das industrielle Schaffen und Wirken ist selbst schon eine Wohlthat. Aber der Mensch soll auch selbst ein Wohlthäter sein, soll durch freien Entschluß absichtlich wohlthun und wohlthätig wirken." (1860 Adler Civilisation 53–56)[26]

Hier wiederholt sich die oben schon erwähnte doppelte Abgrenzung einiger Autoren gegenüber Sozialismus und Kapitalismus. Sowohl die absolute Gleichheit des Besitzes

---

25 Vgl. auch 1859 Adler Handwerk 81–82, 82, 84–85.
26 1845 Philippson Religion 110–111, 111; 1848 Philippson Begründung 153–155; 1849 Zunz Demokratie 311; 1852 Stein Staat 11a+c; 1853 Saalschütz Geist 7–8; 1860 Adler Vorträge Civilisation 53–56; 1872 Lazarus Blick 29b.

in sozialistischer Perspektive als auch eine unregulierte Marktwirtschaft werden abgelehnt:

> „Die mosaische Institution wollte aber eine Schimäre nach keiner Seite hin – und so war sie auch nicht im Geringsten geneigt, an eine solche völlige Gleichheit des Besitzes zu denken, die aus der menschlichen Gesellschaft nur eine Zwangsanstalt machen würde, sondern sie wollte nur: Vermeidung des Reichthums und Vermeidung der Armuth; wie es auch ausgesprochen ist: ‚Nur daß kein Dürftiger unter dir sein soll – wenn Du nur hörest auf die Stimme des Ewigen, deines Gottes, wahrend zu thun dieses ganze Gebot' (5 Mos. 15, 4. 5.)." (1845 Philippson Religion 98–100)[27]

Johann Jacoby wird in seiner Analyse der zeitgenössischen Verhältnisse noch konkreter:

> „Rechtlich, d.h. dem Gesetze nach – ist jeder Arbeiter frei und Herr seiner selbst, – thatsächlich aber ist er nichts weniger als unabhängig. Getrennt von den zur Arbeit erforderlichen Mitteln und Bedingungen, – ohne andern Besitz als den seiner Arbeitskraft – sieht er sich in die Notwendigkeit versetzt, im Dienste Anderer für Lohn zu arbeiten – und zwar für einen Lohn, der höchstens zum nothdürftigen Lebensunterhalt ausreicht." (1870 Jacoby Arbeiterbewegung 348–349)

Jacoby formuliert anschließend eine Reihe konkreter Forderungen an den Staat. Es solle z.B. ein Normalarbeitstag eingeführt, Kinderarbeit verboten, Frauen gleichgestellt, eine progressive Vermögenssteuer eingerichtet und das Geld- und Kreditwesen reformiert werden (1870 Jacoby Arbeiterbewegung 366–368). Der Kapitalismus ziele auf eine Automatisierung von Arbeitsabläufen und mache dadurch zugleich sein grundlegendes Prinzip der Lohnarbeit zunehmend überflüssig. Es gelte die zunehmende Automatisierung zu nutzen und eine „genossenschaftliche Produktionsweise" einzurichten:

> „Wie Sklaverei und Leibeigenschaft, – einst auch eine „nothwendige" sociale Einrichtung, – überall zuletzt der Lohnarbeit weichen mußte, so bereitet sich in unseren Tagen eine Umgestaltung ähnlicher Art und von nicht geringerer Wichtigkeit vor: der Uebergang vom Lohnarbeitssystem zur freien gleichberechtigten Genossenschaftsarbeit." (1870 Jacoby Arbeiterbewegung 350)

Dies wird damit begründet, dass die Gleichheit in der Lohnarbeit die Arbeiter zu einem Klassenbewusstsein führe, das ihnen dazu verhelfe, die Klassenherrschaft abzuschaffen und Gleichheit gegenüber dem Kapital zu verwirklichen:

> „Durch das enge Zusammenleben mit den gleichgestellten und gleichgedrückten Berufsgenossen, – durch das Zusammenwirken zu gegenseitiger Unterstützung wie zur Abwehr gemeinsamer Gefahr – entwickelt sich nach und nach in den Arbeitern ein Klassenbewusstsein, das den Einzelnen trägt und hebt und die Gesammtheit zum Kampfe für ihr sociales Recht begeistert." (1870 Jacoby Arbeiterbewegung 352)[28]

---

27 Vgl. auch 1848 Philippson Begründung 153–155, 155–156, 161.
28 Vgl. 1870 Jacoby Arbeiterbewegung 347, 353, 353–354, 353–354, 361–362, 369–370.

6.2.4.2. Rechtsstaat und Nation

Die Äußerungen, die zum gerechten und freiheitlichen Staat, zur Nation und zum Wechselverhältnis zwischen Individuum, Staat und Gesellschaft gemacht werden, sind häufig eng verbunden mit der Thematisierung der Notwendigkeit einer rechtlichen Gleichstellung von Juden, die im Untersuchungszeitraum überwiegend noch nicht verwirklicht war. Dabei wird vornehmlich eine christliche Judenfeindschaft als Grund dafür ausgemacht, dass Juden die Gleichberechtigung verweigert wird[29] und es wird unterstrichen, dass die Forderung nach Grundrechten für Juden eine existenzielle Dimension hat.[30]

Doch es geht nicht nur um die Gleichberechtigung von Juden. Oft werden schon geringfügige staatliche Zugeständnisse, die hinter einer *völligen* Gleichstellung noch weit zurückbleiben, zum Anlass für grundsätzlichere Reflexionen über Maximen genommen, die ein friedliches Zusammenleben unterschiedlicher ethnischer und religiöser Gruppen in der Gesellschaft ermöglichen.

So wird das gleiche Recht für alle aus dem jüdischen Gebot der Nächstenliebe hergeleitet. Dieses Gebot stelle die Anforderung an den Staat, dafür zu sorgen, dass es „keine Bevorrechtung und keine Ausschließung" gebe (1845 Philippson Religion 91). Das schließe auch staatsbürgerliche Pflichten des Einzelnen ein:

> „Das Gesetz spricht zu Allen und zu Jedem in gleicher Sprache; es fordert die gleiche Pflichterfüllung von jedem Staatsbürger. [...] Während die einzelnen Thätigkeiten vertheilt werden können, sind die Pflichten untheilbar. (1849 Zunz Demokratie, 310)

Ignatz Einhorn spricht von der „Verwirklichung des Messiasreiches" (1847 Einhorn Verhalten 11); Leopold Stein sieht die Verwirklichung des „messianischen Staates" gegeben, wenn der Staat zukünftig allen Bürgern die Religionsfreiheit zugestehe:

> „Einst kommt sie dennoch die unaufhaltsame Zeit, wo in keinem Winkel der Erde mehr ein Mensch um seiner religiösen Ueberzeugung willen wird in seinem bürgerlichen Rechte verkürzt werden. Dann hat die Sonne der Liebe die herrschenden Nebel durchbrochen; dann ziehet der große Tag des Herrn in seinem Glanze über die Erde hin; dann werden Selbstsucht und niedere Mißgunst sich verkriechen in Felsenspalten und Erdhöhlen vor der erscheinenden Hoheit Gottes; dann wird in der religiösen Aufklärung sich wölben „der neue Himmel", und in der herrschenden Humanität sich bilden „die neue Erde", die verheißen ist – das Reich Gottes ist da! – Wahrheit, Liebe, Gerechtigkeit, Frieden – sie bilden dann das Wesen des messianischen Staates." (1852 Stein Staat 16)[31]

---

29 Vgl. etwa 1852 Stein Staat 8; 1857 Ritter Beleuchtung 12–13; 1860 Riesser Rechte 601–602, 602, 603–604, 604, 604–606.
30 Vgl. 1845 Philippson Religion 91; 1850 Adler Allioli 28; 1853 Saalschütz Geist 6–7; 1860 Adler Vaterland 170; 1849 Salomon Himmel 6; 1849 Zunz Demokratie 310; 1853 Philippson Stoff 77–78.
31 1845 Philippson Religion 91, 98–100; 1847 Einhorn Verhalten 10–11; 1849 Salomon Himmel 6; 1849 Zunz Demokratie 310, 315b, 315–316, 1850 Adler Allioli 23–24, 28b, 30–31; 1850 Einhorn Un-

Vaterlandstreue und Patriotismus werden dabei als zentrale und selbständige Werte der jüdischen Ethik herausgestellt, die auf der ethischen Konzeption von Freiheit, Gleichheit und Gerechtigkeit fußen. Leopold Zunz beschreibt den patriotischen Pflichtgedanken geradezu idealtypisch, wobei er allerdings ebenso idealtypisch von einem staatlichen Gemeinwesen ausgeht, das es (noch) nicht gibt:

> „Das Gesetz spricht zu Allen und zu Jedem in gleicher Sprache; es fordert die gleiche Pflichterfüllung von jedem Staatsbürger, unbekümmert um die Form, die sein äusserliches Leben hat; und indem es die höchsten Opfer, selbst das Leben, von Jedem, wenn es sein muss, fordert, wendet es sich an den innern, an den im Ebenbilde Gottes geschaffenen, an den sittlichen und politischen Menschen; hier aber ist stets derselbe wieder da, von derselben Pflicht aufgerufen, dasselbe Recht hoch in seiner Rechten tragend. Während die einzelnen Thätigkeiten vertheilt werden können, sind die Pflichten untheilbar." (1849 Zunz Demokratie 310)

Immer wieder wird darauf hingewiesen, dass sich Juden schon seit jeher treu zum Vaterland verhalten haben, dass Vaterlandstreue ein vornehmer Teil des sittlich-religiösen Erbes des Judentums ist und dass dem Staat „Ehrerbietung und Gehorsam" zu schulden sei (1860 Adler Vaterland 175–176).

> „Daß es zunächst auch uns den *jüdischen* Söhnen des Vaterlandes als des Lebens hohe Aufgabe gilt, dem Vaterlande nützlich zu sein, und demselben unsere besten Kräfte zu weihen, beweist die Geschichte aller Zeiten in leuchtenden Beispielen, beweist das Heiligthum Aller civilisirten Nationen, die *heilige Schrift*, die diese Bürgerpflicht uns ans Herz legt; sagte doch schon ein bereits vom Glorienscheine der himmlischen Heimat umflossener Patriarch, der sterbende Vater Jakob im Vermächtnisse an seine Söhne *„Juda, du mußt deine Mitbrüder dir zu Dank verpflichten"* ihren Dank und ihre Huldigung zu *verdienen*, sei deine höchste Lebensaufgabe; und fürwahr"! (1866 Ehrentheil Ehrentod 7)

Die religiöse Motivation wird noch gesteigert, wenn betont wird, dass sich Gott in den staatlichen bzw. nationalen Institutionen offenbare, bzw. dass diese selbst als göttliche Einrichtungen zu verstehen seien:

> „Welcher Israelite sollte zurückstehen, wenn der Staat seine Dienste fordert! *Wir sehen den Staat als eine Einrichtung Gottes an, der wir Ehrerbietung und Gehorsam schuldig sind.* Und wenn auch der Staat in seinen Einrichtungen, als menschliche Einrichtung, wie jedes menschliche Werk, der Vervollkommnung und Verbesserung bedarf, der Israelite weiß, daß er der bestehenden Ordnung schonende Achtung schuldig ist und sich nur einmischen darf, wozu gesetzliche Befugniß ihm gegeben ist. Wir sehen also, meine geliebten Zuhörer, daß der Staat auch unser Staat ist. Auch wir sind seine Angehörige. Das Vaterland ist auch unser Vaterland. Seine Gesetze gelten auch für uns, seine Anforderungen sind auch an uns gestellt, sind auch Pflichten und Obliegenheiten für uns. – *Wir haben in der israelitischen*

garn 14, 15–16; 1852 Stein Staat 12, 14; 1853 Saalschütz Geist 4–5; 1860 Adler Vaterland 170; 1860 Adler Vorträge Civilisation 56; 1860 Kaempf Stützen 4–5, 5; 1862 Philippson Atheisten 427–428; 1862 Unger Verfassung 8, 9, 9–10.

> *Religion die stärksten Anregungen zur Ausübung unserer Pflichten gegen das Vaterland."* (1860 Adler Vaterland 175–176)[32]

Dieser Gedanke kommt auch in der folgenden Äußerung zum Ausdruck und wird ergänzt um die paradoxe Beobachtung, dass ausgerechnet die Vaterlandstreue – als traditioneller Teil der jüdischen Religionsauffassung – stets zu Misstrauen gegenüber und erneuter Zurücksetzung von Juden geführt habe:

> „Bestrebe Dich, ein guter Bürger zu sein in dem Lande, das Du bewohnest, ein treuer Angehöriger des Staates, unter dessen Schutz du stehst oder dina demechutha dina: *Das Staatsgesetz ist Gottes Gesetz.* Malchutah dearah k'chen malchuta deschmaja: *Die weltliche Obrigkeit ist ein Abglanz der Regierung Gottes.* Daß diese Lehren, trotz den vielfältigen Mißhandlungen und schrecklichen Verfolgungen bei den Juden in Fleisch und Blut übergingen, scheint allerdings unbegreiflich und eben darum wohl auch sehr Vielen unglaublich, aber deshalb nur, weil denselben das richtige Verständniß der jüdischen Religionslehre fehlt. Jene Grundsätze werden fälschlich für Zugeständnisse gehalten aus Klugheit oder aus Furcht freiwillig aufgestellt und in das Judenthum hinein getragen, *o nein! sie fließen mit logischer Nothwendigkeit aus dem* jüdischen Gottesglauben *und sind auf's innigste verschmolzen mit seiner* durch die Religion ihm eingeflößten Lebensanschauung" (1860 Adler Vaterland 179).

In ein anderes Spannungsverhältnis geraten die patriotischen Werte allerdings, wenn Juden – nun nicht wegen, sondern – *trotz* ihrer patriotischen Gesinnung die staatliche Anerkennung versagt wird. In der Errichtung eines Rechtsstaates, der die Privilegierung bestimmter Gruppen aufhebt, fällt dann die Pflicht des Einzelnen, sich für den Staat einzusetzen, zusammen mit der Pflicht des Staates zur Gerechtigkeit:

> „Doch heute nimmt der Herr die Schmach der Knechtschaft von uns und reicht uns seine und unsre schönste Gabe: Das Himmelsgeschenk der Freiheit in vollem Maaße. Mit eins sind wir freie Bürger, freie Menschen. Ja, freie Menschen, sage ich. Eines ohne das andere ist nicht möglich, m. Br. Wer nicht frei ist als Bürger – ist auch nicht frei als Mensch! Denn die Rechte des Bürgers sind uns nicht als ein Almosen, als ein Geschenk; sondern als einen Zoll der Gerechtigkeit zugesprochen worden, und darum füllt mit Lachen sich unser Mund und unsere Sprache wird zu Gesang!" (1849 Salomon Himmel 6)

Es wird ein ‚Schwebezustand' zwischen einem ohnehin bestehenden jüdischen Pflichtgefühl und der lastenden Frage der Gleichstellung wahrgenommen, der von Leopold Stein so formuliert wird:

> „Lasset uns das wiedergefundene Vaterland im Lichte der Religion betrachten und wir werden uns überzeugen
> 1) daß die stärksten Anregungen zur Ausübung der Pflichten gegen das Vaterland in der israelitischen Religion enthalten seien, aber auch

---

32 Vgl. auch 1858 Stern Erziehung 16, 21; 1860 Adler Vaterland 171, 172; 1862 Unger Verfassung 8; 1863 Süskind Leipzig 4–5; 1867 Jellinek Kriege 14; 1869 Lieser Wagner 5–6.

2) die stärkste Tröstung und Beruhigung, wenn wir uns über Unrecht und Bedrückungen im Vaterlande zu beklagen haben." (1860 Adler Vaterland 170)

Entsprechend wird betont, dass Juden auch dann ihren bürgerlichen Pflichten nachkommen müssten, wenn sie benachteiligt würden. Es spreche für die Stärke der jüdischen Grundsätze, dass sich das Judentum trotz jahrhundertlanger Erfahrung von Zurücksetzung nicht aufgelöst habe und keine Rachgefühle kenne:

„Wir leiden unverdient, wir leiden schuldlos, wir leiden Unrecht und – besser Unrecht leiden, als Unrecht ausüben. Darum seid standhaft und bleibet religiös! Aber seid auch standhaft und bleibet gute Bürger!" (1860 Adler Vaterland 177–178)

„Gönnt uns auch die Staatsgesellschaft einen nur äußerst kümmerlichen Antheil an ihren Rechten, so sind wir nichts desto weniger verbunden, den Pflichten, die sie uns auferlegt, getreulich nachzukommen, und nöthigenfalls sogar nach der vollen Beteiligung an diesen Pflichten, die wir eben als ein heiliges Recht zu betrachten haben, zu streben. (…) Schreibt selbst das talmudische Judenthum die Befolgung der Staatsgesetze als eine religiöse Pflicht vor (s. Schulchan Aruch Chosch. Hammischz. 399, 6), und gewann diese Vorschrift volle Geltung sogar in jenen traurigen Zeiten, wo der Israelite nicht einmal der Sicherheit seiner Person und seines Besitzes sich zu erfreuen hatte (…), um wie viel mehr müssen nicht erst wir einer fleckenlosen Treue gegen das Vaterland uns befleißigen, um wie viel weniger dürfen erst wir in der Förderung des Heiles unserer Mitbürger, in so weit diese uns gegönnt wird, ermüden, die wir die thätige Liebe gegen alle unsere Mitmenschen und vorzüglich gegen die unserem Wirkungskreise Zunächststehenden als das Wesentliche der israelitischen Verpflichtungen betrachten …" (1847 Einhorn Verhalten 10–11)

Vor allem zwischen 1850 und 1867 betonen umgekehrt einige Autoren den *Kontrast* zwischen dem bereits lange währenden jüdischen ‚Patriotismus' und der ebenso lange währenden Verweigerung der vollen Bürgerrechte:

„Ja, meine Freunde, es ist das große Werk der Rechtsgleichheit, welches die trübselige, wenn auch nur theilweise Ausschließung und Sonderstellung unserer Glaubensgenossen aufgehoben und einen Ausnahmezustand beseitigt hat, der auf unserem Volke um so drückender und empfindlicher gelastet hat, als sich letzteres im Bewußtsein seiner Menschenwürde und sittlichen Ebenbürtigkeit, seiner hingebenden Treue gegen Krone und Vaterland, seiner gewissenhaften Erfüllung der Bürgerpflichten auch den ungeschmälerten Genuß entsprechender Bürgerrechte zu beanspruchen befugt fühlt." (1862 Unger Verfassung 9–10)[33]

Das Verhältnis zwischen Staat und Individuum wird als eine wechselseitige Bindung bzw. Verpflichtung postuliert:

„Milde und Wahrheit müssen sich begegnen, Gerechtigkeit und Friede müssen sich küssen. – Die Gegensätze müssen vermittelt, die widerstrebenden Elemente müssen miteinan-

---

33 Vgl. auch 1850 Adler Allioli 7–8; 1860 Adler Vaterland 179; 1866 Ehrentheil Ehrentod 7, 7–8, 8, 8–9, 10–11, 12; 1867 Jellinek Kriege 8.

der versöhnt werden; die Schroffheiten, welche die mit einem Worte: das Leben muß das Leben gestalten! Wer empfangen will, der muß auch zum Gewähren bereit sein, die Rechte bedingen auch Pflichten. Gegenseitigkeit ist die Grundlage aller staatlichen Ordnung, Gegenseitigkeit ist gleichsam der Kitt, der die unter sich verschiedenen Bestandtheile des Staates zusammenhält und zu einem Ganzen gestaltet." (1860 Kaempf Stützen 4–5)[34]

Ausgehend vom jüdischen Verständnis der Vaterlandsliebe wird der Religion eine erzieherische Aufgabe bei der Heranbildung guter Staatsbürger zugesprochen:

„Auf allen diesen Gebieten der Sittlichkeit, in Betreff welcher die Religion allerdings mitwirken soll, daß für den Staat nüchterne Männer, sittsame Frauen, rechtschaffene Menschen, eidesgetreue Seelen herangebildet werden." (1852 Stein Staat 13)[35]

Einen anderen Akzent setzt z. B. Adolf Ehrentheil (1866 Ehrentheil Ehrentod 11–12), wenn er die Anerkennung des jüdischen Gestaltungswillens in seiner Bedeutung für die *nationale* Einheit hervorhebt. Er trage „zum Heile Aller" bei. Nur durch die Aufnahme der Juden in die Nation könne die *Einheit* der Nation hergestellt werden, welche als notwendige Voraussetzung für deren Handlungsfähigkeit gewertet wird.

„Dieses bindende Element der Sittlichkeit ist es, welches die Einigkeit erzeugt, und die widerredenden selbstsüchtigen Gewalten zum Schweigen bringt. Dann gilt der Spruch: Volksstimme – Gottesstimme. Lebt ein sittlicher Wille in der Nation, so schreitet sie zur That, und fragt weder um Rath, noch um Erlaubniss; sie wartet nicht, bis oder ob ein Anderer ihr es vormache, eben so wenig, als der mündige Mensch ein fertig Beschlossenes wieder aufgibt. Die That des mündigen Volkes ist der Gehorsam gegen den sittlichen Ausspruch, ist der Sieg über die Selbstsucht des Einzelnen wie der Parteien. Je reiner sie ist, desto mehr ist sie national. In ihr erkennt das Volk sich selbst wieder, sie wird sein erworbenes Eigenthum, sein Geschöpf, und das ist die Wurzel der Sympathie zwischen einem Volke und seinen nationalen Einrichtungen, die es sich selbst gegeben. Das Aufgedrungene jagt der erste Wind in die Lüfte wie Spreu: nur das Selbstgeschaffene trotzt den Stürmen." (1849 Zunz Demokratie 313)[36]

---

34 Vgl. 1848 Zunz Märzhelden 301, 1849 Salomon Himmel 6, 12, 1849 Zunz Demokratie 310, 313–314; 1853 Saalschütz Geist 5–6; 1857 Ritter Beleuchtung 22; 1858 Stern Erziehung 18, 19–20; 1860 Adler Vaterland 175–176; 1860 Adler Vorträge Kultur 117; 1860 Kaempf Stützen 3, 3–4; 5; 1861 Zunz Zweite Wahlrede 323; 1862 Unger Verfassung 4–5, 8, 9, 9–10; 1864 Zunz Selbstregierung 344; 1865 Jacoby Kammergericht 252–253; 1866 Geiger Auflösung 416–417, 417; 1870 Jacoby Arbeiterbewegung 357; 1871 Buchholz Volk 241–242; 1872 Lazarus Blick 29–30.

35 Vgl. 1846 Holdheim Vaterland 8; 1853 Saalschütz Geist 5–6; 1858 Stern Erziehung 4, 26–27; 1860 Adler Vaterland 169, 172, 173–174, 175–176, 179; 1860 Adler Vorträge Cultur 117; 1866 Ehrentheil Ehrentod 5–6, 7, 7–8, 8, 8–9, 9; 1866 Geiger Auflösung 419–420; 1867 Jellinek Kriege 8; 1873 Unger Herrschermacht 35–36.

36 Vgl. ähnlich 1847 Einhorn Verhalten 11; 1869 Lieser Wagner 5–6; 8–9, 9; 1856 Holdheim Stahl 6; 1860 Adler Vaterland 177–178; 1866 Ehrentheil Ehrentod 11–12. Lazarus' Hinweis auf die nationale Bedeutung eines Generationen übergreifenden kulturellen Rezeptionszusammenhangs ist deshalb bemerkenswert, da er *nach* der Reichsgründung nicht (mehr) reklamiert, dass auch der deutsch-jüdische Beitrag zur Kultur anerkannt werden soll: „Unser Volk hat es zu seinem Heile

Darüber hinaus heben die Autoren einige typische Aspekte der jüdischen Integration in Gesellschaft und Nation hervor. Generell wird der Antisemitismus als Hindernis für die Integration von Juden in die Nation und für die Einheit der Nation gewertet:

> „Lange genug, nur allzulange hat das Vorurtheil und die Engherzigkeit den jüdischen Bekennern des einen einzigen Gottes den Boden des österreichischen Vaterlandes als *Heimat* streitig zu machen ersucht, lange genug glaubte der Bruder dem Bruder die heimathliche Scholle als rechtmäßiges Eigenthum nicht gönnen zu dürfen, *Alle* sollten Söhne des Vaterlandes, nur der Jude sollte Fremdling in den weiten Gauen der Heimat und bloß gnadenreich *geduldet* sein – und das jüdische Blut, das in Strömen für das österreichische Vaterland geflossen, hat es den heimatlichen Boden noch nicht genügend gedüngt, auf daß die Lichtsaat einer besseren Erkenntniß aufgehe? Sollen dort wo im *Sterben* das Herzblut des Juden mit dem des *Nichtjuden* sich mengte, die *lebenden* Herzen noch immer sich einander abstoßen? kann das Recht der Heimat noch immer für uns in Frage gestellt werden, kann es fürder noch ein *Gnadengeschenk* für uns sein, nachdem wir es neuerdings mit unserem Blute erkauft haben? kann – so fragen wir ferner – die *große* österreichische Heimat noch immer zu *enge* für die friedlich und brüderlich neben einander zu leben bestimmten Bürger verschiedener Bekenntnisse sein, wenn draußen die *engen schmalen* Gräber Raum genug haben für *jüdische* und christliche Herzen die unter dem Rasen in starrer enger Umarmung nebeneinander und miteinander ruhen? nein!" (1866 Ehrentheil Ehrentod 10–11)[37]

Zudem werden aber auch Eingrenzungen des Patriotischen vorgenommen. Hierher gehört z. B. der Hinweis, dass die Treue zur Nation bzw. die Vaterlandsliebe nicht dazu führen dürfe, dass das Individuum nun keinen Platz für eben seine Individualität und für die ihm eigenen Anliegen haben dürfe:

> „Wenn die zunehmende Mündigkeit der Einzelnen, die wachsende politische Bildung, die Stärkung der sittlichen Anlagen in immer weiteren Kreisen den Sinn wecken für das, was das grosse Ganze angeht; wenn das Interesse für das Gesammtwohl uns eben so mächtig als die Sorge für das Eigene rührt; wenn endlich innerhalb der Nation Einer für Alle und Alle für Einen einstehen: dann brennt das Feuer der Vaterlandsliebe, das Feuer der Volksfreiheit wohl erfahren; – dass die Kant und Göthe, die Humboldt und die Grimm, die Boeckh und Ritter und so viele Andere zu hohen Jahren gekommen sind, und die jüngeren Generationen ihnen eine so pietätvolle dankbare Hingebung zu beweisen vermochten, dies hat einen edlen Kern in den Gesinnungen des Volkes gepflegt. Und Friedrich der Zweite, der Einzige! er wäre ein grosser König gewesen und hätte Friedrich der Grosse geheissen, auch wenn er bald nach dem siebenjährigen Kriege von den Lebenden geschieden wäre; dass er aber seinem Volke „der alte Fritze" geworden ist, das hat einen Schatz patriotischer Erbtugend erzeugt, wie er durch keine politische Theorie weder zu ersetzen noch zu entwerthen ist!" (1872 Lazarus Blick 23–24)

37 1847 Einhorn Verhalten 10–11; 1849 Zunz Demokratie 313, 313–314, 315; 1853 Saalschütz Geist 5; 1857 Ritter Beleuchtung 12–13; 1858 Stern Erziehung 17, 19, 19–20, 20–21; 1859 Adler Handwerk 79–80; 1860 Adler Vaterland 169, 170, 175–176, 179; 1860 Kaempf Stützen 3–4; 1863 Süskind 4–5; 1866 Ehrentheil Ehrentod 5–6, 6–7, 7, 8, 8–9, 9, 10–11; 11–12, 12; 1866 Geiger Auflösung 410–411, 415, 415–416, 417a+b, 418, 419–420, 420–421, 421–422; 1867 Jellinek Kriege 3–4, 8; 1872 Lazarus Blick 23–24, 27; 1873 Unger Herrschermacht 35–36.

in unserer Brust, und die gemeinsame That wird als edles Metall aus dieser Werkstätte hervorgehen." (1849 Zunz Demokratie 313–314)

Sigismund Stern spricht davon, dass das Gefühl für die Nation nur erwachsen könne, wenn auch eine Identifikation mit anderen ‚Ebenen' stattgefunden hat. Dies macht deutlich, dass die Nation nicht das einzige Strukturprinzip sein soll:

„Vaterlandsliebe muß in ihrer naturgemäßen Entfaltung aus dem Keim der Nächstenliebe emporwachsen. Aber wenn dieses Wachsthum ein gesundes sein soll, so muß sich vor demselben schon der Gemeinsinn für die Interessen kleinerer Kreise und Gemeinschaften entwickelt haben, zu denen der Zögling gehört. Der Knabe, dem man von Vaterlandsliebe redet, ehe er sein Pflichten gegen seine Familie gegen seine Schule, gegen seine Stadt- oder Landgemeinde begreifen und erfüllen gelernt hat, wird es höchstens zu hohlen Phrasen oder zu einer aufflackernden Begeisterung, aber nicht zu einer ernsten und andauernden Hingebung für's Vaterland bringen." (1858 Stern Erziehung 20–21)[38]

Ludwig Philippson führt diesen Aspekt fort:

„… und daß es nun doch eine naive Forderung ist, die Juden sollen diesen ihren weltgeschichtlichen Inhalt und Beruf aufgeben und lediglich und ausschließlich in die deutsche Nationalität zurückziehen." (1865 Philippson Deutschtum 456–457)

Zu den Bereichen, die die Bedeutung der Nation und der Nationalität grundsätzlich übertreffen, gehört zuallererst der Rechtsgedanke:

„… die Nationalitätenfrage ist nicht identisch mit der Zivilisation, welche die Verwirklichung viel höherer Prinzipien anstrebt, die der Gleichberechtigung Aller vor dem Gesetze und der gesetzlich geordneten Freiheit. […] Das faktische Beispiel der Schweiz, in welcher drei Nationalitäten sammt ihren dazwischen liegenden Mischlingen in voller Harmonie leben, gibt den Erweis dafür […]." (1864 Philippson März 237; vgl. auch 1861 Philippson Jan 219–220)

Dabei versöhne das Recht „die religiösen und nationalen Schroffheiten" und ermögliche jedem die Teilnahme am „sittlich-geistigen Ausbau seines Vaterlandes". (1862 Unger Verfassung 9)

Leopold Zunz argumentiert dabei allerdings vor dem Hintergrund einer Nation, in der der Rechtsgedanke sich vollkommen durchgesetzt habe. In diesem Falle gründeten Bürgerrechte und Gleichberechtigung auf einem „Nationalwillen". Die ganze Nation könne sich „wie ein Mann" bewegen und *einen* Willen haben. So komme die Demokratie zu sich selbst und könne erkennen, dass Gleichberechtigung und Gerechtigkeit die Nation ausmachen. (vgl. 1848 Zunz Märzhelden 302, 302–303, 307)

In diesem ‚idealistischen' Sinn werden dem Staat zuweilen auch messianistische

---

38 Vgl. 1849 Zunz Demokratie 313–314; 1853 Philippson Stoff 81; 1853 Saalschütz Geist 5–6; 1857 Ritter Beleuchtung 12–13; 1858 Stern Erziehung 18, 19–20, 21, 29, 30; 1860 Adler Vorträge Cultur 117; 1860 Kaempf Stützen 5; 1865 Philippson Deutschtum 456.

Charakterzüge zugewiesen. Er erfülle die Menschheit mit „göttlicher Erleuchtung", so dass „kein Starker mehr seine Gewalt gegen den Schwachen missbraucht". (1852 Stein Staat, 14) Das Wesen dieses Staates sei „Wahrheit, Liebe, Gerechtigkeit, Frieden". (1852 Stein Staat 14)

Als ein weiterer Aspekt im Zusammenhang einer erfolgreichen Integration wird die Frage aufgeworfen, wie der Status des Judentums selbst (als ‚Nation') bestimmt werden soll. Dabei gibt es zwei Nuancen. Auf der einen Seite konstatiert Immanuel Heinrich Ritter, dass das Judentum aufgehört habe, ein Volksbewusstsein zu haben, und nun als Religionsgemeinschaft in den anderen Völkern aufgehen solle:

„Wir haben aufgehört als Juden ein Volk zu bilden und ein jüdisches Volksbewußtsein zu haben, wir kennen nur noch ein jüdisches Religionsbewußtsein. So verschieden auch unsere Standpunkte sein mögen, so übereinstimmend sind wir in dem Glauben, daß Gott unsre staatliche Selbständigkeit aufgehoben hat, damit unsre religiöse inmitten der Völker sich bewähre, daß er an uns ein thatsächliches Beispiel hat geben wollen, wie Staat und Religion sollen auseinandergehalten werden, ohne daß der Einfluß der letzern für den erstern verloren gehe. Dieser Einfluß ist deutlich genug durch den Propheten gezeichnet (Jerem. 29, 7): „Suchet das Wohl der Stadt, wohin ich euch weggeführt habe und betet für sie zu dem Ewigen; denn in ihrem Wohl soll das eurige begründet sein." So lange es daher Juden der Zerstreuung giebt, sehen dieselben die Liebe zu dem jedesmaligen Vaterlande als Sache der Religion an; es hängt blos von den Staatsgesetzen ab, ob wir diese Liebe blos als schuldiges Opfer, oder vielmehr als freudiges Dankopfer darbringen sollen." (1857 Ritter Beleuchtung 22)

Auf der anderen Seite ist bei Lazarus Adler die Auffassung zu finden, dass sich die Juden als Volk zu verstehen haben, was aber nicht deren Identifikation mit der Nation verhindern würde. Dennoch betont Adler, dass die Juden ein Volksbewusstsein haben sollten:

„Wir Israeliten aber dürfen uns am Wenigsten von unserer Geschichte losreißen, denn mit ihr ist unsere Religion verwachsen und unzertrennlich mit ihr verbunden. Deshalb sollen wir auch das Andenken *an unser verlorenes Vaterland* nicht aufgeben; wir sollen vielmehr der geistigen Beziehung zu demselben uns immer bewußt sein, weil eines Volkes Geschichte sich nicht trennen läßt von seinem Vaterlande." (1860 Adler Vaterland 167–168)

Und weiter:

„Dieses Land, wo wir geboren sind, wo der Väter Asche ruht, wo des Kindes erste Lallen in seiner Sprache sich ausdrückt, wo wir uns nieder lassen und auf dessen Gedeihen wir alle Hoffnungen setzen. *Dieses Land sollte nicht unser Vaterland sein!* Israeliten! Das Land unserer Heimath ist auch unser Vaterland! Wir haben wieder ein Vaterland gefunden! Wir lieben als Israeliten dieses Heimath- und Vaterland, wir hängen ihm an mit Herz und Seele, wir sind begeistert für seinen Ruhm und sein Glück, wir geben uns ihm hin mit Eifer und Bruderliebe. Seine Kinder sind auch wir, und Alle, die darin wohnen, sind uns Brüder. Ihr Wohlsein ist auch das unsrige, ihre Leiden sind auch die unsrigen. Wir scheuen kein Opfer und unser Eifer ist nicht ein selbstsüchtiger und eigennütziger, sondern ein sanftmüthiger und liebevoller. Ja, meine geliebten Zuhörer, die stärksten Anregungen zur Ausübung der Pflichten gegen das Vaterland liegen in der israelitischen Religion. Sie sind uns von Gott gegeben, sind uns heilige Gottesgebote." (1860 Adler Vaterland 173–174, vgl. auch 1857 Ritter Beleuchtung 22)

Zum Verhältnis religiöser und staatlicher Institutionen wird formuliert, dass Religion und Staat voneinander getrennt sein müssten, denn nur so könnten die religiösen Werte umgesetzt werden:

„Die Verfassung aber hat nur eine Religion, die heisst Gerechtigkeit; hält man die hoch, so wird nicht blos die Kirche, sondern das staatlich vereinigte Volk wird vom göttlichen Geiste erfüllt bleiben: denn wo Gerechtigkeit, Freiheit, Eintracht zusammen wohnen, da ist das Gottesreich." (1861 Zunz zweite Wahlrede 325)

Dieser Form der religiösen Anbindung des Staates soll die „Gewaltenteilung" von Staat und Kirche zur Seite gestellt werden. Staat und Kirche sollten unabhängig voneinander sein, sollten sich gegenseitig achten, aber auch kein gleichgültiges Verhältnis zueinander unterhalten.[39]

Fortschritt und Freiheit hätten dazu geführt, dass die Macht heute nicht mehr bei der Kirche und beim Klerus liege, sondern dass der Staat der Kirche ebenbürtig sei. Es sei eine Trennung des Staates von der christlichen Kirche erfolgt; insofern habe die Kirche aus staatlichen Strukturen zu verschwinden:

„Die Kirche muss aus Parlaments-Verhandlungen verschwinden; in den Rechtsstaat aufgelöst wird sie im Hause, in der Gemeinde wieder sichtbar. Nach dem Bekenntnis hat Niemand zu fragen, höchstens ein neugieriger Statistiker. Die Verfassung aber hat nur eine Religion, die heisst Gerechtigkeit." (1861 Zunz, Zweite Wahlrede 325)

Deshalb müsse der Staat auch gleichermaßen gegenüber Juden und Christen offen sein (vgl. 1866 Ehrentheil Ehrentod 10–11, 11–12), und es sei legitim, dass sich unterschiedliche Religionsgemeinschaften zu Fraktionen zusammenschließen, da es neben den „allgemein deutschen Zwecken" auch noch „besondere Anschauungen und Interessen" gebe. Dies dürfte den Juden keinesfalls abgesprochen werden. (1865 Philippson Deutschtum 456–457)

Samuel Hirsch konstatiert allerdings, dass sich die Kirche mit der neuen Situation nicht abfinden wolle. (1854 Hirsch Christenthum, 244) Als „Erzieherin der Völker" habe sie ihr Verdienst, doch im Völkerleben könne nun auch der Augenblick kommen, wo die Menschheit sich erwachsen fühle, so dass sie nicht mehr der Zucht der Kirche bedürfe. Das Heil, das die Kirche der Menschheit gebracht habe, habe letztere sich angeeignet. Damit sei die Aufgabe erfüllt, doch die Kirche wolle nicht anerkennen, dass solch ein Augenblick im Völkerleben kommen könne.

---

39 Vgl. 1850 Holdheim religiöse Trauung 76a+b, 77, 84, 84–85, 85a+b, 85–86, 85–86, 86; 1852 Stein Staat 12; 1861 Zunz Zweite Wahlrede 324, 325; 1856 Holdheim Stahl 22–24; 1857 Ritter Beleuchtung 22; 1858 Stern Erziehung, 14–15.

Aussagenanalyse

Bezüglich der genaueren Gestaltung des Staates und seines Verhältnisses zur Bevölkerung gibt es verschiedene Diskurspositionen. Das Spektrum reicht von denjenigen, die sagen, dass ein partizipativer und im emphatischen Sinne demokratischer Staat anzustreben sei, bis hin zu Positionen, die die Nation und deren Einheit in den Vordergrund rücken.

Die unterschiedlichen Diskurspositionen lassen sich auf zwei ‚Extrempositionen' und eine Mittelposition eingrenzen.[40] Am einen Ende des Spektrums finden wir die Auffassung, dass die Politik ihre Entscheidungsprozesse und Entscheidungskriterien offen zu legen habe und eine egalitäre Gesellschaft anzustreben sei. Nur so könne sich der Bürger ein adäquates Bild über den Zustand des Staates verschaffen und auf dieser Grundlage am politischen Geschehen partizipieren. Sklaventum, Glaubens- oder Adelsprivilegien seien daher konsequent abzuschaffen. Gefordert werden darüber hinaus das Recht auf Eigentum und auf die freie Berufswahl (1870 Jacoby Arbeiterbewegung 358–359; 1858 Adler Handwerk 80). Dieses demokratische Konzept wird z.B. von Leopold Zunz als „Selbstregierung" bezeichnet:

> „Die aus solcher Selbstthätigkeit jedes Einzelnen hervorgehende Selbstverwaltung der Gemeinde wird zusammengefasst und über alle Schichten ausgedehnt, zur Selbstregierung d.i. zum Rechtsstaat, der Unverstand, Selbstsucht und Schwäche aus den Gebieten der öffentlichen Angelegenheiten – der res publica – ausschliesst, zu dem Staate wo das Recht herrscht und die Gesammtheit regiert. Dieser vernunftmässige Staat bleibt unsere Aufgabe, wie er es für die Menschheit bleibt. Denn was bisher mehr oder weniger die Selbstregierung ganz oder theilweise verkümmerte, waren der Unverstand und die Unwissenheit der grossen Menge, die Uneinigkeit und der Zusammenstoss der Sonderinteressen, offene oder versteckte Gewalt von innen und von aussen." (1864 Zunz Selbstregierung 345b)

Oder:

> „Wir sind der Staat, Jeder ist ein Mitglied des Staates, in Jedem spiegelt der Staat sich ab […] Jeder dient dem Ganzen. Alle sind dann Staatsdiener […] Keiner aber ist ein Unterthan." (1849 Zunz Demokratie 315)

Oder:

> „Liebe deinen Nächsten wie dich selbst" – sie sagt noch mehr, sie sagt zum Staate: „in deinem Schooße soll Ein Gesetz, Ein Recht Allen sein," keine Bevorrechtung und keine Ausschließung. (1845 Philippson Religion 91)[41]

Die Bürger müssten zum selbständigen Denken über die Zusammenhänge des Staates fähig sein. Andersfalls könnten sie zum Werkzeug für andere werden. Allein aus der Selbständigkeit der Bürger erwachse der Rechtsstaat im Sinne einer Selbstregierung.

---

40 Es handelt sich um eine idealtypische Konstruktion, während in den Äußerungen häufig Zwischenpositionen aufzufinden sind.
41 Vgl. auch 1845 Philippson Begründung 161; 1852 Stein Staat 7–8.

Das Sagbarkeitsfeld

(Vgl. vor allem 1865 Zunz Selbstregierung 343–347). Gotthold Salomon betont, dass jeder „jedes Amt, jede Stelle im Staate bekleiden können (solle), sei sie noch so hoch, sobald uns Gott nur Kraft und Talent dazu verliehen (habe)." (1849 Salomon Himmel 6)[42]

Abgeordnete sollen für die Wohlfahrt des Volkes und für die Geltung der Verfassung wirken, (vgl. 1848 Zunz Märzhelden 306) sie müssen frei sein und dürfen keine vorgefassten Meinungen über bestimmte Klassen oder Gruppen haben. (Vgl. 1861 Zunz Erste Wahlrede 317–318)

Dieses Bild vom demokratischen Abgeordneten wird allerdings in schroffem Gegensatz gesehen zu den herkömmlichen, gesetzgebenden Körperschaften, die gesetzliche Sonderstellungen und damit Konflikte geschaffen hätten, etwa zwischen Militär und Volk und zwischen Adel und Bürgern (1861 Zunz, Zweite Wahlrede 322–323, 323a+b). Auch die Herausbildung eines Beamtentums wird als hemmend hervorgehoben, da es dazu tendiere, die Bürger unmündig und unwissend zu halten. (Vgl. 1865 Zunz Selbstregierung 346–347, aber auch 1861 Zunz Erste Wahlrede 318, 319)

Nicht zuletzt deshalb sei die bürgerliche Gesetzgebung davon weit entfernt, Gleichheit herzustellen.

„... durch Gewährung von Vorrechten auf der einen, durch Freiheitsbeschränkung auf der anderen Seite [hat sie] wesentlich dazu beigetragen, die sociale Kluft zwischen der besitzenden und nichtbesitzenden Klasse zu erweitern und zu befestigen." (1870 Jacoby Arbeiterbewegung 364)

Der Rechtsstaat wird daher nicht zuletzt als Sozialstaat bestimmt:

„... die Kräfte, die wir haben, die Schickungen, die wir erleiden, bilden unausbleiblich verschiedenen Lebenslagen aus, und was einen Augenblick ganz gleich war oder schien, wird ungleich nach kurzem Zeitverlauf: aber eben deshalb besteht der Staat, um in dem gesellschaftlichen Haushalt dem Schwächeren beizustehen". (1849 Zunz Demokratie 311)

Vereinzelt wird die staatsbürgerliche Pflicht zum Widerstand formuliert. Johann Jacoby fordert z. B. „den unbewaffneten gesetzlichen Widerstand" als „Schutzwehr der Volksrechte", falls sich „Krone" und „Herrenhaus" gegen diese Rechte zusammenschlössen (1865 Jacoby Kammergericht 255–256). Abraham Geiger geht in eine ähnliche Richtung, wenn er die „Herrschbegier der Führer" als einen Gegenspieler anführt, der die „Krankheit" von „Hass und Entfremdung" verbreiten könne, um weiterhin Zwietracht zwi-

---

42   Vgl. 1849 Zunz Demokratie 309, 311, 315a, 315b, 315–316; 1850 Einhorn Ungarn 15–16, 17, 20; 1853 Philippson Stoff 76–77, 77–78; 1858 Stern Erziehung 16, 17, 18, 19, 19–20, 20–21, 21; 1859 Adler Handwerk 72–73, 73, 73–74, 78–79, 80, 80–81, 81, 86; 1861 Zunz Zweite Wahlrede 322, 322–323, 323; 1862 Unger Verfassung 345a+b, 346–346; 1864 Zunz Selbstregierung 341a+b, 342c, 343a+b, 343–344, 344, 345a+b, 345–346, 346–347, 347; 1865 Jacoby Kammergericht 252–253, 255–256, 262–263; 1866 Geiger Auflösung 415–416, 416–417, 417a+b, 418a+b, 419–420, 420–421, 421–422; 1870 Jacoby Arbeiterbewegung 345–346, 348–349, 356–357, 357, 364; 1873 Unger Herrschermacht 35–36.

schen den unterschiedlichen Teilen des Vaterlandes zu säen und die Erstarkung der „gesunden Volkskraft" zurückzudrängen. (1866 Geiger Auflösung 415–417) Noch umfassender formuliert Joachim Jacob Unger:

> „Eine Reichsverfassung [...], welche die Gleichberechtigung aller Völker des Reiches, die Gleichheit aller Staatsbürger vor dem Gesetze, die Theilnahme der Volksvertreter an der Gesetzgebung, die Freiheit und Duldsamkeit, zu ihren leitenden Grundsätzen macht und zur lebendigen Wahrheit werden zu lassen feierlichst verheißt – eine solche Verfassung bewahrt die bürgerliche Gesellschaft vor jeder geistigen Versumpfung, schützt sie vor jeder Erschlaffung auf ihrem politischen Entwickelungsgange, vollzieht unfehlbar die Versöhnung der in ihrer Mitte auftauchenden, schroffen Gegensätze schon in ihrem Entstehen, und führt die Gesammtbevölkerung des Reiches allmälig aber sicher einer höhern, sittlichen Reife, einer veredelten Culturstufe entgegen." (1862 Unger Verfassung 4–5)

Die Mittelposition betont die Nation und die Treue zum Vaterland. Diese Position ist allerdings mit der demokratischen durchaus kompatibel. Als ein neues Moment führt sie aber die Nation ein und interpretiert die staatsbürgerlichen Pflichten als eine Verpflichtung gegenüber der eigenen Nation und nicht nur gegenüber der Allgemeinheit:

> „Hier nur so viel: Herr Wagener spricht uns die Vaterlandsliebe ab. Aber nicht uns, sondern ihm ist das Geheimniß des Patriotismus abhanden gekommen! Wer behaupten kann, das jüdische Volk habe wegen seiner Christenthumsnähe einen besondern Anspruch auf die Gastfreundschaft der Christenheit, eine Art von Hausrecht bei ihr, und zugleich die Absonderung beider predigt, die Ausstoßung der ruhig Angesiedelten in besondere Judendörfer, wahrlich der hat keine Idee von dem heiligen Gefühl für's Vaterland." (1857 Ritter Beleuchtung 12–13)

Das andere Ende des Spektrums wird von Äußerungen gebildet, die sich durch ihren starken und sehr positiven Bezug zur Nation auszeichnen (nationale Emphase). Z.T. werden die Nation und die Nation betreffende Ereignisse als Ausdruck des göttlichen Willens angesehen und Patriotismus als biblische Pflicht gedeutet. Es ist zu beachten, dass solche Äußerungen vor dem Hintergrund von Kriegen, z.B. des preußisch-österreichischen Krieges (1866) entstanden sind. Sie thematisieren die ‚patriotische' Rolle der jüdischen Soldaten in diesen Kriegen und fordern *deshalb* mit Nachdruck die Anerkennung des Judentums und die Aufnahme in die Nation. Beispielhaft ist die Position Süskinds:

> „Und weil dieser Sieg auf deutscher Erde und vorzugsweise durch deutsche Kraft, durch deutsche Tapferkeit errungen ward, darum hebt sich heute höher jedes Deutschen Brust, darum durchzieht heute alle deutschen Stämme das Gefühl der Zusammengehörigkeit, das Gefühl der Brüderlichkeit um so mächtiger, um so lebendiger. In dem Ereignisse dieses Tages erkennen wir aber auch zugleich demuthsvoll das Walten Gottes, der mit unwiderstehlicher Macht über dem Ganzen erhaben thront und die Geschicke der Länder und Völker lenket mit unbeugsamer Gerechtigkeit, mit nie irrender Weisheit.
> Mit Millionen unserer deutschen Brüder sind wir darum (5) heute an heilige Stätte hin-

getreten, um die Ehre dem Höchsten zu geben, dem sie allein gebühret, um seinen Willen zu vernehmen, den er auf jenem denkwürdigen Schlachtgefilde uns geoffenbaret hat." (1863 Süskind Leipzig 4–5)[43]

Schließlich umfasst die Bandbreite der Aussagen auch einzelne monarchistische Positionen. So sieht Saul Isaac Kaempf „eine tiefe Weisheit in der Anordnung, dass in Monarchien die Herrschaft erblich sein soll, denn nur der geborene Herrscher ist der wahre Herrscher". (1860 Kaempf Stützen 4–5)

Joachim Jacob Unger betont, dass der Landesvater „nach altjüdischer Auffassung (als das) erhabenste Ebenbild, als der Abglanz Gottes auf Erden anerkannt und verehrt wird", allerdings unter der Voraussetzung, dass dieser „mit gleicher Gerechtigkeit und Gesetzestreue die Interessen auch des Geringsten im Staate" schützt." (1862 Unger Verfassung 8)

Demgegenüber hält Ignatz Einhorn an der grundsätzlich obrigkeitskritischen Tradition des Judentums fest (1850 Einhorn Ungarn 15–16). Der Volkswille gelte nach jüdischem Verständnis als der voll- und alleinberechtigte im Staate. Der König wurde vom Volk jedes Mal frei gewählt und durfte nicht nach eigenem Willen, sondern nur nach den Gesetzen walten, damit ihm die Krone nicht wieder entrissen werde. Auch Lazarus Adler stellt fest, dass innerhalb des Judentums nie jemand die gesetzliche Autorität gehabt hätte, eine unmoralische, pflichtwidrige Handlung zu erlauben. (1850 Adler Allioli 25–26) Der Mosaismus leite zur Selbstständigkeit und Freiheitsliebe an. (1850 Einhorn Ungarn 17)

Es zeigt sich, dass die Aussagen im jüdischen Diskurs zum Verhältnis von Nation und Rechtsstaat eine Trennung von Religion und Staat favorisieren. Erst dann könnten die religiösen Werte umgesetzt werden. Es wird betont, dass Grundrechte und Rechtsstaatlichkeit die Grundlage der Nation sein müssen, wobei durchaus unterschiedliche Auffassungen zur konkreten Ausgestaltung des Staates und seines Verhältnisses zur Bevölkerung vertreten werden.

6.3. Judentum, Christentum, Antisemitismus

Neben den konzeptionellen Aussagen zu ethischen und sozialethischen Themen lassen sich weitere ermitteln, die sich direkt auf das Verhältnis von Judentum und Christen-

---

43 Vgl. auch 1866 Ehrentheil Ehrentod 5–6, 6–7, 7, 7–8, 8–9, 9, 10–11, 12; 1867 Jellinek A Kriege 3–4, 8, 14. Zu bedenken ist, dass Ehrentheil und A. Jellinek im Zusammenhang des preußisch-österreichischen Kriegs (1866), d.h. als Folge einer plötzlichen Aufspaltung der ‚deutschen Nation' für die ‚österreichische Nation' eintraten, der sie nun zugehörten, während Süskind im Jahr 1863 noch von *einer* Nation ausgehen konnte, die Deutschland und Österreich umfasste.

tum beziehen und die antijüdische Vorbehalte und Angriffe aus der Mitte der christlichen Mehrheitsgesellschaft aufgreifen. Solche Angriffe werden zum Anlass genommen, jüdische Wertvorstellungen zu verteidigen oder zu bekräftigen und den christlichen Hegemonialanspruch einer scharfen Kritik zu unterziehen. Dies geschieht auf zweierlei Weise.

Zum einen werden historische und religionsphilosophische Analysen zum jüdisch-christlichen Verhältnis und zu Kontrasten und Übereinstimmungen zwischen Judentum und Christentum *(Judentum und Christentum)* vorgelegt.

Zum anderen dienen diese Analysen als Grundlage der Beschreibung der großen Bandbreite antisemitischer Klischees *(Antisemitismus)*. Im Mittelpunkt steht für die Autoren die Frage, worin die Kern-Ideologeme antisemitischer Angriffe bestehen und wie ihre zerstörerische Wirkung zustande kommt.

6.3.1. Judentum und Christentum

Ausgehend von einer negativen Charakterisierung heidnischer Gesellschafts- und Moralvorstellungen, die universalistischen Werten entgegenstünden (1), findet eine Kontrastierung mit der jüdischen Ethik statt, die demgegenüber universalistisch angelegt sei (2). Weiter wird darauf verwiesen, dass das Christentum bei seiner Verbreitung mit dem Heidentum konfrontiert gewesen sei, dass es dieses zwar gesellschaftlich habe marginalisieren können, aber zugleich dabei auch heidnische Elemente in sich aufgenommen habe (3). Schließlich wird das Verhältnis von Juden- und Christentum angesprochen und die Forderung formuliert, dass das Christentum sich zu seinen jüdischen Wurzeln bekennen müsse (4).

1. Eine grundlegende These lautet, dass das Heidentum durch egoistische Moral- und Gesellschaftskonzepte gekennzeichnet sei, welche die Privilegierung bestimmter Gruppen legitimieren. Daher sei in diesen auch kein Platz für universalistische Konzepte wie Freiheit, Gleichheit und Gerechtigkeit:

> „Zuerst das Individuum, dann die Gesellschaft; diese ist nur um jenes willen da. Die ganze heidnische Moral ist nur eine egoistische, und hat lediglich das Wohlbefinden des Individuums zum Inhalte." (1848 Philippson Begründung 149–150)

Das Heidentum kenne zwar auch das Bestreben nach Einheit. Doch diese Einheit werde mit der Natur und nicht vorrangig innerhalb der Menschheit angestrebt. Es möge zudem auch nicht verwundern, wenn ein Denker wie Aristoteles von einer Notwendigkeit der Trennung zwischen freien Bürgern und Sklaven, welche die materiellen Güter produzieren, ausgehe.

In der Konsequenz führten heidnische Moral- und Gesellschaftsvorstellungen zu Ungerechtigkeit und der Unterdrückung von Menschen durch Menschen und sie leisteten einer skeptizistischen Geisteshaltung Vorschub. Kurz: orientierungslose Gesellschaftszustände würden so produziert bzw. weiter gestärkt. Dabei wird zwar betont, dass das Heidentum v. a. durch die Durchsetzung des Christentums marginalisiert worden sei, dass aber dessen grundlegendes Prinzip „menschlicher Dienstbarkeit" weiterhin fortbestehe:

> „Herrschaft des Menschen über den Menschen, – Recht des Stärkeren und Ausbeutung des Schwächeren – das ist der charakteristische Grundzug, der rothe Faden, der durch die Geschichte des Alterthums wie des Mittelalters hindurchgeht. Und – ist es denn jetzt anders? Beruht nicht noch heute – trotz unseres vielgerühmten Culturfortschritts – die Gesellschaftsordnung auf dem gleichen Princip menschlicher Dienstbarkeit?" (1870 Jacoby Arbeiterbewegung 356)[44]

Insgesamt wird das Heidentum mit Verfall und Genusssucht identifiziert. Dem seien Pflichterfüllung und Arbeit entgegenzusetzen. Arbeit wird dabei als Erfüllung des göttlichen Willens verstanden.[45]

2. Ein solches Heidentum wird mit dem Judentum bzw. der jüdischen Ethik kontrastiert, wobei der Hauptkontrast in den universalistischen Moral- und Gesellschaftsvorstellungen des Judentums bestehe. Das Judentum bzw. das mosaische Gesetz und Recht ständen für Gerechtigkeit, Freiheit, Gleichheit, Liebe und Wahrheit, während das Heidentum – wie oben ausgeführt – das Gegenteil repräsentiere:

> „Also kein Zurückkehren ist hier vorhanden, sondern eine fortschreitende Entwickelung eines Grundgedankens der Menschheit, den der Mosaismus, der seinen Gegensatz, das Heidenthum, in freier Entwickelung nach und nach überwindet, und damit Wahrheit und Freiheit, und damit Recht und Liebe in der Wirklichkeit der Menschheit begründet, und in diesen die ganze Menschheit vereinigt." (1848 Philippson Begründung 164–165)

Zudem sei Judenfeindschaft ein Kennzeichen jeder skeptizistischen Geisteshaltung:

> „Der Skeptizismus aller Zeit wandte sich mit Haß und Ingrimm gegen Juden und Judenthum. So der griechische und römische Materialist, so Voltaire und seine Schule, so Bruno Bauer und sein jüngster Nachtreter." (1862 Philippson Atheisten 425–426)

Die jüdische Ethik stelle die Grundlage für eine Marginalisierung des Heidentums zur Verfügung. Insofern habe sich das Judentum seine rechtliche Gleichstellung historisch verdient und wolle diese nicht als Geschenk verstanden wissen.

Ausgehend von diesem Kontrast wird teilweise auch eine generelle Frontstellung zwischen monotheistischen Religionen und dem Heidentum ausgemacht. Demnach fördere eine monotheistische Religion das Kulturleben einer Bevölkerung und sei ein wich-

---

44 Vgl. 1848 Philippson Begründung 149; 1858 Philippson Völker 17; 1862 Philippson Atheisten 425–426; 1859 Adler Handwerk 82–83; 1870 Jacoby Arbeiterbewegung 345–346.
45 Vgl. 1854 Hirsch Christentum 216–217, 221–222, 223–224, 226–227, 228, 229, 231, 232–233, 233–234, 235–236, 248a; 1858 Philippson Völker 16b, 17b, 21, 22a, 22–23; 1859 Adler Handwerk 82–83, 85–86; 1860 Adler Vorträge Civilisation 53–56; 1860 Adler Vaterland 167–168, 169.

tiges Gegengewicht zu der Unkultur, welche ihren Ausdruck in Selbstvergötterung und Lieblosigkeit finde:

> „Die Religion stellt sich der Cultur niemals hindernd entgegen, sondern die Uncultur einer dünkelhaften Selbstvergötterung und übermüthigen Lieblosigkeit, welche durch die Religion eben überwunden werden soll." (1860 Adler Vorträge Cultur 120–121)[46]

3. Zum Verhältnis zwischen Christentum und Heidentum wird davon ausgegangen, dass sich das Christentum historisch gegen das Heidentum behaupten musste. Nach Sigismund Stern nahm das Christentum dabei Formen und Elemente des Heidentums in sich auf:

> „Das Christenhum nahm daher freiwillig oder unbewußt Formen und Elemente des Heidenthums in sich auf, und trennte sich so immer mehr vom Judenthum, das an der Lehre festhielt, ohne an der That des Christenthums Antheil zu nehmen, während jenes seine That verfolgte, ohne die Lehre rein und unvermischt zu erhalten." (1845 Stern christlicher Staat 208)

Oder:

> „Es galt vor Allem erst die allgemeine Lehre von Gott, Welt und Mensch in die Menschenwelt hinein und zum Siege zu bringen. Aber auch diese Lehre mußte dem Geiste der Zeiten und Völker sich anschmiegen und unterwerfen; darum mußte auch sie Elemente des Heidenthums in sich aufnehmen, und ein eigenthümliches, von der Lehre der religiösen Idee vielfach abweichendes Product hervorbringen." (1848 Philippson Begründung 159)

Aus jüdischer Perspektive ist daher das Verhältnis von Judentum und Christentum ambivalent. Einerseits wird die Aufnahme heidnischer Elemente in das Christentum betont und damit dessen Abkehr von jüdischen Traditionen sichtbar. Andererseits wird aber auch auf die Verwandtschaft von Juden- und Christentum hingewiesen und die Leistung des Christentums hervorgehoben:

> „Die Kirche hat durch ihre tausendjährige Anstrengung das Heidenthum auch wirklich besiegt. Das Heidenthum ist von uns verworfen; Pflicht und Arbeit ist von uns als die Gesundheit unseres Geistes erkannt." (1854 Hirsch Christenthum 246)

Oder:

> „Denn das Christenthum ist Judenthum; es ist das Judenthum im Kampfe mit dem Heidenthum; es ist das Judenthum, das sich mit seiner That dem Heidenthum hingiebt, um es zu sich emporzuheben." (1846 Stern Zukunft, 309–310)[47]

---

46 Vgl. 1847 Einhorn Verhalten 9–10; 1848 Philippson Begründung 164–165; 1862 Philippson Atheisten 425–426; 1858 Philippson Völker 17; 1850 Adler Allioli 28; 1870 Fürst Todesstrafe 33, 41.
47 Vgl. auch 1845 Stern christlicher Staat 208; 1848 Philippson Begründung 159; 1857 Ritter Beleuchtung 284.

4. Im Hinblick auf das Verhältnis von Judentum und Christentum betonen viele Autoren die jüdischen Wurzeln des Christentums. Sie bezeichnen nahezu durchgängig das Judentum als ursprüngliche Grundlage des Christentums (z.B. 1850 Adler Allioli 48). Beliebt ist dabei das Bild des Judentums als „Mutter" (auch „Mutterschoß"), bzw. des Christentums als „Tochter". (1856 Holdheim Stahl 3; 1857 Ritter Beleuchtung 22)

Man hebt zugleich hervor, dass sich Jesus, wenn er Nächstenliebe predige, auf die Lehren Moses' berufe. (1852 Stein Staat 9) Lazarus Adler verweist darauf, dass Jesus die beiden Gebote, die er wörtlich aus dem mosaischen Schriften anführe, für die vornehmsten und größten Gebote im Gesetz erkläre: „Du sollst lieben Gott deinen Herren von ganzem Herzen, ganzer Seele und von ganzem Gemüthe" (5. B. Moses Kap. VI. V. 5) und „du sollst deinen Nächsten lieben als dich selbst". (3. V. Moses Kap. 19, 18) (1850 Adler Allioli 9)

Alle Lehren von Humanität und Sittlichkeit, die das Christentum für sich in Anspruch nehme, seien aus den Religionsquellen des Judentums geflossen". (1871 Buchholz Volk 241) Allerdings – so die Einschränkung – habe sich das Christentum von diesen seinen jüdischen Wurzeln zunehmend entfernt. Von christlicher Seite würde sogar versucht, das Judentum entgegen den historischen Tatsachen als ‚heidnisch' zu beschreiben:

> „Aus diesem Grunde müht sich auch der Protestantismus ab, das Christenthum vom Judenthume ganz abzulösen, jeden innern Zusammenhang abzuleugnen, ersteres als die einzig reine und monotheistische Religion, letzteres diesem gegenüber mit dem Heidenthume auf eine Stufe zu stellen." (1871 Buchholz Volk 459)

Vor diesem Hintergrund nimmt in den Äußerungen die Frage breiten Raum ein, wie zwischen der gesellschaftlichen und geschichtlichen Orientierung des Judentums und der Jenseits-Orientierung des Christentums zu unterscheiden sei. Typisch ist etwa folgende Äußerung:

> „Jesus wollte blos eine alte Lehre reformieren, Moseh hingegen vor allem seiner neuen Gotteslehre einen festen Staat, der ihr Träger und Verbreiter werden sollte, schaffen; daher Jener den Himmel, dieser die Erde stets vor Augen hatte." (1850 Einhorn Ungarn 16–17)[48]

Grundsätzlich strebe der Mosaismus eine vom Göttlichen, d.h. mit Freiheit und Gleichheit durchdrungene geschichtliche Welt an. Moses habe die irdische Gegenwart und Zukunft seines Volkes im Auge gehabt und seine Lehre auf das Tun gerichtet. Die Juden seien von Haus aus zur „wahren Freiheitsliebe" und zur Begeisterung „für volksfreundliche Staatseinrichtungen" geeignet. Moses Mendelssohn habe diese Tradition erneuert. Er messe Religion daran, wie sie sich im konkreten Leben der Menschen niederschlage.

Die christliche Lehre hingegen löse das Göttliche vom Menschlichen los und fordere eine Verachtung des Irdischen. Der Christ könne das Heil nur finden, wenn er an die Übermenschlichkeit Christi glaube. Das individuelle Geistesleben stehe über gesell-

---

[48] Vgl. 1848 Philippson Begründung 158–159, 160–161; 1872 Lazarus Blick 29–30; 1850 Einhorn Ungarn 13, 14, 14–15; 1857 Ritter Beleuchtung 284

schaftlichen Zielen. Der oberste Grundsatz „Mein Reich ist nicht von dieser Erde!" habe Mönchtum und Askese hervorgebracht. Beide ständen nicht im Einklang mit der Natur des Menschen und mit irdischen Lebensverhältnissen.

Für die christliche Jenseitsorientierung macht Samuel Hirsch die Lehre von der Erbsünde verantwortlich, die erst Paulus eingeführt habe. (1854 Hirsch Christenthum 232, 233–236, 235) Sie spreche dem Menschen eine freie Wahl zwischen Gut und Böse ab. Führe man aber das Böse auf die menschliche Natur zurück, würde Gott zum Urheber des Bösen. Darüber hinaus habe Paulus, indem er *auch die Juden* der Erbsünde verfallen erklärte, einen verhängnisvollen Schritt zum Unrecht getan, das den Juden danach von Christen widerfuhr.

Die Abkehr vom mosaischen Gesetz führte das Christentum nach Ludwig Philippson in Widersprüche zu ursprünglich eindeutigen Wertvorstellungen. (1861 Philippson Mission 392) Er verweist auf die christliche Duldung oder sogar Befürwortung der Sklaverei (in Amerika). Aber bereits das christliche Mittelalter sei vom Prinzip der Ausschlüsse und hierarchischen Trennungen durchdrungen gewesen. Die Juden, die am „alleruntersten" standen, wurden zum lebendigen Protest, zu Trägern und Prüfsteinen, als in der Menschheit das Bewusstsein der Freiheit erwachte. Der mittelalterlich geknechtete Jude sei der Gesinnung nach freier als der ihn knechtende Christ gewesen. (1850 Einhorn Ungarn 17)

Auch hinsichtlich von Toleranz und innerer Freiheit seien Judentum und Christentum unterschiedliche und konträre Wege gegangen. Bei aller Unduldsamkeit sei das ‚alte Judentum' gegen Andersgläubige mild gewesen. Dagegen sei die christliche Intoleranz unvergleichlich. Wolle deshalb das Christentum Zeugnis der göttlichen Wahrheit geben, so solle es das alte Judentum an Duldsamkeit übertreffen, nicht aber an Intoleranz. (1856 Holdheim Stahl 12–13)

Nach Ludwig Philippson ist mit der mosaischen Gotteslehre geistige Selbstständigkeit verbunden. Im Gegensatz zum Christentum seien weder Dogmen noch Glaubensartikel aufgestellt worden. Was im Verlauf der Geschichte an Lehrsätzen entstanden sei, konnte jede Epoche wieder hinwegräumen, ohne dass daraus Spaltungen und Sekten entstanden. (1862 Philippson Atheisten 428) Im Judentum habe es nie verschiedene Kasten und nie große Standesunterschiede gegeben, eine Erfahrung, die auch in die Gegenwart getragen werden müsse. (1860 Adler Vorträge Civilisation 51–53)

Ausgehend von der Betonung der jüdischen Wurzeln des Christentums und der Abkehr des Christentums von seinen Wurzeln werden auch Zukunftsperspektiven entworfen.

Dabei wird gefordert, dass das Christentum zur „eigenen Mutter" zurückkehren müsse und dass auch das Judentum sich öffnen müsse. (1857 Ritter Beleuchtung 22) Nur so könne das Projekt einer gesellschaftlichen Umsetzung jüdischer Ethik verwirklicht werden. Die Aufgabe könne nur durch das „gemeinsame Wirken aller Kräfte erreicht werden" (1846 Stern Zukunft 313):

„Je mehr sie sich aber der Lösung dieser Aufgabe nähern, um so näher müssen sie auch zueinander treten. Das Christenthum muß sich den Lehren des Judenthums nähern, je mehr es die Macht des Heidenthums, nicht nur nach Außen, sondern auch nach Innen überwindet, je mehr es seine Lehren zum Gemeingut der ganzen Menschheit macht, und sich selbst den ungetrübten Besitz derselben sichert." (1846 Stern Zukunft 309–319)[49]

Einige betonen, dass dieser Prozess bereits begonnen habe:

„Die Entwicklung des Judentums wie des Christentums, das wachsende Bewusstsein beider von ihrer Aufgabe für die Religion und für die Menschheit, kann und wird nothwendig nur zu einer zunehmenden und gegenseitigen Annäherung und Anerkennung beider führen, und die nächste Zukunft wird davon noch entscheidender Zeugnis geben, als es die jüngste Vergangenheit schon gethan hat." (1846 Stern Zukunft 310)

Eine solche Vision der Annäherung von Juden- und Christentum geht oft einher mit dem Argument, dass das Judentum und seine Grundsätze die Pfeiler des Christentums seien.[50]

Beide Religionen hätten den gemeinsamen Glauben an Gott (1861 Frankel Judeneid 3–4; 1858 Stern Erziehung 8, 10, 12–13) und ein gemeinsames Vaterland. Es wird darauf verwiesen, dass in der Vergangenheit Angehörige verschiedenen Konfessionen und Religionen in den Armeen bereits Seite an Seite gekämpft haben und dass Juden sich wie Christen für das deutsche Vaterland engagieren.[51]

Sowohl Judentum als auch Christentum hielten die Bibel für ein heiliges Buch. (1850 Adler Allioli 15) Und beide Religionen stützten sich auf die gleichen Gebote und Werte:

„Das öffentliche Leben des Judenthums, seine Lehre, sein Gesetz, sein Cultus, seine Institutionen verdammten diese Genusssucht und stellten, gerade wie das heutige Christentum, das reine, der thätigen Liebe lebende Leben an die Spitze alles Strebens." (1854 Hirsch Christentum 232)

Insbesondere Sigismund Stern skizziert ein praktisches Erziehungsprogramm, das eine interreligiöse Sozialisation von Kindern ermögliche. Er konstatiert, dass alle Kinder unabhängig von ihrer religiösen und familiären Herkunft gleich seien. Es müsse in ihnen zuerst das Allgemeinmenschliche gefördert werden, bevor man ihnen die Religion nahebringe. Dabei macht er zwischen den Religionen keinen Unterschied: alle bauten sie auf einem allgemein menschlichen Moment auf, ohne das es zu Glaubenskrisen und Konflikten komme. Deshalb könne es nur durch die vorherige Ausbildung des allgemein Menschlichen dazu kommen,

---

49 1845 Philippson Religion 86, 106–107; 1846 Stern Zukunft 312–313; 322–323; 1850 Einhorn Ungarn 16–17; 1852 Stein Staat 11; 1857 Ritter Beleuchtung 22; 1871 Buchholz Volk 233–234.
50 Z. B. bei 1848 Schwarz Sendschreiben 12, 1850 Adler Allioli 15; 1854 Hirsch Christentum 226–227; 1871 Buchholz Volk 243; 1870 Fürst Todesstrafe 43.
51 Vgl. 1863 Süskind Leipzig 4–5, 9–10, 10–11; 1866 Ehrenteil Ehrentod 5–6, 7, 10–11, 11; 1867 Jellinek Kriege 6–7, 8.

„daß jeder Mensch den andern als seinen Bruder zu betrachten habe und daß über alle ein Vater wacht und sorgt, mit gleicher Liebe und mit gleicher Treue wie des Kindes Vater und Mutter für ihn und für ihre Kinder alle." (1858 Stern Erziehung 13)

Andere betonen, wie z.B. Lazarus Adler, dass sie selbst durch ihre Veröffentlichungen zur Versöhnung von Christen- und Judentum beitragen:

„Wenn sie nur ein klein wenig dazu beitragen, die Herzen der christliche und jüdischen Brüder einander zu öffnen, das uralte und leider wieder neu aufgefrischte Misstrauen zu verscheuchen, Vertrauen zu erwecken, das allein fähig ist, Haß in Liebe zu verwandeln: ich werde mich glücklich fühlen und meinen Schöpfer preisen, als schwaches Werkzeug zu diesem heiligen Werke etwas beigetragen zu haben. Möge es der Wille Gottes sein!" (1850 Adler Allioli 5)

Und E. Lieser stellt die einseitig den Juden auferlegte Anstrengung heraus, trotz Ressentiments gegen sie am Werk einer „Amalgamierung" festzuhalten:

„Alle Bedrückung hat den inneren Menschen nicht treffen können, denn schon mit dem beginnenden Niederreißen der Schranken, die die Juden von der Gesammtnation getrennt, begann die Amalgamierung und sie vollzieht sich trotz der Angriffe, die sich [...] noch immer gegen sie erheben. Aber das verdanken sie nicht ihrem Blute, nicht ihrer Race, sondern der Macht ihrer Glaubenslehren, die ihnen den Muth gegeben, sich sittlich zu behaupten, die ihnen die Kraft verliehen, den unmenschlichen Grausamkeiten finsterer Jahrhunderte zu widerstehen. (1869 Lieser Wagner 6)

Auf der anderen Seite wird auch von einer soziologischen Schichtung ausgegangen, wenn die „Rohheit" gegen Juden als von der Unterschicht ausgehend betrachtet wird, während sich das christliche Bürgertum geöffnet habe:

„Es ist schwer, sich von angeerbten Vorurtheilen zu befreien, schwerer, uralten Vorrechten zu entsagen [...] Lassen Sie uns also nicht auf die niederen Kreise unsrer christlichen Bevölkerung blicken, wo sich natürliche Rohheit ja immer gern gegen Schwäche wendet [...], sondern lassen Sie uns auf die höheren Kreise der bürgerlichen Gesellschaft, d. h. auf diejenigen blicken, die mit ihrem Wollen und Wissen [...] auf der Höhe der Gegenwart stehen." (1846 Stern Zukunft 315, vgl. auch 1850 Einhorn Ungarn 20)

Zusammenfassend kann festgehalten werden, dass die Thematisierung des Heidentums von jüdischer Seite im Diskurs dazu dient, u.a. in Abwehrstellung zu judenfeindlichen Angriffen das eigene Gesellschaftskonzept kontrastiv zu formulieren und darzustellen. Davon ausgehend wird auf die Entstehungs- und Verbreitungsgeschichte des Christentums eingegangen und es kann eine kritische Hinterfragung der christlichen Selbstbeschreibung bzw. der christlichen Auffassung vom Judentum stattfinden. Sobald von den jüdischen Wurzeln des Christentums die Rede ist, eröffnen sich Möglichkeiten, sich sowohl gegen christlichen Antisemitismus zu wehren, als auch, jüdische Werte zu bekräftigen, die die Basis für die Forderung nach einem gleichen Recht für alle und nach kultureller Akzeptanz des Judentums bilden.

6.3.2. Antisemitismus[52]

Anhand zahlreicher Bibelstellen wird immer wieder betont, dass die christliche Judenfeindschaft auf einem falschen Bild des Judentums, bzw. auf Unkenntnis des Judentums beruhe, auf einer fehlenden Bemühung um eine bessere Kenntnis oder auf einer Verhinderung von besseren Kenntnissen:

> „Oder meinen Sie wirklich, man kenne den Thalmud, die jüd. Literatur, wenn man die hebr. Bibel im Urtexte lesen kann oder selbst auch im Thalmud einige Seiten gelesen hat. Wohl solltet ihr das Judenthum kennen lernen, aber nicht seine Schaale, sondern in seine Tiefen eindringen und seinen Geist erforschen. Allein der Haß ließ dieses nicht zu. Man verachtete und feindete den Juden zu sehr an, als daß man hätte über sich bringen können, ohne Vorurtheil und aus reiner Liebe zur Wissenschaft das Judenthum zu studiren, beschäftigte sich daher nur nothdürftig damit, um nicht unwissend zu erscheinen, oder Stoff zu haben, dem Hasse neue Nahrung zu geben." (1850 Adler Allioli 47a)[53]

Die Unkenntnis des Judentums, falsche Urteile und die fehlende Bemühung um eine bessere Kenntnis sind somit bereits geleitet von Feindschaft und Verachtung. Der Kern judenfeindlicher Angriffe und judenfeindlicher Motivation wird in zwei miteinander verknüpften Behauptungen über das Judentum ausgemacht, die von der Mehrheitsgesellschaft formuliert werden.
– Die erste Behauptung bestehe darin, das mosaische Gesetz habe Nächstenliebe für Nicht-Juden nicht gekannt, vielmehr zum Hass von Nicht-Juden angeleitet.
– Die zweite Behauptung besteht darin, dass erst das Christentum die Nächstenliebe zu allgemein-menschlichen Norm erhoben habe.
Die zerstörerische Wirkung von judenfeindlichen Aussagen gehe von der Zuspitzung dieser zwei Behauptungen aus.

---

52 Wir verwenden hier den Begriff „Antisemitismus", auch wenn sich dieser im untersuchten Zeitraum noch nicht etabliert hatte. Die untersuchte Publizistik adressiert alle Aspekte der Judenfeindschaft, die im 19. Jahrhundert von Bedeutung waren und Juden (als Juden) diskriminierten.

53 Vgl. auch 1850 Adler Allioli 32–33, 47b, 47–48, 48, 49–50; 1852 Stein Staat 8, 9, 9–10; 1854 Hirsch Christentum 229, 231, 232–233, 233, 233–234, 234–235, 235, 235–236; 1856 Holdheim Stahl 1, 1–2, 22–24, 33–34, 34, 42; 1859 Adler Handwerk 79–80, 80; 1860 Riesser Rechte 601–602, 602, 603–604, 604; 1861 Frankel Judeneid 4, 4–5, 6, 8; 1869 Lieser Wagner 4, 5, 6–7, 13–14, 15–16; 1871 Buchholz Volk 241a+b, 241–242, 242.

6.3.2.1. Fehlende Nächstenliebe und jüdischer ‚Hass'

Zunächst wird die judenfeindliche Behauptung aufgegriffen, die Selbst- und Nächstenliebe, die im mosaischen Gesetz genannt werde, habe sich nur auf Israeliten bezogen – nicht aber auf Nicht-Israeliten. Von daher vertrete das Judentum – so die judenfeindliche Folgerung – Fremdenhass und sei lieblos und ungerecht gegenüber Nichtisraeliten. Lazarus Adler hebt dabei auch die vernichtende Wirkung dieser Behauptung hervor:

> „Sie sprechen die Beschuldigung aus, und Ihre Gesinnungsgenossen sprechen es Ihnen nach, im mosaischen Gesetze, also in der jüdischen Religion *sei nur der Jude* der Nächste, den zu lieben geboten sei. Das sprechen Sie so kalt, so gleichgültig aus, als ob es um Erklärung einer Stelle in Horazens Oden sich handelte, bedenken aber nicht, daß diese Beschuldigung ein Dolch sei, gezückt nach Millionen Herzen. Was sage ich, Herzen? nach Millionen Seelen, ein Schwert, die Ehre von Millionen Lebender und Verstorbener zu morden. Ein solches Wort, und zumal im Munde eines Mannes, der für eine Autorität gehalten wird, ist mehr als Wort, ist eine *That* und eine folgenreiche schwer verantwortliche That." (1850 Adler Allioli 8–9)

Dem Vorwurf, im mosaischen Gesetz sei nur der Jude ‚der Nächste', wird entgegen gehalten, die Juden seien selbst einst Fremdlinge im Lande Mizraim gewesen und hätten daraus gelernt (vgl. 1847 Einhorn Verhalten 6–7). In keiner anderen Quelle fände sich eine vergleichbare Wertschätzung für die Fürsorge für Fremde wie in den mosaischen Gesetzen:

> „Wo finden Sie noch eine so liebevolle Fürsorge für den Fremden als im mosaischen Gesetze? wie oft, wie nachdrücklich wird von ihm die Vorschrift wiederholt: den Fremden, wie sich selbst zu lieben, ihm hülfreich beizustehen in der Noth, für seine Bedürfnisse, wie für die einheimischen Armen zu sorgen, ihn ja nicht zu drängen oder zu drücken, ihm ja kein Recht zu entziehen und sich keinerlei Härte oder Gewaltthätigkeit gegen ihn zu erlauben." (1850 Adler Allioli 23–24, 24–25)[54]

> „Nein, Sie werden, Sie müssen es eingestehen, das Wort Rea bedeutet jeden Menschen, und Ihre Behauptung ist falsch, Ihre Beschuldigung ist unwahr und ungerecht. Ich könnte noch mehr Belege anführen, aber wozu? sind diese nicht schon schlagend genug? Oder zeigen Sie mir nur eine einzige Stelle, wo das Wort Rea ausschließlich nur den Juden als Nächsten bezeichnet!!!" (1850 Adler Allioli 17–18)

Selbst wenn ein Lehrer im Talmud eine davon abweichende Meinung ausspräche, könne dies nicht dem gesamten Judentum zugerechnet werden. Die Autorität der Lehrer im Judentum sei nicht mit der im Christentum vergleichbar (vgl. 1850 Adler Allioli 26–27, 32–33, 35–36, 43–44). Lazarus Adler weist in diesem Zusammenhang darauf hin, dass sich die Kirche trotz der Autorität christlicher Lehrer selten dagegen gewandt hätte, wenn Priester, Mönche, Bischöfe und Päpste etwas gelehrt oder getan haben, was gegen

---

54 Zum Beleg führt Adler vielfältige biblische Textstellen an. (Vgl. 1850 Adler Allioli 8, 9–10, 10–11, 11, 14–15, 15–17, 17–18.)

die Moral war, und unterstreicht die fehlende Kenntnis der Kritiker: (1850 Adler Allioli 34–35)

> „Können Sie mir aber einen solchen Lehr- und Grundsatz in den ältesten rabbinischen Büchern auffinden: so betheuere ich Ihnen, daß ich den Scheiterhaufen selbst mitbauen und anzünden will, auf welchem alle – rabbinische und thalmudische Schriften den Flammen übergeben werden sollen. Dringen sie nur besser in den Geist des Thalmuds ein; lernen Sie nur erst streng unterscheiden, zwischen den Aussprüchen eines Einzelnen, der oft auf der Stelle widerlegt und verworfen wird und den Aussprüchen der Vielheit …" (1850 Adler Allioli 33–34)

Die Unterstellung, dass Juden das Gebot der Nächstenliebe auf Juden beschränkt hätten, leide an einem Widerspruch; da man als Katholik die mosaischen Bücher für göttlich und ihren Inhalt für Offenbarung Gottes halte, so klage man mit dieser Unterstellung Gott an, er habe durch Moses eine falsche, unmoralische Lehre offenbart. (1850 Adler Allioli 12 f.) Daher könne ein christlicher Theologe dem Christentum nicht nützen, wenn er das Judentum schmähe und es herabwürdige. Vielmehr füge er dem Christentum dadurch mehr Schaden zu als dem Judentum. Denn wenn die Grundsäulen für morsch erklärt werden, halte niemand das darauf ruhende Gebäude für fest und dauerhaft. (1850 Adler Allioli 48)

Samuel Holdheim bringt allerdings eine davon abweichende Diskursposition zur Geltung. Sie Position schließt sich an eine Kritik am Judentum an, die z. B. auch von Sigismund Stern und Samuel Hirsch artikuliert wird. So stellt Stern fest, dass sich das talmudische Judentum infolge der Ablösung des Christentums von der Außenwelt verschlossen habe. (1845 Stern christlicher Staat 207) Und Hirsch kritisiert am Judentum, dass es vieles vergessen und nicht beherzigt habe. (1854 Hirsch Christentum 224–225, 226) In seiner Kritik geht Samuel Holdheim jedoch weiter. Er ist der Auffassung, dass die Nächstenliebe des Judentums ausschließlich auf die „theokratischen Bundesgenossen" zu beziehen sei:

> „Es fällt mir nicht ein, daß in dem uralten Bibelwort: liebe deinen Nächsten wie dich selbst unter Nächsten ein anderer als der theokratische Bundesgenosse gemeint sei, und wer wie Maimonides nicht apologetische Tendenzen verfolgt, gesteht dies ohne Weiteres zu." (1856 Holdheim Stahl 39)

Und:

> „In der Theokratie gab es wie eine exclusive Religion, so auch eine exclusive Humanität, eine exclusive Sittlichkeit, eine exclusive Nächstenliebe, eine exclusive Gerechtigkeit, eine exclusive Wohlthätigkeit und Barmherzigkeit, ja, selbst eine exclusive Keuschheit." (1856 Holdheim Stahl 33)

Dies sei ein historischer Fehler des alten biblischen Judentums gewesen, der für den Untergang des jüdischen Staates mitverantwortlich war. Zwar wird eingeräumt, dass der Monotheismus und die Sittlichkeitsgesetze auch auf Nicht-Juden ausgeweitet worden seien, doch sei dies nicht ausreichend. Diese Kritik am Judentum beinhaltet allerdings nicht die weitergehende These, dass es sich seit dem Alten Testament nicht weiterentwickelt habe. Insbesondere die jüdischen Reformatoren des letzten Jahrhunderts vor der christlichen Zeitrechnung seien von der christlich-theologischen Welt verkannt worden, obwohl das nachbiblische Judentum als ein wichtiger Bezugspunkt für das zeitgenössische Reformjudentum gelten könne:

> „Das waren die ältesten Reformjuden, die mehr oder minder bewußt, die mosaische Theokratie in humanere Entwicklungsbahnen einlenkten, und an deren historische Autorität die gegenwärtigen Reformjuden anknüpfen, um das von jenen in Angriff genommene Werk der Reform mit etwas mehr Consequenz fortzuführen." (1856 Holdheim Stahl 41–42)

Aus dieser Perspektive kann sich die kritische Sicht des ‚biblischen Judentums' auch gegen die katholische Kirche wenden:

> „Das katholische Kirchenrecht hat alle die Exklusivitäten der jüdischen Theokratie für die Kirche in Anspruch genommen und den jüdischen Partikularismus, der an die jüdische Geburt anknüpft, nur dahin verbessert, daß es ihn in einen christlichen Partikularismus umgeschaffen, welcher an den Glauben anknüpft, und der jüdischen im Schooße der Gnade geborenen, eine durch die Gnade zum Glauben wiedergeborene christliche Nationalität substituirt hat." (1856 Holdheim Stahl 39 f.; vgl. auch 1856 Holdheim Stahl 40–41, 41, 42)

Eine solche Diskursposition ist jedoch – obwohl sie aus reformerischer Perspektive eingebracht wird – im jüdischen Diskurs des 19. Jahrhunderts nicht zentral.

6.3.2.2. Die christliche Übertrumpfung des Judentums

Eine weitere antijüdische Behauptung des hegemonialen Diskurses ist die, dass erst das Christentum die Nächstenliebe als Gebot für alle Menschen in die Welt gebracht habe. In gewisser Weise leitet sich diese Behauptung aus der oben ausgeführten ab und führt zu einer aggressiven Zuspitzung: Da das Judentum die Nächstenliebe nur auf Juden beschränkt habe, habe erst Jesus, bzw. erst das Christentum eine Nächstenliebe gebracht, die für alle Menschen gelte.

Lazarus Adler unterstreicht in einem Sendschreiben an Prof. Dr. Allioli die zerstörende Wirkung dieser Behauptung, die das Judentum als ‚unethisch' brandmarke: Er bezeichnet sie als „blutige Anklage" (1850 Adler Allioli 9–10) und fährt fort:

> „Wie kommen Sie nun dazu, weil Jesus sagte: ich bin gekommen, das Gesetz zu erfüllen, […], zu behaupten, es sei dieses Gesetz ein mangelhaftes und Jesus habe es vollkommener oder besser zu machen, als seine Bestimmung angesehen?" (1850 Adler Allioli 10)

Er wendet sich gegen die Unterstellung, dass vom Gebot der Nächstenliebe im Judentum nur Juden betroffen seien und dass also der „Nächste" kein Nicht-Jude sein könne:

„Wäre Jesus ihrer Meinung gewesen [...], mußte er alsdann nicht hinzufügen: aber nicht in dem Sinne, wie euch gelehrt wurde, daß nur der Jude der Nächste sei [...]. Da nun aber Jesus dies unterläßt, folgt hieraus klar und deutlich nicht nur, daß er das mosaische Gebot so verstand, sondern daß es auch von allen Juden so verstanden wurde." (1850 Adler Allioli 11 f.)[55]

Die Aussage, dass die Nächstenliebe bereits ein Gebot des Judentums sei, wird durch vielfältige Argumente zu stützen gesucht.

So wird ins Feld geführt, dass christliche Autoren, die die Texte des Alten Testaments kritisierten, um die Juden zu schmähen, nicht nur ihre eigenen Fundamente angriffen, sondern sich in weitere Widersprüche verstrickten: Einerseits würde David als Verbrecher bezeichnet, andererseits werde zu beweisen versucht, dass Jesus ein Nachkomme Davids gewesen sei. Dabei werde nun David als königlicher Sänger und begeisterter Gesalbter gepriesen. (1850 Adler Allioli 15)

Leopold Stein bemerkt, dass, wenn die Wichtigkeit der Nächstenliebe erst durch das Christentum zu vollem Bewusstsein gekommen wäre, sich Christen auch „doppelt und dreifach beeifern müssten, diesen Satz auch zur vollen Wahrheit zu machen". (1852 Stein Staat 9) Zudem sei die Wichtigkeit des Gebotes noch vor Jesus bereits von Hillel hervorgehoben worden, der – im Gegensatz zu Jesus – der Nächstenliebe den ersten Platz in der ganzen Religion einräumte, und für den das ganze Leben eines religiösen Israeliten nur ein „Commentar" dieses Gebotes gewesen sei. (1852 Stein Staat 10)

Auch sei, wenn Jesus sage „ich bin nicht gekommen, das Gesetz aufzuheben, sondern zu erfüllen" (Matth. 5, 17), nicht gemeint, dass dieses Gesetz mangelhaft sei, sondern dass ein Teil der Juden in seiner Ausübung, Beobachtung, Erfüllung nachlässig gewesen sei und das Gesetz übertreten habe, so wie ein Teil der Christen unerfüllt lasse, was Jesus im Evangelium vorschrieb. Es lasse sich daher nicht folgern, dass im Judentum das Moralgesetz noch nicht erfüllt gewesen sei. (1850 Adler Allioli 10 f.) Jesus wollte nicht das zuvor den Juden schon offenbarte Gesetz besser machen, sondern lediglich das leben, was zuvor schon vorhanden war. (1850 Adler Allioli 234–235) Samuel Hirsch etwa betrachtet Jesus als ‚jüdischen Reformer':

„Da trat Jesu auf. In seiner großen Seele erwachte ein Gedanke, der mir wenigstens der Schlüssel ist zum Verstehen seiner ganzen Erscheinung. [...] Er war gekommen, das Gesetz nicht bloß zu lehren – das thaten auch Andere – sondern wirklich zu erfüllen, und wer das Gesetz wirklich erfüllen will, der findet, wo die Quelle dieses Gesetzes zu suchen." (1854 Hirsch Christentum 225)

---

[55] Hieraus formuliert Adler auch die bereits angesprochene Kritik an die Christen, dass in dem Falle, dass ihre Auffassung zuträfe, Gott Moses eine falsche Lehre offenbart habe. Insofern müssten Christen die Vollkommenheit ihres Gottes leugnen. Vgl. 1850 Adler Allioli, 12–13), sowie 1845 Philippson Religion 92–93; 99–100; 1847 Einhorn Verhalten 6–7; 1850 Adler Allioli 8, 9, 9–10, 11–12, 12, 13–14, 14–15, 15a, 15–17, 17–18, 18, 20, 22–23, 31b.

„Den Juden hatte Jesus keine neue Lehre zu bringen gehabt – denn ihre alten Schriften enthielten dieselben Lehren, dieselben Grundsätze, dieselben Prinzipien, die Jesus gelehrt und verkündet – wohl aber wollte er den Juden ein neues Leben, oder das ihren alten Schriften wirklich entsprechende Leben zeigen und durch sein Beispiel sie zu diesem Leben anfeuern." (1854 Hirsch Christentum 226–227)

Das Gebot der Nächstenliebe sei somit zuerst vom Judentum ausgesprochen und als Grundlehre aller Religionen angesehen worden (z.B. 1871 Buchholz Volk 234, 241; 1852 Stein Staat 8). Die Liebestat auch dem Feinde gegenüber sei im Gesetz und den Glaubensurkunden des Judentums lange vor dem Christentum bereits zur heiligen Pflicht gemacht worden. (1871 Buchholz Volk 243)[56]

Die antisemitische Tiefenwirkung der Behauptung wird hervorgehoben. Das christliche Postulat, nach dem erst das Christentum eine Ethik der Nächstenliebe verkündet habe, führt nach Buchholz dazu, dass Juden stets zur Verteidigung genötigt würden:

„[...] so lange man im nichtjüdischen Lager das Judenthum oder das „Jüdische" als Inbegriff der Unsittlichkeit hinstellt, alles Gute und Edle hingegen für das Christentum in Anspruch nimmt, haben wir [...] die Pflicht, selbst auf neutralem Gebiet den Juden zu betonen." (1871 Buchholz Volk 242)

Es bestünde die Aufgabe, das Wort ‚christlich' auf seine ursprüngliche Bedeutung zu reduzieren, ihm dagegen jede andere zu nehmen, welche geeignet sei, das Judentum nicht bloß seiner Verdienste um die Menschheit zu berauben, sondern auch als Gegensatz zum Christentum herabzusetzen. (1871 Buchholz Volk 243)

Mit der Behauptung, die christliche Ethik sei eine spezifisch christliche, werde aber nicht nur ihre jüdische Herkunft geleugnet. Vielmehr werde auch verdeckt, dass das Christentum selbst überhaupt keine eigene „autochthone Ethik" hervorgebracht habe (1871 Buchholz Volk 241):

„Was ist denn nun diese Betonung des Christlichen auf dem ganzen Gebiete der Humanität und Sittlichkeit, diese Bezeichnung der Tugend und Menschenliebe als christliche Domäne anders als ein furor christianissimus, der die Wahrheit verdunkelt, den endgültigen Frieden der Confessionen und die Anerkennung des Judenthums unmöglich macht? Braucht es denn erst gesagt zu werden, daß alle jene Lehren der Humanität und Sittlichkeit, welche das Christenthum für sich in Anspruch nimmt, aus den Religionsquellen des Judenthums geflossen sind? Wer hat denn zuerst das Gesetz von der Nächstenliebe ausgesprochen? Wer dieses Gesetz als Grundlehre aller Religion hingestellt? Hat nicht das Judenthum die werkthätige Menschenliebe lange vor dem Christenthum gelehrt und geübt? Ist etwa die Bethätigung derselben hinter der Lehre zurückgeblieben? Hat das Judenthum in seinem

---

56 Vgl. auch 1848 Philippson Begründung 158–159, 160–161, 161; 1848 Zunz Märzhelden 302–303; 1850 Einhorn Ungarn 14, 14–15, 15–16, 16–17; 1850 Adler Allioli 9, 9–10, 10–11, 11a+b, 11–12, 12, 12–13, 13–14, 14–15, 26–27, 27–28, 28–30, 48; 1852 Stein Staat 12–13, 13; 1854 Hirsch Christentum 212–213, 224–225, 227, 227–228, 229, 232–233, 233–234, 235, 235–236, 236, 244; 1856 Holdheim Stahl 8, 40; 1865 Philippson Deutschtum 456–457; 1871 Buchholz Volk 241; 1872 Lazarus Blick 29–30.

viel längeren Bestande gegen die Menschenliebe so oft und so schwer sich versündigt, wie das Christenthum? Beweist nicht die Geschichte der Juden ebenso unwiderleglich wie seine Lehre, daß die Bezeichnung irgend einer Tugend als ausschließlich christlich auf dieselbe Stufe mit den französischen Sieges-Telegrammen zu stellen ist?" (1871 Buchholz Volk 241a)

Auch Lazarus Adler stellt – ironisch – in Frage, ob Christen die Nächstenliebe wirklich höher bewerten als Juden. Denn während den Juden noch im Jahr 1850 die Gleichberechtigung streitig gemacht werde, habe die jüdische Religion schon 1500 v. Chr. die Gleichberechtigung für alle verkündet. (1850 Adler Allioli 28) Ähnlich führt Ludwig Philippson im Zusammenhang mit dem jüdischen Verbot der Sklaverei an, dass das Christentum sich vom mosaischen Gesetz entfernt habe, weshalb das Sklaventum unter christlicher Herrschaft bestehen blieb. (1845 Philippson Religion 106 f.)

Und er stellt fest:

„Der Jude hat nun von der Weltgeschichte die Rolle überkommen, überall das Mittel der Prüfung für die wirkliche Existenz der persönlichen Freiheit, des Menschenrechts und der Menschenwürde zu sein." (1861 Philippson Mission 392)

7. Feinanalysen

Betrachtet man die konzeptionellen Aussagen und die Aussagen zu gesellschaftlichen Grundkonstellationen in ihrem Verhältnis zueinander, so wird ihre wechselseitige Beziehung offenbar. Die Aussagen zu gesellschaftlichen Grundkonstellationen können als eigenständige Konzeptionen verstanden werden: Jüdische Ethik, verstanden als Zusammenhang eines spezifischen Gottes- und Menschenbilds und einer Individual- und Sozialethik, ist aus jüdischer Sicht somit nicht ein bloßes Instrument, mit dem Gleichberechtigung innerhalb der Gesellschaft durchzusetzen sei. Sie kann vielmehr als Grundlage *aller* Aussagen zu *Staat, Nation, Gesellschaft* verstanden werden. Um aber zu einer umfassenden Interpretation des Diskurses zu gelangen, ist es notwendig, seine Tiefenstruktur noch genauer zu beschreiben. Dies soll im Folgenden anhand zweier *Feinanalysen* geschehen.

Für die Feinanalysen wurden zwei Texte ausgewählt, die in unterschiedlicher Weise als typisch für den Diskurs gelten können. Der Text von Leopold Stein, *Was ist das Wesen des Christlichen Staates? Eine zeitgemäße Frage*[1], ist dies insofern, als in ihm die gesamte Bandbreite der typischen Aussagen zum Tragen kommt. Demgegenüber ist der Text von Lazarus Adler, *Über das Verhältnis des Judenthums zur Cultur überhaupt und zur heutigen insbesondere*[2] typisch für die *Art und Weise*, wie Juden im 19. Jahrhundert diskursiv zu intervenieren versuchten.

7.1. Ein ironisch angelegtes Rollenspiel: Leopold Stein, Was ist das Wesen des Christlichen Staates? Eine zeitgemäße Frage.[3]

7.1.1. Institutioneller Rahmen

Bei dem Text von Leopold Stein handelt es sich um eine von ihm gehaltene Predigt, die in Form einer Broschüre der allgemeinen Öffentlichkeit zugänglich gemacht wurde. Es

---

1   Stein, Leopold, Was ist das Wesen des Christlichen Staates? Eine zeitgemäße Frage. Frankfurt/M: Literarische Anstalt 1852.
2   Adler, Lazarus, Über das Verhältniß des Judenthums zur Cultur überhaupt und zur heutigen insbesondere. Ein Vortrag gehalten am Tage der Stiftungsfeier der Gesellschaft Humanität. In ders., Vorträge zur Förderung der Humanität. Den Freunden und Förderern der Humanität aller Confessionen, insbesondere meinem lieben und gelehrten Freunde Herr Dr. Jakob Pinhas gewidmet. Kassel, M. S. Messner'sche Buchhandlung 1860, 111–122.
3   Der Wortlaut des Textes ist im Anhang nachzulesen. Die nachfolgenden Informationen und Quellen aus dem Internet sind am 30. September 2006 abgerufen worden.

handelt sich also um Ausführungen, die dezidiert an ein jüdisches Publikum gerichtet wurden, die sich aber ebenso ausdrücklich auch an einer nicht-jüdisches Publikum wandten. Diese doppelte Adressierung schlägt sich – wie die Analyse bestätigen wird – auch in der Konzeption und Argumentation nieder. Um den Text in den spezifischen historischen Kontext genauer einordnen zu können, ist ein Blick auf den Autor und den Anlass seiner Ausführungen notwendig.

Leopold Stein war zur Zeit der Abfassung des Textes Rabbiner in Frankfurt. Er galt als gemäßigter Vertreter der jüdischen Reformbewegung und war vom Vorstand der Gemeinde gerade deshalb berufen worden, um religiöse Spannungen innerhalb der Gemeinde auszugleichen. Dies gelang ihm jedoch nicht. Der Gemeindevorstand beschränkte sein Wirken auf den religiösen Bereich der Synagoge und räumte ihm kein Mitspracherecht in der Erziehung, insbesondere im 1804 gegründeten Philantropin, einer jüdischen Schule, ein. Auch wurde ihm die Ernennung zum Oberrabbiner versagt und er blieb zeitlebens ‚Zweiter Rabbiner'.[4]

Der Text hat einen konkreten zeitgeschichtlichen Anlass und spielt auf ein genau datierbares Ereignis an. Letzteres wird im Text explizit in einer Anmerkung erwähnt.

> „Auch die jüngst – anno 1852 – in *Florenz* erfolgte Verurteilung des *Ehepaares Madiai* zur *Galeerenstrafe*, weil sie die *römisch–katholische Religion* mit der *protestantischen vertauscht* haben [4. Juni 1852], ist ein interessantes Beweismittel für die beneidenswerthen Zustände des ‚christlichen Staates'." (Anm. 3)[5]

Der zeitgeschichtliche Anlass, der Steins Intervention ausgelöst hat, ist in dem Umstand zu sehen, dass sich der Deutsche Bund nach der Revolution von 1848/49 im Jahr 1851 neu gruppiert hatte, um die demokratischen Ergebnisse der Revolution möglichst vollständig wieder zu beseitigen. Am 23. August 1851 kam es zu einem „Bundesreaktionsbeschluss", mit dem in allen deutschen Staaten die Grundrechte, vor allem die Presse- und Versammlungsfreiheit wieder eingeschränkt wurden. Die beteiligten deutschen Staaten schufen eine gemeinsame Polizei, um liberale, demokratische und sozialistische Umtriebe aufzuspüren und zu bekämpfen.

Ihr Ziel war es u. a. auch, eine christliche Ausrichtung der Einzelstaaten erneut in den Verfassungen festzuschreiben.[6] Ein besonderes Problem stellten dabei die ‚freien

---

4 In seine Amtszeit fiel die Spaltung der Jüdischen Gemeinde und die Gründung einer ‚Austrittsgemeinde', der Israelitischen Religionsgesellschaft. Stein bewirkte den Neubau der Hauptsynagoge in der ehemaligen Judengasse. Bei deren Einweihung im März 1860 hielt er eine Festrede, die zum Bruch mit der Gemeinde führte. Zwei Jahre später trat Leopold Stein von seinem Amt zurück. Zu Steins Biographie vgl. Infobank Judengasse Frankfurt am Main [http://www.juedischesmuseum.de/judengasse/dhtml/P129.htm] und Jewish Encyclopedia [http://www.jewishencyclopedia.com/view.jsp?artid=1053&letter=S&search=Stein.,%20Leopold].

5 Die Anmerkung weist darauf hin, dass die Drucklegung der Predigt nicht vor Anfang Juni 1852 erfolgte.

6 So wurde z. B. die kurhessische Verfassung am 13. April 1852 verändert. Insbesondere der § 20

Städte' wie z.B. Hamburg, Lübeck und Frankfurt mit ihren inzwischen eingespielten liberalen Verfassungen dar, die zu sehr viel Prosperität geführt und der jüdischen Minderheit seit 1848 ein hohes Maß an Partizipation gebracht hatten. Die Städte widersetzten sich der reaktionären Linie des Bundestags, so dass von dort im Mai 1852 zunächst vertrauliche Aufforderungen an die Stadt-Senate gingen, ihre Verfassungen der neuen Linie anzupassen. Dabei ist zu bedenken, dass der Bundestag in Frankfurt am Main situiert war und damit einen zusätzlichen Druck auf den Frankfurter Magistrat ausüben konnte. In einer Meldung der *Allgemeinen Zeitung des Judentums* vom 17. Mai 1852 heißt es:

> „Eine konfidentielle Erinnerung ist von Seiten des Bundestags dem Senate wegen Verfassungsänderung zugegangen. Nach § 46 der wiener Akte müsse Frankfurt ein christlicher Staat bleiben." (AZJ 1852 (21) 242)

Diese Meldung könnte der unmittelbare Anstoß für die Drucklegung der Predigt von Leopold Stein gewesen sein. Denn am 24. Mai wird gemeldet, der „Vorstand der hiesigen israelitischen Gemeinde" bereite „eine Petition in Betreff ihrer gefährdeten verfassungsmäßigen Rechte an die Bundesversammlung vor". (AZJ 1852 (24) 280) Am gleichen Tag wird bekannt, dass die Frankfurter „Bürgerrepräsentation" (d.h. Handwerk und Handel) den Ausschluss der Juden begrüße und bereits eine Denkschrift zum weiteren politischen und rechtlichen Umgang mit den Frankfurter Juden vorbereitet habe. Gefordert werden darin „der Ausschluß aller Landbewohner und Juden vom Senat und Bürgerkolleg" und ein besonderer „Eid der jüdischen Mitglieder". (AZJ 1852 (24) 281)

Einige Passagen des Stein'schen Textes, insbesondere seine Hinweise zu den *ökonomischen* Motiven der reaktionären Initiative und die Erwähnung des ‚Eids' von Juden sprechen dafür, dass die Einlassung der „Bürgerrepräsentation" Leopold Stein zur Abfassung seiner Schrift veranlasst haben könnte. Hinzu kam, dass eine Anzahl Frankfurter Bürger (mit 8000 Unterschriften) sich am 1. Juli mit einer Eingabe an den Senat wandte,

> „um ihn aufzufordern, dem Willen des Bundestages in keinerlei Weise Widerstand zu leisten." (AZJ 1852 (29) 341)

Der Zeitraum der Abfassung der Schrift kann noch weiter eingegrenzt werden, wenn man zugrunde legt, dass der Autor in ihr von einer ‚noch nicht entschiedenen' Lage ausgeht. Diese Entscheidung deutete sich erst am 8. Juli an, als bekannt wurde, dass der Senat beschlossen hatte, dass bei den anstehenden Wahlen „die israelitische Bürgerschaft zur Mitwirkung bei den Wahlen nicht eingeladen, vielmehr stillschweigend übergangen" werden sollte. (AZJ 1852 (31) 365).

Einen Monat später, am 12. August, wurde gemeldet, es sei „nicht mehr zweifelhaft,

---

erhielt den Wortlaut: „Der Genuss der bürgerlichen und staatsbürgerlichen Rechte ist von dem christlichen Glaubensbekenntnis abhängig." (Vgl. *http://www.maler-kempf.de/wbk/M7.html*)

daß den Israeliten allhier die politische Gleichstellung" abgesprochen werden würde. (AZJ 1852 (35) 412). Am 25. August 1852 folgte der Beschluss des Senats, den Frankfurter Juden die politischen Rechte zu entziehen.[7] Insofern lässt sich die Abfassung des Textes auf den Zeitraum zwischen dem 24. Mai und dem 12. August 1852 datieren.

Neben diesem konkreten Kontext ist an eine historische Parallele vom Beginn des Jahrhunderts zu erinnern: Bereits kurz nach dem Wiener Kongress, als Frankfurt seinen Status als „Freystadt" wieder gewonnen hatte und eine neue Verfassung in Kraft trat, hatten Kreise aus Handwerk und Handel in Frankfurt schon einmal versucht, das erteilte jüdische Bürgerrecht wieder rückgängig zu machen. Und auch damals war der § 46 der Wiener Akte, d.h. eine ‚Deutung' dieses Paragraphen, der entscheidende Hebel.

In einer Dokumentation und in seiner Schrift *Die Juden in der freyen Stadt Frankfurt und ihre Gegner* protestierte Ludwig Börne gegen die manipulative Auslegung und gegen die judenfeindlichen Argumentationen, hinter denen er materielle Interessen ausmachte.[8] Zugleich erwähnt Börne den Widerstand des Frankfurter Mittelstands gegen Reformierte Protestanten: „Die lutherische Religion wollte herrschen – über die reformirte, die sich herkömmlicher Unterthänigkeit geduldig hinzugeben gewohnt war …" (Börne 1816b, 8/9) Am 8. Juni 1816 veröffentlichte der Frankfurter Rat eine „Bekanntmachung", die den Entzug von Grundrechten für die Frankfurter Juden festschrieb.[9]

Dieser historische Hintergrund dürfte Leopold Stein geläufig gewesen sein, der in seiner Schrift (S. 7) ebenfalls auf den Konflikt der Frankfurter Bürgerschaft mit den Reformierten zu Beginn des Jahrhunderts eingeht. Es ist somit festzuhalten, dass der Text von Leopold Stein in eine restaurative Phase hineinspricht und gegen erneute Einschränkungen der Rechte von Juden argumentiert.

7.1.2 Text-Oberfläche

7.1.2.1. Grafische Gestaltung des Artikels

Der Text ist nur geringfügig durch graphische und/oder typographische Mittel strukturiert. Er enthält keine Zwischenüberschriften. Dadurch aber tritt insbesondere die Bedeutung jener Elemente hervor, die der Autor kursiv und/oder fett setzen ließ.

Die Kursivierungen dienen zum einen der Betonung bestimmter Begriffe, zum anderen werden aber auch ganze Passagen auf diese Weise hervorgehoben. In diesen werden vor allem ethische Grundsätze betont, z. B.:

---

[7] AZJ 1852 (37) 440. Ein förmliches Dokument wurde am 14. Oktober 1852 veröffentlicht (AZJ 1852 (44) 523–524).
[8] Börne 1816a+b.
[9] Bekanntmachung 1816.

„… beurtheile den Menschen nach seinen Handlungen, **nicht** *nach seinem Glauben!"* (168–170) *„… daß kein Starker mehr seine Gewalt gegen den Schwachen mißbraucht …"* (378–379)

Weitaus weniger Begriffe und Passagen sind fett gesetzt, wodurch die Aufmerksamkeit des Lesers und der Leserin besonders auf diese gelenkt wird. Es ist zum einen die Titelfrage, die im Text erneut gestellt wird: **„Worauf also beruht das Wesen des christlichen Staates?"** (108–109). Zum anderen sind es Stichworte wie **„Dogma"** (116) und **„Handlungsweise"** (207), die für zwei Thesen stehen, die der Autor erörtert. Darüber hinaus werden aber auch Passagen hervorgehoben wie: **„Höre, Israel, der Herr unser Gott, ist ein einiger Gott."** (189–190) **„Einheit Aller durch Gott."** (424) **„Das Reich Gottes ist da."** (450–451) Auf diese Weise werden Glaubensgrundsätze hervorgehoben.

Mit Hilfe dieser typographischen Mittel wird eine Gliederung angedeutet, die jedoch – wie noch zu zeigen sein wird – nicht systematisch durchgehalten wird. Die Hervorhebungen lassen den Text komplex und zugleich homogen erscheinen, wodurch sein Charakter als ehemals mündlicher Vortrag noch einmal verdeutlicht wird.

7.1.3 Gliederung und Argumentation

7.1.3.1 Überschrift und liturgische Vorbemerkungen (1–30)

Die moderne jüdische Predigt definiert sich nach christlichem Vorbild über ihr „Thema", das hier im Titel der Druckausgabe ausgedrückt ist, und ihren „Text", eine meist dem liturgischen Jahreszyklus entnommene, manchmal aber auch frei gewählte Bibelstelle. Stein beginnt seine Schrift mit zwei Bibelzitaten, von denen Jesaja 59,14–16 das Motto der Druckausgabe darstellt und somit zum Thema gehört, während Jesaja 61,5 die Stelle des Predigttextes einnimmt (auch das Zitat aus Jesaja 65,10.17 am Schluss der Predigt gehört in diesen Zusammenhang). Die zitierten Stellen, die im Jesajabuch eng beieinander liegen, gehören nicht zur synagogalen Prophetenlesung, der sogenannten Haftarah; ein eindeutiger liturgischer Kontext liegt also nicht vor. Den *benachbarten* Jesajastellen kommt allerdings eine wichtige Rolle im Jahreszyklus der Haftarah zu, da sie dessen Abschluss und messianischen Ausblick bilden.

Mit diesen Bibelzitaten signalisiert Leopold Stein direkt zu Beginn, dass seine Predigt einen Sonderstatus hat. Die Bibelstellen sind zugleich dicht am Thema der Predigt angesiedelt, indem sie einerseits auf die reaktionären Vorkommnisse anspielen, andererseits aber auch Hoffnung auf eine Entwicklung zum Positiven verbreiten.

7.1.3.2 Einleitung (31–91)

> „Das zunehmende Licht, der aufdämmernde Morgen einer besseren Zeit erfüllte in der ersten Hälfte des Jahrhunderts den Menschenfreund mit den schönsten Hoffnungen für eine bessere Zukunft unseres Geschlechtes." (31–34)

Stein stellt Veränderungen „in der ersten Hälfte des Jahrhunderts" (32) fest, als Pogrome und antijüdische Ausbrüche (die „dunklen Gestalten mittelalterlicher Nacht") in den Hintergrund traten (aber nicht vergessen waren) und das liberale christliche Bürgertum in den Städten sein Ideal der menschlichen Gleichheit auch auf Juden ausdehnte und offenbar euphorisch gestimmt war:

> „Die dunklen Gestalten mittelalterlicher Nacht traten mehr und mehr in schattigen Hintergrund; über unseren Häuptern hörten wir erweckende Morgenstimmen die Ankunft der allerwärmenden Mutter verkünden; bald hofften wir sie selbst in ihrer Glorie zu sehen die große Sonne, „Liebe" genannt, wie sie allen von dem Einen Gott gleichgeschaffenen und gleichgeliebten Wesen ohne Ausnahme ihre belebenden Strahlen zusende. Wer wollte sich dieses herrlichen Morgens nicht freuen, im Namen Gottes, im Interesse der Religion? (34–43).

Das deutsche Judentum sollte durch eine ‚christliche' Liebe befreit werden, die allen Menschen gelte. Auch wenn Vorsicht diesem ‚Wunder' gegenüber blieb (39–42; 47/48), vermischte sie sich mit der Hoffnung auf den tatsächlichen Beginn von – im jüdischen Verständnis – ‚messianischen' Veränderungen (42–44).

Stein deutet eine tiefe Erstarrung des Judentums an: Die jüdische Rolle in der Geschichte schien ausgesetzt, so dass der Anstoß ‚von außen', vom Geist der Aufklärung her, kommen musste

> „Da erwachten die strebenden, lange in Schlafesbanden gefesselten Kräfte; da rüttelte der Genius des Jahrhunderts auch den Schläfer „Israel wach," daß er sich die Augen rieb und rief: „ist er nahe jener Morgen, von dem einst meine Seher sprachen, wenn er sich auch versäumt, harre sein, er kommt gewiß, er bleib nicht aus?" (43–49).
>
> „Und der Genius sprach: „er ist nahe! auf, gürte und rüste Dich zum Wettlaufe auf der Bahn des sich erneuernden Bürgerthums! viel Zeit hast Du verschlafen; viel hast Du nach- und einzuholen; auf, und sei nicht träge!" – Und wir erhoben uns, nachdem der Genius die Bande zerschnitten hatte, freudig von dem sodomitischen Streckbette, auf welchem wir in einer Jahrhunderte langen Nacht festgehalten waren; wir rührten und regten die verrenkten Glieder und rüsteten uns zu dem edelsten Kampfe, welchen die Menschheit kennt, zum Wettkampfe auf dem Gebiete der Wissenschaft, der Kunst und erhebender Menschenbildung. Denn des neuaufgegangenen Tages wollten wir uns würdig machen; von Vorurtheilen und absperrenden Meinungsketten uns selbst befreien; winkte uns ja der höchste Preis, welchen für uns das Jahrhundert auf hoher Fahne befestigt hatte, unser von Gott geheiligtes Menschenrecht aus den Händen unserer menschlichen Brüder. Der Genius aber des im rosigen Morgenlichte aufblühenden Jahrhunderts ermunterte uns fortwährend: „ringet, strebet! am Ziele empfanget ihr den Lohn." (49–68)

Das Versprechen war auf die gleichberechtigte Teilhabe der Juden am bürgerlichen Wettbewerb gerichtet, insbesondere auf die Teilhabe in der „Wissenschaft, der Kunst und erhebender Menschenbildung" (59), und zwar, wenn sich das Judentum in einer – im Vergleich mit dem Umfeld – besonders großen Anstrengung dafür bereit machen würde: Jahrhunderte der Gefangenschaft könnten so zum Abschluss kommen.

Stein betont die Selbstkritik von Juden, die sie an eigenen Vorurteilen und erstarrten Argumenten übten, und beschreibt eine kulturelle ‚Aufholjagd', die vollkommen auf die umgebende Gesellschaft fixiert war. Letztere und weniger die Obrigkeiten, bestimmte darüber, wie hoch die Hürden waren und ob der Preis – die rechtliche Gleichstellung – verdient war. Dennoch überwog unerschütterliches Vertrauen in jene, die die ‚Spielregeln' bestimmten, d.h. in den Geist der Aufklärung, von dem sie bestimmt waren.

> „Wir rangen; wir strebten; der Genius freute sich, ein losgebrochenes Glied wieder in die Reihen der Gesellschaft eingefügt zu sehen; wir empfingen das hohe Gut, unsere volle Gleichberechtigung ward in Zeiten des Aufschwungs und schwellender Lenzeshoffnung von den Völkern ausgesprochen, von den Regierungen besiegelt – da freuten wir uns als Israeliten; da freuten wir uns noch mehr als *Menschen;* denn in der Gewährung jenes hohen Gutes an uns, die Schwachen, die Minderzähligen, feierte die Religion, feierte das Menschenthum seinen schönsten Sieg, den Sieg des Geistes über rohe Gewalt, den Sieg der Liebe über niedere Selbstsucht." (68–79)

Das Ziel sei – nach einer großen Anstrengung – tatsächlich erreicht worden, allerdings unter politisch und womöglich auch ökonomisch günstigen Zeitumständen. Dabei hätten die Regierungen nur nachvollzogen, was sich gesellschaftlich bereits vollzogen hatte. Damit sei nun ein umfassender Durchbruch im Bereich des gemeinsamen Rechtsgefühls erreicht, der für Juden zugleich eine Rückkehr zum eigenen Rechtsempfinden bedeute. Darüber hinaus akzeptierte die Mehrheit einen weiteren ‚Wettbewerber'.

> „Und im Namen der Religion – welch eine Entweihung ihres heiligen Namens! – soll uns jenes hohe Kleinod wieder entrungen, geschmälert, seines schönsten Juwels beraubt werden? – Der neue Morgen einer besseren Zeit verdüstert sich wieder; die Sonne reiner und allgemeiner Menschenliebe, welche wir schon am Horizonte freudig begrüßt hatten, rief ihre Feinde, die düsteren Nebel wach aus den Gräbern der Nacht; auf's Neue rüstet sich das Vorurtheil zum Kampf und thürmet seine Wolkenburgen am Himmel auf, und wie Hagelschauer am Aerndtetag fällt der Gedanke eines „christlichen Staates" auf unsere Saat verderbend nieder. –" (80–91)

Ein emphatischer Ausruf beendet abrupt die Übersicht, die einen harmonischen Zustand schildert: Von ‚ganz oben' soll nun, und zwar in einem blasphemischen Akt im „Namen der Religion", die Geltung des Rechts für alle wieder zerstört werden. Damit wäre noch einmal ein gesamtgesellschaftlicher Widerstand fällig. Für die Juden aber sind die früheren Zweifel wieder da, nun als Krise der Wahrnehmung, denn der Vorgang kann alles bedeuten, den Beginn einer neuen Verfolgung oder aber nur einen vorübergehenden Einbruch.[10]

7.1.3.3   Hauptteil (92–426)

Der Hauptteil der Predigt beginnt mit einer kurzen Einführung. Anschließend entfaltet Leopold Stein drei Thesen zum Thema.

Einführung (92–113)
Mit dem Begriff des ‚Christlichen Staats', der nachfolgend im Zentrum steht, nimmt sich Stein das – aus seiner Sicht – blasphemische Konzept vor. Er fokussiert dies auf die Frage, welchen Inhalt der Begriff ‚christlich' haben könnte. Diese Frage richtet er auch und vor allem an das christlich-bürgerliche Umfeld.

In dieser Phase nimmt Leopold Stein keineswegs die Rolle des vertrauensseligen Juden ein, sondern tritt als Ankläger in einem öffentlichem Forum auf, der die Angeklagten ggf. im Kreuzverhör zu dem Eingeständnis bringt, dass Religion im Begriff ‚christlicher Staat' nur als Vorwand für andere Zwecke diene:

> „Allein wir haben zu viel Hochachtung und Verehrung für die Religion, als daß wir schon als *Menschen* diesen Mißbrauch ihres erhabenen Wesens gleichgültig mit ansehen dürften; und wir sind bei dem, was jetzt hinter dem Schilde ihres Namens beabsichtigt wird, zu sehr betheiligt, als dass wir nicht als *Israeliten* den wieder erstandenen Gegner vor die Waffe des Geistes fordern müßten, daß er uns Red' und Antwort gebe, daß er mit offenem Visir sein wahres Wesen kundgebe und erprobe …" (96–104).

Er stellt den ‚Angeklagten' zweimal laut und empört die Frage, was das Schlagwort ‚christlicher Staat' bedeuten solle: **„Worauf also beruht das Wesen des christlichen Staates?"** (107–108). Bevor er diese Frage eine drittes Mal stellt, nimmt er jedoch den Ton zurück und bezeichnet die ‚Angeklagten' nun verbindlicher als „christliche Mitbrüder". Deutlich wird, dass es sich um rhetorische Fragen handelt, also solche, bei denen der Fragende die Antwort kennt.

Insofern erwartet Leopold Stein stumme Reaktionen und lässt im Folgenden durch eine Reihung mehrerer rhetorischer Fragen ein gedachtes ‚Ja' oder ‚Nein' als Antwort offen. Die Verhör-Anordnung („… daß er uns Red' und Antwort geben, daß er mit offenem Visier sein wahres Wesen kundgebe …") – wird so zum Anlass für ein nachfolgendes ‚Plädoyer' und für eine eindringliche Lehr- und Mahnrede.

---

10   In seiner nachfolgenden Erörterung zeigt sich, dass Stein die mildere Variante zugrundelegt, aber Schlimmeres befürchtet (105–107).

Feinanalysen

Entfaltung der ersten These (116–206)
Seine erste These, die er in Gestalt einer (rhetorischen) Frage äußert, lautet:

> „*Ist es etwa das christliche* **Dogma***, der Lehrbegriff der Kirche,* welcher den Genuß der staatsbürgerlichen Rechte bedingen soll? (117–119)

Stein antwortet, dass viele auf dieses stereotype Argument hereinfallen, und Politiker, die es einsetzen, inkompetent und nicht am Gemeinwohl interessiert seien (119–123). Denn das Prinzip des Ausschlusses von Minderheiten ‚fresse' sich stets weiter:

> „Denn sobald das Dogma das politische Recht bestimmt, wo wollt Ihr da die Grenzen der Ausschließung setzen? (123–125).

Insofern werde die protestantische Frankfurter Gesellschaft damit einem katholischen Vorbild folgen. Im ‚Katholischen Staat' (entsprechend dem Konzept ‚Christlicher Staat') hätten nur Katholiken politische Vorrechte – wie historische Religionskriege und aktuelle Beispiele zeigten (126–138). Umgekehrt hätten Protestanten gegenüber Katholiken und Reformierten das gleiche praktiziert. Dies sei insbesondere auch in Frankfurt geschehen, bis dies im Gefolge der Französischen Revolution ein Ende gefunden habe (138–152).

Nun wolle man wieder an die vorrevolutionäre Praxis, aber nun allein gegen die Juden, anknüpfen, d. h. die ‚Moderne' stoppen (153–156). Damit aber setze man auch den innerchristlichen ‚Spaltpilz' wieder in Gang und tue es den Türken gleich, die Christen verfolgten (155–165).

Leopold Stein beantwortet also seine (rhetorische) Frage in einem ersten Schritt durch historische Analogien, die das Christentum betreffen. Dagegen setzt er eine ‚Moderne', die mit der Aufklärung beginnt und in der Religionen, auch das Judentum, als bloße ‚Konfessionen' erscheinen. Damit stuft Stein die christlich-jüdische Differenz in ihrem Gewicht politisch und sozial herab. Abschließend formuliert er das dem entsprechende, ‚moderne' politologische Credo, die Unabhängigkeit des Rechts von der Konfession:

> „Darum, christliche Mitbürger! stimme überall eine vernünftige *Staatslehre* mit einer vernünftigen *Gotteslehre* in dem Grundsatze überein: *beurtheile den Menschen nach seinen Handlungen,* **nicht** *nach seinem Glauben!*" (166–170).

Das Credo, der Wettbewerb aller um das Gute, sei mit dem religiösen Credo des Judentums identisch – womit es zum Träger der Moderne werde (170–173). Das Judentum habe das Credo trotz aller von Christen zugefügten Widrigkeiten bewahrt, während das Christentum sich mit dogmatischen Spitzfindigkeiten beschäftigt und sich dabei von seinen jüdischen Grundlagen entfernt habe.

> „Unbeirrt durch Euere dogmatischen Streitigkeiten, und trotz unsäglichen Druckes, welchen Ihr uns auferlegt, halten wir nun Jahrtausende hindurch treu und ausdauernd fest an

> jenem Glauben an den einigen und einzigen Gott; könntet Ihr uns mehr achten, wenn wir's weniger thäten?" (178–183)

Gleichzeitig – so deutet Stein ironisch an – brauche das Christentum offenbar das Judentum als Bewahrer des Credo (183–184). In der Rolle eines Lehrers verweist Leopold Stein seine christlichen ‚Schüler' auf zentrale Aussagen von Jesus:

> „Jesus aber antwortete: das vornehmste Gebot vor allen Geboten ist das: **Höre Israel, der Herr unser Gott, ist ein einiger Gott!** und Du sollst Gott, Deinen Herrn, lieben von ganzem Herzen u. s. w." – So sprach vor zweitausend Jahren der Stifter Euerer Religion!" (188–192).

So lernten es jüdische Kinder noch heute (192–197). Insofern sei Jesus Teil einer langen jüdischen Überlieferung, die von Moses bis heute führe:

> „Daß wir nun diesen Satz ungetrübt und unverändert erhalten haben, wie ihn uns Moses aufgezeichnet, und wie ihn Euch Jesus wiederholt hat, dafür sollen wir bestraft werden?" (198–200).

Erneut stellt Stein hier die Frage, ob der Entzug der Grundrechte als Bestrafung zu deuten sei. Er möchte aber ein derart vernichtendes Urteil nicht aussprechen. Aber angedeutet bleibt dadurch die Möglichkeit doch, dass Stein der Auffassung ist, dass das Dogma als *Hebel* für die rechtliche Benachteiligung der Juden dient:

> „Das kann nicht sein! so niedrig wollen und dürfen wir von Euch nicht denken; das *Dogma* ist es in Wahrheit nie und nimmermehr, weshalb Ihr uns die gewährten politischen Rechte wieder schmälern könntet!" (203–206).

Entfaltung der zweiten These (207–357)
Vor diesem Hintergrund entfaltet Leopold Stein eine zweite – rhetorische – These, dass nämlich Juden vom christlichen Staat deshalb ausgeschlossen werden dürften, weil sie nicht wie Christen christliche Liebe praktizierten:

> „Dann ist es aber vielleicht die **Handlungsweise**, wozu die Religion antreibt? Das Wesen des christlichen Staates ist vielleicht die Liebe, „die christliche Liebe", und deßhalb gebühre uns in demselben kein voll- und gleichberechtigter Platz?" (207–211)

Diese These hält Leopold Stein entgegen, dass die christliche Liebe schon allein deshalb kein Ausschlussgrund sein könne, weil sie sich logischerweise auch auf den Andersgläubenden zu beziehen habe (211–217). Und er konfrontiert seine christlichen Adressaten mit der Frage:

> „Und wenn jetzt Euer Meister unter Euch träte, und fragte: ist es denn wahr? übt Ihr die Liebe, die ich Euch anempfohlen, wirklich der Art, daß Ihr für Euch die besten Rechte und Vortheile im Lande voraus nehmt, und diejenigen, die meines Blutes sind, auszuschließen gedenket – was wolltet Ihr ihm antworten?" (217–222)

Jesus habe das Liebesgebot in der Tradition des Moses an erste Stelle gesetzt (224–230). Auf diesem Liebesgebot baue das Christentum auf. Leopold Stein verdeutlicht mithilfe einer Talmudgeschichte, dass bereits vor Jesus, also vor dem Christentum, im Judentum das Liebesgebot obenan stand (234–251). Dagegen sei es in den Evangelien an die zweite Stelle gesetzt worden (251–260). Doch er betont, dass unabhängig von solchen Auslegungen das Handeln entscheidend sei:

> „Doch über den Vorzug der Religionen und der Bekenntnißschriften zu streiten, ist stets eine müssige Sache. Unsere alten Lehrer sagten: „nicht die *Auslegung* der Bibel ist die Hauptsache, sondern die werkthätige *Uebung*." Das **Leben**, nicht die Lehre entscheide! – „An ihren *Früchten* sollt Ihr sie erkennen!" (261–266)

Desweiteren stellt er heraus, dass das, was das Christentum ethisch bewirkt habe, nicht geschmälert werden solle.

> „Wollen wir nun etwa all das Große und Herrliche, was das Christenthum in der Menschheit gewirkt, all die glänzenden und unsterblichen Stiftungen, welche es als Denkmale der Liebe für die leidende Menschheit errichtet hat, in den Schatten stellen? – Nimmermehr!" (266–270).

Allerdings gelte es ebenso zu achten, was das Judentum – trotz aller Zurücksetzung – in ethischer Hinsicht geleistet habe und leiste (271–277). Es habe vorbildliche karitative Dienste geschaffen (277–285). Juden würden in gemeinnützigem Handeln und Wohltätigkeit für die gesamte Gesellschaft den Christen nicht nachstehen (295–301).

Auch in weiteren gesellschaftlichen Bereichen, die der Staat den religiösen Gemeinschaften überlasse, biete die jüdische Lebenspraxis wenig Ansatzpunkte dafür, Juden die Grundrechte zu entziehen (301–307).

Leopold Stein hebt hier besonders auf die Rolle der jüdischen Familie ab, die dazu führe, dass viele der unter Christen verbreiteten Delikte und sozialen Auflösungserscheinungen unter Juden kaum vorkommen würden (307–316). Auch sei die „Sittlichkeit des weiblichen Geschlechts" (320/321) bei Juden gewährleistet (320–333), Juden würden weniger Straftaten begehen und so gut wie nie Meineide leisten (334–339). Auch sei das früher – übrigens durch „christliche Fürsten und Städte" – den Juden zugewiesene „blutsaugerische Gewerbe", das Wucherwesen, längst beseitigt (345–350). Insofern würden Juden eine bürgerliche Existenz praktizieren, die an Stabilität den Christen nicht nachstehe (351–354). Und deshalb könne die „*Handlungsweise* [...] das Wesen eines specifisch *christlichen* Staates [...] nicht ausmachen." (355–357)

Entfaltung der dritten These (358–426)
Während die erste und die zweite Thesen ‚christliche' Argumente beinhalten, die widerlegt werden, legt Leopold Stein mit einer dritten These nun eine Gegenthese von jüdischer Seite vor:

> „Ist's also nicht Dogma noch Handlungsweise, nicht Lehre noch Leben – was ist's denn? – Wird vielleicht beim „christlichen" Staate etymologisch an den *messianischen* Staat gedacht, worin Diejenigen nicht gleichberechtigt sein dürften, welche nicht an den Messianismus dieses Staates glaubten?" (358–363)

Er stellt somit dem christlichen Staat einen messianischen *Staat* entgegen. Die Vision des messianischen Staates unterstellt er zunächst ebenfalls der christlichen Seite. Doch legt er sofort die Defizite des christlichen *Staats* bloß:

> „Nun, in der That! das Messianische des jetzigen Staates können wir lediglich in der Etymologie finden, sonst nirgends!" (363–365).

Zugleich nimmt Leopold Stein diese Vision positiv auf und bekräftigt, dass auch Juden sich zu einem messianischen Staat bekennen:

> „Auch wir glauben an einen *messianischen* Staat, an einen heiligen Staat der Zukunft, in welchen, nach der Bildersprache der alten Seher, „der Wolf wird neben dem Schaafe wohnen, der Leopard neben dem Lamme ruhen; Kalb, Löwe und Widder werden beisammen sein, und ein kleiner Knabe wird sie führen – sie werden nichts Böses thun und werden kein Verderben anrichten auf meinem ganzen heiligen Berge, denn die Erde wird voll von Erkenntniß Gottes sein, wie das Wasser, welches die Meerestiefe bedeckt." (Jesaias 11, 9. 6.)
> Auch wir glauben an einen „messianischen" Staat, in welchem göttliche Erleuchtung die Menschheit so erfüllen wird, *daß kein Starker mehr seine Gewalt gegen den Schwachen mißbraucht*, in welchem die Religion endlich sich so bewähren wird, wie sie sich anfangs in jenem niederen Dornbusche offenbarte, als eine Flamme, die *erleuchtet*, aber nicht mit dem Gluthhauche des Fanatismus Menschen- und Völkerglück verzehrt. Auch wir glauben an einen messianischen Staat, worin das Heil der Welt dauernd wird gegründet und die früheren Leiden werden vergessen sein; […] worin die Völker, seien sie mächtig oder schwach, ruhen werden unter ihren Weinstöcken und ihren Feigenbäumen, und Niemand wird sie aufschrecken." (365–388)

Zu dieser Vision gehörten Frieden und Gerechtigkeit, so wie dies die jüdischen Propheten bereits formulierten. Ein messianischer Staat befreie alle „Gedrückten" (391), d. h. auch die Juden. Mit dieser Betonung der Gemeinsamkeiten zwischen Christentum und Judentum deutet Stein aber auch an, worin das christliche Ethos eigentlich bestehen müsse, wenn es sich auf seine Ursprünge stützen würde. Dabei hebt er das Verdienst des Christentums heraus:

> „Dem Christenthum aber gebührt der Ruhm, daß es die Religion aus den Fesseln der Nationalität und des beengenden Staates befreit hat." (405–407)

Leopold Stein bekräftigt, dass Juden für diese Ziele kämpfen würden, bis sie erreicht sind, aber nicht zum eigenen Vorteil:

> „Keine bessere Zukunft für uns, die nicht auch wäre die freudvolle Zukunft des Menschengeschlechts!" (418–420, vgl. auch 393–405).

Von seinem Ethos her kämpfe also das Christentum für die gleichen Ziele wie das Judentum (406–408): Es sei Frevel an der christlichen Religion, in ihrem Namen den messianischen Staat zu bekämpfen und die gereichte jüdische Hand auszuschlagen:

> „Und nun, wir wollen uns annähern, Ihr weiset uns zurück? wir streben nach brüderlicher Einigung, *Ihr begegnet uns mit unbrüderlichem Hohn* – Sünder Ihr am „messianischen" Staate, dessen Bedeutung ist: **Einheit Aller durch Gott**, und Ihr wollt einen „christlichen" Staat, dessen Bedeutung ist: *Trennung um der Religion willen!*" (420–426)

Wenn Christen sich über das Konzept *Christlicher Staat* aufrichtig Rechenschaft ablegten, müssten sie zu Fürsprechern der Juden werden (428–432).

Schluss (432–454)
Zum Schluss fordert Stein seine jüdischen Zuhörer auf, trotz drohender „Kränkungen" am messianischen Auftrag des Judentums und am Glauben an seine Einlösung festzuhalten (432–444). Wenn dies der Fall ist:

> „Dann hat die Sonne der Liebe die herrschenden Nebel durchbrochen; dann ziehet der große Tag des Herrn in seinem Glanze über die Erde hin; dann werden Selbstsucht und niedere Mißgunst sich verkriechen in Felsenspalten und Erdhöhlen vor der erscheinenden Hoheit Gottes [...]; dann wird in der religiösen Aufklärung sich wölben „der neue Himmel", und in der herrschenden Humanität sich bilden „die neue Erde" [...], die verheißen ist – **das Reich Gottes ist da!** – Wahrheit, Liebe, Gerechtigkeit, Frieden – *sie bilden dann das Wesen des messianischen Staates.*" (443–453)

Mit diesem Schluss wird die Bedeutung des Hauptteils, in dem Leopold Stein scheinbar ‚in die Öffentlichkeit' trat, relativiert. Er appelliert erneut bei seinen jüdischen Zuhörerinnen und Zuhörern an die Tugenden des ‚Wartens', geht also nicht von entscheidenden politischen Veränderungen aus: Mit seiner Predigt hat er Betroffenheit ab-, und Selbstbewusstsein wieder aufgebaut, um zum Schluss jedoch davor zu warnen, sich zu viel Hoffnung zu machen.

Die Analyse der Argumentation zeigt, dass vor allem der Hauptteil der Predigt dem Schema einer problem-orientierten Erörterung gehorcht: Es werden drei Thesen vorgestellt und begründet zurückgewiesen. Dies vermittelt den Eindruck einer sachlichen Auseinandersetzung und demonstriert gleichzeitig die Souveränität des Autors über den Themenkomplex.

Doch es zeigt sich auch, dass es sich nicht um eine Erörterung im üblichen Sinn handelt. Im Kern geht es um die Zurückweisung einer drohenden, politischen Entrechtung der jüdischen Gemeinde in Frankfurt, mithin eines politischen Angriffs auf die moralische und personale Integrität des jüdischen Bürgertums in Frankfurt, bei der die jüdische Religion das Argument dafür abgeben soll.

Unter Berücksichtigung des politischen Kontextes ist davon auszugehen, dass Leopold Stein in seiner Predigt die in der politischen Debatte enthaltenen Vorurteile aufspießt, um sie – vermutlich nicht zum ersten Mal – zurückzuweisen. Die Nötigung, sich auf die oft zynischen und herabsetzenden Argumente beziehen zu müssen, erfordert ein hohes Maß von Selbstbeherrschung, damit die Schrift bzw. die Predigt nicht in eine Polemik umschlägt.

Hinzu kommt, dass die geplante politische Entrechtung der Frankfurter Juden – wie aus dem Text hervorgeht – nach Jahren weitgehender Rechtsgleichheit erfolgen soll, das inzwischen gewachsene bürgerliche Selbstgefühl der Frankfurter Juden also besonders massiv trifft.

Die Form der ‚Erörterung' kann hier als ein Argumentationsgerüst funktionieren. Damit lässt sich einerseits eine emotionale Betroffenheit stabilisieren, andererseits aber auch emotionale Empörung unterbringen, ohne dass das Gerüst zum Einsturz kommt. Der Text spiegelt dieses labile Gleichmaß, und entsprechend komplex sind die rhetorischen Mittel im Detail, auch wenn sie dieser übergreifenden Argumentationsweise folgen.

7.1.4. Sprachlich-rhetorische Mittel

7.1.4.1 Ironie

Ein wichtiges Mittel, mit dem vor allem Empörung artikuliert wird, ist die *Ironie*. Der gesamte Text ist davon in vielfältigen Formen durchzogen.[11] Übergreifend zeigt sich dies in den zwei ‚Scheinthesen', die als rhetorische Fragen vorgetragen werden (116–357), die sich Stein im Hauptteil seiner Erörterung vornimmt und mit denen er die Form einer wirklichen Erörterung konterkariert. Er zitiert in diesen Thesen die politischen Akteure der Gegenseite und versucht deren Absurdität bloßzulegen, indem er die inneren Widersprüche dieser Thesen auf die Spitze treibt. In der dritten These (358–426) nutzt Stein die ironische Strategie in einem – rhetorisch gewagten – Manöver, um die Initiative wieder übernehmen zu können: Er legt der Gegenseite die *jüdische* Vision der Gesellschaft ‚in den Mund' und weist damit auf das Defizit hin, das sie von dieser Vision noch trennt.

> „Ist's also nicht Dogma noch Handlungsweise, nicht Lehre noch Leben – was ist's denn? – Wird vielleicht beim „christlichen" Staate etymologisch an den *messianischen* Staat gedacht, worin Diejenigen nicht gleichberechtigt sein dürften, welche nicht an den Messianismus dieses Staates glaubten? – Nun, in der That! das Messianische des jetzigen Staates können wir lediglich in der Etymologie finden, sonst nirgends!" (358–365).

---

11 Vgl. Zeilen 33–34; 38; 39–40; 47; 127; 132; Anm. zu 139; 175–179; 204–207; 210; 284–286; 304–305; 320–321.

Feinanalysen

Vielfältige Möglichkeiten, die Ironie auch im Detail in voller Schärfe wirken zu lassen, werden geschaffen, indem nahezu durchgehend die Form einer herausfordernden, direkten Ansprache an die Gegenseite genutzt wird: (z. B. „wir wenden uns daher ... an unsere *christlichen* Mitbrüder": 111 f.). Mit wenigen Ausnahmen besteht diese Ansprache aus rhetorischen Fragen, die mit ‚Ja' oder mit ‚Nein' beantwortet werden können. Damit wird die Gegenseite in einer einerseits defensiven, andererseits intellektuell dürftigen Lage abgebildet.

Leopold Stein übernimmt dabei zunächst die Rolle eines öffentlichen Anklägers, der einen Angeklagten einem Kreuzverhör unterzieht („daß er uns Red' und Antwort gebe": 103; vgl. auch 174–183). Später geht er in eine ‚Mahnrede' über:

> „Und an uns Juden wollt Ihr den allverderblichen Grundsatz, politische Rechte von kirchlichen Lehrsätzen abhängig zu machen, wieder geltend machen?" (152–155)

Schließlich schlüpft er in die Rolle eines Lehrers, der Kindern Anfangsunterricht erteilt: „Oeffnet einmal das Evangelium Marci, im 12. Cap. B. 28, und leset." (184–186)

Damit werden Bilder der Gegenseite als Angeklagte oder Schüler evoziert, wobei zwar oft die Grenze zur polemischen Zuschreibung berührt – „Darauf könnten wir wohl erwiedern, wir hätten Solches von Euch gelernt!" (282–283) –, aber letztlich nicht überschritten wird. Solche Rollenspiele lassen eine große Bandbreite expressiver und appellativer sprachlicher Mittel zu, die sich teilweise auch umgangssprachlicher Wendungen bedienen, wie sie im Verhör, in einer strengen Ermahnung oder aber im Unterricht vorkommen.

In seinen Rollenspielen geht Leopold Stein jeweils an die äußerste, z. B. umgangssprachliche Grenze, nach der sich die Betroffenheit direkt artikulieren und die Kraft des ironischen Sprechens zusammenfallen würde: „wo wollt Ihr da die Grenzen der Ausschließung setzen?" (124 f.). Doch bricht er seine Inszenierungen jeweils an genau diesen Stellen auch ab.[12] Die Abnahme der aggressiven Konnotation der Rollen (Ankläger, Mahner, Lehrer) zeigt, dass das ironische Verfahren die Funktion hat, schrittweise eine ggf. lähmende Betroffenheit abzubauen und neue Souveränität zu gewinnen.

Zu bedenken ist dabei, dass Leopold Stein seine Rollenspiele, eine Ansprache an die christlichen „Mitbrüder" (z. B. 112), bzw. „Mitbürger" (z. B. 167), vor seiner Gemeinde spielt und sie dadurch empathisch beruhigt. In seiner Rolle als Rabbiner ist der Autor in den Anfangs- und Schlusspassagen anwesend. Dort greift er zu einer archaisch poetisierenden Predigtsprache. Durch diese Kombination wird die drohende rechtliche Demütigung rhetorisch abgearbeitet und es können sich aus ihr Identifikationspunkte für erneuerte Würde und Selbstachtung entwickeln.

---

12 Vgl. dazu den nachfolgenden Abschnitt zur „Konfliktvermeidung".

7.1.4.2 Konfliktvermeidung

Auffällig ist ein Korrektiv, mit der die letzte Zuspitzung der ironischen Kritik umgangen wird. Es handelt sich um kurze Interventionen, in denen der ironische Angriff plötzlich aussetzt und eine Eskalation der Konflikte vermieden wird:

> „wir empfingen das hohe Gut, unsere volle Gleichberechtigung ward (…) von den Völkern ausgesprochen, von den Regierungen besiegelt." (70–73)

> „Darum, christliche Mitbürger! stimme überall eine vernünftige *Staatslehre* mit einer vernünftigen *Gotteslehre* in dem Grundsatze überein: *beurtheile den Menschen nach seinen Handlungen*, **nicht** *nach seinem Glauben!*" (166–170)

> „Das kann nicht sein! so niedrig wollen und dürfen wir von Euch nicht denken" (203–204)

> „Doch nein! – So schlimm steht's nicht mit uns, so schlimm nicht mit Euch!": (283–285)[13]

Auch werden eigene (jüdische) Defizite thematisiert und damit eine Zuspitzung von Kritik vermieden. Er spricht z. B. vom „Schläfer Israel" (45 f.) oder von eigenen „Vorurtheilen und absperrenden Meinungsketten" (61 f.). Solche Kurzinterventionen wirken als Selbstdisziplinierungen, um eine letzte Zuspitzung zu vermeiden.

Auf diese Weise wird auch der Weg einer Verständigung und des ‚guten Willens' offengelassen, obwohl offenkundig ist, dass von der anderen Seite keine Bereitschaft dazu vorhanden ist. Teilweise wirken diese Interventionen als Gesten der Höflichkeit, die keinen Einfluss auf den weiteren Argumentationsverlauf haben, der zu voller ironischer Schärfe zurückkehrt.

Allerdings haben einige Interventionen auch tiefere Bedeutung, indem sie als Beispiele dafür gelten können, wie Grenzen zu ziehen sind, wenn es um die Beurteilung anderer geht (z. B. 285–286). Sie signalisieren, dass Juden trotz allem keine Rachegefühle entwickelt haben: „wir erhoben uns, nachdem der Genius die Bande zerschnitten hatte, freudig": (53 f.). Daraus entstehen auch Euphemismen, die appellativen Charakter haben. So wird z. B. die Gegenseite, bzw. die Realität idealer gezeichnet als sie ist, um den ‚guten Kern' in ihr zu ermutigen: „Das kann nicht sein! so niedrig wollen und dürfen wir von Euch nicht denken." (203–204)

7.1.5. Logik und Komposition

Ausgehend von der ironischen Konzeption Steins, mit der er der Gegenseite fehlende Logik und Kohärenz unterstellt, folgen argumentative Schritte, mit denen er der möglichen gegnerischen Argumentation entgegen tritt. So kommt es zu einer kleinschritti-

---

13 Vgl. darüber hinaus Zeilen 33–34; 45; 47; 54; 56; 62; 64–69; 81–83; 83–91; 104 f.; 148 ff.; 291.

gen Reihung von Pointen. Sie sind thematisch disparat, haben aber stets die Gestalt rhetorischer Fragen, die als Antwort nur ein „Ja" oder „Nein" zulassen.

> „Wer wollte sich dieses herrlichen Morgens nicht freuen, im Namen Gottes, im Interesse der Religion?" (41–43)

> „soll uns jenes hohe Kleinod wieder entrungen, geschmälert, seines schönsten Juwels beraubt werden?" (81–83)

> „Sollen wir für dieses gewiß ächt menschliche und wahrhaft religiöse Dogma bestraft werden? und weil wir Euch, als Folge des Glaubens an einen ewigen und einzigen Weltenvater, Antheil an unserem *Himmel* gönnen, deßhalb wollt Ihr uns den Antheil an Euerer Erde verkümmern?" (174–178)

> „Sorgen wir etwa für unsere Armen, für unsere Kranken, für unsere hilflosen Greise, für unsere Heimathlosen weniger liebevoll denn Ihr?" (277–279)[14]

Deutlich ist das Bemühen des Autors, innerhalb dieser Reihungen den jüdischen Standpunkt, wenn auch nicht zusammenhängend, so doch in Schritten und kontrastiv zur gegnerischen Argumentation, zur Sprache zu bringen:

> „Das Judenthum weiß deßhalb nichts von einer allein selig machenden Religion; auch seine orthodoxesten Anhänger bekennen sich zu dem glorreichen Satze: „die Edlen *aller* Nationen haben Antheil an der künftigen Welt." (170–173)

> „Daß wir nun diesen Satz ungetrübt und unverändert erhalten haben, wie ihn uns Moses aufgezeichnet, und wie ihn Euch Jesus wiederholt hat, dafür sollen wir bestraft werden? deßhalb, weil wir am Höchsten treu und fest gehalten, deßhalb wollt Ihr uns den Genuß der höheren Rechte entziehen?" (199–202)[15]

> „Allein auch das Judenthum hat stets den hohen Rang jenes Sittengesetzes in seiner *ganzen* Bedeutung anerkannt. Ich theile Euch hierüber eine Geschichte aus dem Talmud[16] mit." (234–237)

Abschließend ist hervorzuheben, dass Stein eine ganze Reihe von Ausdrucksmitteln verwendet hat, die man in einer Predigt in der Regel nicht erwarten würde. Es ist durchaus denkbar, dass Stein damit der christlichen Seite auch das Maß an ‚undoktrinärer' Freiheit demonstrieren möchte, die im synagogalen Raum möglich ist.

Der Autor hat jedoch zugleich einen ‚Rahmen' beibehalten, der den Text innerhalb

---

14 Vgl. darüber hinaus 107–108; 114–115; 116–118; 123–125; 126–131; 152–155; 155–165; 178–183; 183–184; 198–202; 207–208; 208–211; 214–217; 217–223; 223–229; 229–232; 232–234; 247–251; 266–270; 279–282; 308 ff.; 316–320; 320–333; 334–339; 339–345; 345–346; 350–355; 358–359; 359–363; 388–389; 420 ff.

15 Siehe auch 178–183; 223–229; 234–236; 236–247; 251–260; 262–266; 271–277; 274–279; 285–300; 316–320; 329–333; 334–339; 339–345; 350–355; 365–388; 393–398; 398–405; 411–416; 416–417; 417–420; 431–439.

16 Traktat Sabbat 31, 1.

der Textsorte ‚Predigt' hält. Dem eigentlichen Text vorausgeschickt werden zwei Thorastellen (Jes. 11 und Jes. 29), die einerseits für die Wochenlesung im synagogalen Jahr, d. h. für die ‚Normalität' der Gottesdienstordnung stehen, andererseits aber für den langen historischen Kontext des Judentums, in dem die jetzige dramatische Entwicklung nur als Episode erscheint.

Den Beginn der eigentlichen Predigt bildet eine stark an Bibelsprache angelehnte Schilderung der jüdischen Emanzipationsgeschichte in Deutschland (32–92). Während im Hauptteil weitgehend[17] auf bildliche Sprache verzichtet wird und das ironische Argument überwiegt, wird zum Schluss (432–454) übergangslos der bildhafte Ton vom Beginn wieder aufgegriffen, um nun die messianische Zukunft zu beschreiben.

Dass so das religiöse Ethos in den Vordergrund gerückt wird, in den eine gesellschaftliche Konzeption lediglich eingebettet ist, ist mit der Tatsache erklärbar, dass der Autor sich unter politischen Bedingungen artikuliert, die eine gesamtgesellschaftliche, oder gar universelle Realisierung einer gerechten Gesellschaft in weite Ferne rücken. Das religiöse Ethos rekurriert auf eine von politischen Konjunkturen unabhängige Mentalität, mit der das Judentum (als eigentlicher Träger der Aufklärung) sich erneut in eine Warteposition begeben kann. Offenbar sind die Erwartungen des Autors hinsichtlich einer diskursiven Wirkung seines Textes also sehr gering.

7.1.6. Referenzbezüge, Redewendungen, Anspielungen

In zwei Bibelzitaten, die dem Text vorangestellt sind, wird der „Geist des Herrn" als eine Kraft geschildert, die in zwei – gleichnishaft geschilderte – Situationen eingreift: Zum einen wird die Lage einer außer Kontrolle geratenen öffentlichen Sicherheit beschrieben, in der „auf der Straße" offenbar das Faustrecht herrscht, und jene, die sich dagegen stemmen, sich in Gefahr begeben. Dem ungesetzlichen Treiben – so die Bibelstelle – sei durch göttlichen Eingriff ein Ende bereitet worden, da dieser den Menschen Gerechtigkeit geschickt habe (Jesaias 59, 14–16). In einer zweiten Thora-Stelle sind es „Gefangene" und „Gefesselte", die durch den „Geist des Herrn" befreit werden (Jesaias 61, 5).

Beide Motive werden – an unterschiedlichen Stellen – in die Predigt bzw. in den Text motivisch integriert. Das Motiv der „in Schlafesbanden gefesselten Kräfte" (44) bestimmt den Beginn der Predigt; das Motiv des Raubens wird mit denjenigen assoziiert, die sich von einer erneuten Entrechtung der Juden die Sicherung oder Wiedererlangung ökonomischer Vorteile versprechen.[18] Die Referenz auf „den Herrn" wird

---

17 Eine Ausnahme stellt eine Einlassung dar, in der Stein an die großen Gestalten der Aufklärung erinnert, die für den jüdisch-christlichen Dialog standen. Hier wird das Motiv der ‚Wärme' aufgegriffen: „Der Hauch allerwärmender Liebe, welcher im vorigen Jahrhundert schon vom Munde jener glorreichen Sendboten des Lichtes in die Menschheit erging (...)." (285–287).
18 Vgl. das Kapitel zur Kollektivsymbolik des Raubens.

somit als Erfahrung aus einer noch lebendigen Vergangenheit aufgerufen, die als Hoffnung und Versprechen in die Gegenwart hineinwirkt.

Mit der Übernahme dieser Motive aus den eröffnenden Bibelabschnitten wird darüber hinaus auch der Charakter des Textes als Predigt unterstrichen. Auch an anderen Stellen bezieht sich der Autor kontrapunktisch auf die Bibel (230) und – weniger – auf den Talmud (Anm. zu 173 und 237), um die Gültigkeit von Aussagen auch für das Judentum zu untermauern. Insofern Leopold Stein hier vor seiner Gemeinde in die Rolle des jüdischen Lehrers schlüpft, der christlichen Schülern teilweise jüdischen, teilweise aber auch christlichen Unterricht erteilt, stehen diese Referenzen auf Bibel und Talmud im Dienst seiner ironischen Rede-Strategie.

Sie erklärt auch, weshalb es sich nur um wenige und zudem einfache Referenzen handelt, die das einfache Niveau der (christlichen) ‚Schüler‘ berücksichtigen (238–247). Auch Redewendungen der Propheten werden in einfacher Form wiedergegeben, bzw. in ein bekanntes Sprichwort übersetzt:

> „Unsere alten Lehrer sagten: „nicht die Auslegung der Bibel ist die Hauptsache, sondern die werkthätige Uebung." Das Leben, nicht die Lehre entscheide! – „An ihren Früchten sollt Ihr sie erkennen!" (262–266)

Hierbei handelt es sich um ein allerdings nicht als solches gekennzeichnetes Zitat aus dem Neuen Testament (Matthias 7, 20). Dass Stein diese Quelle nicht nennt, kann ein Hinweis darauf sein, dass die Offenheit des Judentums gegenüber christlichen Inhalten als selbstverständlich vorausgesetzt wird und nicht eigens betont werden muss. Gleiches gilt auch für die Art und Weise, wie Leopold Stein sich auf eine Passage der Ringparabel aus Lessings Werk *Nathan der Weise* bezieht. Auch hier spielt er auf eine nicht-jüdische Quelle an, die für reformatorische Gedanken steht:

> „Oder wollet Ihr uns zum Vorwurfe machen, wir sorgten nur für *unsere* Armen? ‚Die Kraft des Steines wirke nur zurück?' wir liebten nur uns selbst?" (279–282)[19]

Solche Auslassungen von Quellenangaben passen sich aber auch in die bereits angesprochene Konfliktvermeidungsstrategie ein, insofern damit einer möglichen innerjüdischen Kritik daran, dass das Neue Testament und andere nicht- jüdische Quellen herangezogen werden, ausgewichen wird.

Durch eine Anspielung auf die römische Mythologie lässt Leopold Stein einen Geist in Gestalt des Genius[20], der für Aufklärung und Recht stehen soll, sprechen. Damit wird die Adressierung des Textes an Christen nochmals unterstrichen:

---

19 Stein zitiert hier – vermutlich aus dem Gedächtnis – Lessing. Hier heißt es in Nathan der Weise, 3. Aufzug, 7. Auftritt: „Die Ringe wirken nur zurück? und nicht nach außen? Jeder liebt sich selber nur am meisten? (…) Es strebe von Euch jeder um die Wette, die Kraft des Steins in seinem Ring an Tag zu legen." (Lessing 1984, 67)
20 Der ‚Genius' wird in der römischen Mythologie als ein Geisterwesen beschrieben, das mit besonderen schöpferischen Fähigkeiten ausgestattet ist.

„Und der Genius sprach: „er ist nahe! auf, gürte und rüste Dich zum Wettlaufe auf der Bahn des sich erneuernden Bürgerthums! viel Zeit hast Du verschlafen; viel hast Du nach- und einzuholen; auf, und sei nicht träge!" (49–52)[21]

Des weiteren bezieht sich Stein auch auf zeitgenössische Ereignisse, z.B. auf die 1852 stattgefundene Verurteilung eines zum protestantischen Glauben konvertierten katholischen Ehepaars aus Florenz (Anm. zu 138 und 320–333) und auf einen Lexikoneintrag (Anm. zu 127).

Zwischen der unmittelbaren Aktualität, der ironischen Verfremdung und den Thora- und Talmudbezügen entsteht ein weiter Spannungsbogen der Wirklichkeitsdeutung. Er signalisiert eine intellektuelle Freiheit des jüdischen Predigers, die von einer jüdischen Gemeinde toleriert und verstanden wird. Diese Freiheit ist demonstrativ als Gegenbild zur christlichen Seite zu verstehen, die mit ihrer Auffassung über das Wesen des „christlichen Staates" und des Judentums in eine ‚dogmatische Gefangenschaft' gerate.

Trotz dieser Freiheit werden stabile Bezugspunkte – Thora und Talmud – herausgehoben, die diese Freiheit untermauern. Der teilweise anachronistische Kontrast zwischen alter Thora und unmittelbarer Gegenwart kann die Gültigkeit und Tragfähigkeit der Schrift über jede Aktualität hinaus deutlich werden lassen, ohne dass dies ausgesprochen werden müsste. Die Anspielungen können sowohl von Christen als auch von Juden verstanden werden und unterstreichen nochmals die doppelte Adressierung des gesamten Textes.

7.1.7. Kollektivsymbolik[22]

Vor allem der Anfang und der Schluss, d.h. der Rahmen der Predigt, ist intensiv kollektivsymbolisch aufgeladen. Im Hauptteil, in dem eine expressive und teilweise herausfordernde Ansprache an das Gegenüber der christlichen „Mitbrüder" dominiert, ist dies weniger der Fall.

7.1.7.1. Symbole des Lichts

Im Eingangsteil (32–92) führt Stein die Symbolik der *Sonne*, des *Lichts* und des *Morgens* ein und schafft so Raum für weitere kollektivsymbolische Aufladungen wie *Wärme* und *Frühling*, aber auch für das Gegenteil *Nacht*, *Kälte* und *Tod*.

---

21 Vgl. auch 43–49; 65–68.
22 Im Folgenden kann nicht angestrebt werden, die historischen Veränderungen des (deutschen) Kollektivsymbolsystems zur Gänze herauszuarbeiten. Exemplarische Stichproben (wie hier die Lichtmetaphorik) zeigen jedoch, dass solche Veränderungen stattgefunden haben und für heutige LeserInnen der Erläuterung bedürfen.

Die *aufgehende Sonne* steht für objektive Veränderungen „in der ersten Hälfte des Jahrhunderts", die das liberale Bürgertum in den Städten, etwa in Frankfurt, mitgetragen habe, und die den Juden die Befreiung versprachen. Die *Sonne* kann auch als Macht der Aufklärungsideen, die Idee eines gleichen Rechts für alle gedeutet werden, bzw. auf die christliche Liebe, die nun allen, auch den Juden gelte, bezogen werden. *Nacht* und *Finsternis* dagegen vertreten die mittelalterliche Mentalität der Reaktion, die als *nächtliche Gestalt* noch immer im Hintergrund lauert.

Die jüdische Emanzipationsgeschichte wird in Bildern der Befreiung aus einer Kerkerhaft umgesetzt: Die *Sonne* weckte die im *Verließ* reglos gewordenen Juden und führte sie schließlich in den bürgerlichen Wettbewerb und zur Erteilung der bürgerlichen Rechte (31–79). Unvermittelt *verdunkelt* sich – für Juden – die Sonne nun wieder. Sie erreichen einen Punkt der äußersten Verunsicherung: Denkbar ist eine Rückkehr ins Mittelalter und zurück zu Gewalt und Verfolgung (in eine apokalyptische Zerstörung) oder ein vorübergehender Rückschlag. Es könnte sich somit als schwerer Irrtum erweisen, das Versprechen der christlichen Liebe ernst genommen zu haben (80–106).

Am Schluss der Predigt (432–454), nach Abschluss seiner argumentativen Ausführungen, nimmt Stein die Kollektivsymbolik vom Beginn wieder auf, nun in Form einer Apotheose: Die *Sonne der Liebe* durchbricht die *Nebel*, doch nun tritt der eigentliche Akteur auf, der zu Beginn nicht erwähnt wurde, die „Hoheit Gottes", in dessen Diensten die *Sonne* steht. Die *finsteren Gestalten* des Beginns („Selbstsucht und niedere Missgunst") „verkriechen" sich offenbar endgültig „in Felsenspalten und Erdhöhlen", weil sie die Wärme nicht aushalten.

> „(…) dann werden Selbstsucht und niedere Missgunst sich verkriechen in Felsenspalten und Erdhöhlen vor der Erscheinenden Hoheit Gottes." (445–448)[23]

Die Vision eines Sonnenaufgangs, die bereits zu Beginn angelegt wurde, verstärkt sich in dieser Schlussphase. Der „neue Himmel" wird definiert als die „religiöse Aufklärung", die „neue Erde" als „herrschende Humanität", letztere wiederum bestimmt als „Wahrheit, Liebe, Gerechtigkeit, Frieden". Mit dem Schlusssatz setzt Leopold Stein den „messianischen Staat" als Gegenmodell zum „christlichen Staat". Insofern dient ihm die Lichtsymbolik dazu, den messianischen Staat als zukunftsweisend herauszustellen.

---

23 Hierbei handelt es sich um ein Zitat aus Jesaja 2, 19 – und nicht, wie in der Fußnote angegeben 3,19 – und war dort auf die Götzen bezogen. Es klingt hier auch die Prophezeiung von Obadia 1,3 gegen Edom mit („der du Felsenhöhlen bewohntest"). „Edom", zu biblischen Zeiten ein kleines Königreich im Norden der Negevwüste, wurde in der Apokalyptik des jüdischen Mittelalters mit dem die Juden bedrängenden Christentum identifiziert; der kultische Bezug bei Jesaja bzw. der politische bei Obadia werden hier jedoch zurückgedrängt zugunsten einer moralisierenden Deutung auf „Selbstsucht und niedere Missgunst." Dabei bleibt der endzeitliche Kontext aber erhalten.

7.1.7.2. Symbole der Kriegsführung

Den Text durchzieht eine Symbolik der (spätmittelalterlichen) Kriegsführung, die sich durch Raub, Folter und Unterwerfung des Gegners auszeichnete.

Die Entziehung der bürgerlichen Rechte von christlicher Seite wird insbesondere als Raub gedeutet, bzw. als ein Vorenthalten. Damit wird die rechtliche Benachteiligung in den Kontext eines materiellen christlichen Eigennutzes gestellt.

> „(…) soll uns jenes hohe Kleinod wieder entrungen, geschmälert, seines schönsten Juwels beraubt werden?" (81–83)
>
> „Sollen wir für dieses gewiß ächt menschliche und wahrhaft religiöse Dogma bestraft werden? und weil wir Euch, als Folge des Glaubens an einen ewigen und einzigen Weltenvater, Antheil an unserem *Himmel* gönnen, deßhalb wolltet Ihr uns den Antheil an Euerer Erde verkümmern?" (174–178)[24]

Im Symbol des *Genusses* (118), mit dem im politischen Raum offenbar die verliehenen bürgerlichen Rechte belegt werden und mit dem ein Gegenbild zu den Unterlegenden aufgebaut wird, die sozusagen ‚darben', zeigt sich ein Subtext des Bedrohlichen und Existenziellen, der von jüdischer Seite sehr wohl wahrgenommen wird.

> „Ist es etwa das christliche Dogma, der Lehrbegriff der Kirche, welcher den Genuß der staatsbürgerlichen Rechte bedingen soll?" (117–119)

Diese Symbolik schließt sinngemäß an die Gefangenen-Metaphorik vom Beginn der Predigt an und kann zugleich *als realpolitische* Deutung verstanden werden. Hinter der judenfeindlichen Strategie des Deutschen Bundes und dessen Frankfurter Unterstützer stände dann das Motiv, den eigenen ökonomischen Status quo gegen einen unliebsamen Konkurrenten zu schützen, wobei das Argument der Religion, und des christlichen Staats vorgeschützt wird.

Wenn dieser Umstand mit *Nahrungsentzug* zusammengebracht wird, d. h. mit der Absicht, den Konkurrenten *verhungern* zu lassen, wird eine geradezu kriminelle Energie unterstellt. Insofern passt diese Symbolik auch zu dem zu Beginn des Hauptteils eingeführten Rollenspiel, wenn Leopold Stein als Ankläger auftritt und in den Worten der Gerichtsbarkeit argumentiert: „dass er uns Red' und Antwort gebe, dass er mit offenen Visir sein wahres Wesen kundgebe" (103–104).

Der Symbolkomplex des Krieges ruft an verschiedenen Stellen ein ‚ritterliches' Ethos auf, mit dem den dunklen, gewaltsamen Aspekten des Mittelalters ein positiver Pol entgegengesetzt wird.[25]

> „Und das ist unsere klar erkannte Aufgabe, mit der Wahrheit blanker Waffe zu kämpfen, bis klar wie der Tag überall unser Recht feststeht, (…).“ (398–400)

---

24 Vgl. darüber hinaus ähnlich 68–79; 136; 155–159.
25 Vgl. auch 83–91; 99–102; 434–436.

Indem dieser Pol mit der jüdische Seite identifiziert wird, wird für das deutsche Judentum nicht nur ein traditioneller Ort innerhalb deutscher Kultur und Geschichte bestimmt, sondern auch ein politisch-aktueller, insofern ein Mittelalterkult zum Entstehungszeitpunkt auszumachen war. (Vgl. Hasenclever 2005.) Dieser wird allerdings gegen die obwaltenden Machtverhältnisse gestellt, bezogen sich doch die ‚ritterlichen' Spielregeln auf eine Fairness unter Gleichen.

7.1.7.3 Symbole des Körpers

Die beschriebenen Kriegssymbole weisen auf die deutlich unterlegene Lage der Juden hin. Diese aber kommt mit dem messianischen jüdischen Selbst- und Geschichtsverständnis nicht überein. Zwischen dem Bild des geschichtlich wirkmächtigen Judentums und der jüdischen Opferrolle entsteht daher ein Bruch, den im Einleitungsteil Symbole mildern sollen, die sich auf den menschlichen Körper beziehen: „Da erwachten die strebenden, lange in Schlafesbanden gefesselten Kräfte" (43 f.): Auch extreme Folter und eine ‚Jahrhunderte während' Gefangenschaft konnte ihnen offenbar nichts anhaben:

> „Und wir erhoben uns, nachdem der Genius die Bande zerschnitten hatte, freudig von dem sodomitischen Streckbette, auf welchem wir in einer Jahrhunderte langen Nacht festgehalten waren." (53 ff.)

Das Motiv des *Schlafs* („die strebenden, lange in Schlafesbanden gefesselten Kräfte" 43–44) kann vor dem Hintergrund der Jahrhunderte der Unterdrückung auch als Anspielung auf das Bild eines *Samens* verstanden werden, der in einer Art *Winterschlaf* über lange Zeit wie *tot* wirkt, durch Wasser und Wärme aber plötzlich wieder *zum Leben erweckt* wird. Damit kann das Judentum, können aber auch Juden selbst assoziiert werden, die über dieses Potential verfügen.

Die im Text aufzufindende Kollektivsymbolik schließt insofern an zentrale Aussagen Steins an, als sie einerseits eine positive Dynamik (Lichtsymbole) ausbreitet, andererseits die fundamentalen gesellschaftlichen Auseinandersetzungen und Konflikte in den Vordergrund stellt (Kriegssymbole). Sie verwendet also Bildlichkeiten, die in der *heutigen* Mediensprache gewiss als unpassend wirken würden, dem Stil des 19. Jahrhunderts aber offenbar entsprechen. Von einer grundsätzlichen Unterschiedenheit vom heutigen Kollektivsymbolsystem kann gleichwohl nicht die Rede sein, da die in diesem System lokalisierten Wertungen auch heute durchaus verständlich sind.

7.1.8. Akteure und ihre Charakterisierungen

Die Predigt bzw. der Text ist gerahmt durch eine Einleitung und einen Schlussteil. Im Rahmen und im Hauptteil lässt sich ein unterschiedlicher Umgang hinsichtlich der Charakterisierung von Akteuren und Personengruppen auffinden, deren Gemeinsamkeit darin besteht, dass sie einer Dichotomie von ‚Wir' und ‚Sie' folgt. Es handelt sich um Zuschreibungen, die der Autor aber sehr differenziert füllt.

Der Rahmen ist in einen historischen Rückblick (Einleitung) und in eine messianische Utopie (Schluss) aufgeteilt. Innerhalb dieser Utopie sollen ‚Wir'-,‚Sie'-Dichotomien zwar zugunsten der Idee von der *einen* Menschheit als aufgehoben betrachtet werden. Allerdings enthält der Schlussteil auch die einzige direkte Ansprache an die eigene Gemeinde: „Ihr aber, israelitische Mitbrüder, stehet aufrecht, zaget nicht!" (431–432). Damit verbindet Leopold Stein eine Charakterisierung des ‚Wir', die als Fortsetzung einer ähnlichen ‚Wir'-Charakterisierung vom Beginn erscheint.

Dort (32–92) überwiegt eine Selbstcharakterisierung entlang des Gefangenenmotivs: Judentum und Juden erscheinen als geschichtlich – in einem Verließ – stillgestellt, bis sie vom Geist der Aufklärung geweckt wurden. Sie werden als naiv, nahezu kindlich angepasst geschildert („dass (…) sich die Augen rieb", 46). Als gerade aus dem Schlaf, der sie gefangen hielt, Aufgewachte verlassen sich Juden völlig auf ihre Umwelt und bringen deren Vorgaben fragloses Vertrauen gegenüber: Sie akzeptieren ihren Status, bis sie im Bürgerverband aufgenommen werden.

Die ‚Welt' (das ‚Sie') wird im Einleitungsteil in drei Komponenten aufgeteilt: Im ‚Geist der Aufklärung' wird eine mächtige gesellschaftliche Kraft abgebildet, die als Gruppe der „Menschenfreunde" zum Retter der Juden wird. Sie bietet für Juden eine Identifikation, da sie sich selbst in ihr wieder erkennen können. Gleichzeitig wird diese Gruppe aber auch als Gruppe *christlicher* „Menschenfreunde" verstanden, deren Einordnung aus jüdischer Sicht mit einem Fragezeichen zu versehen ist. Als dritte Gruppe kommen ‚nächtliche Gestalten' hinzu, die aus dem Hintergrund (und Hinterhalt) agieren und gegen die – jüdischer – Widerstand nicht möglich scheint und die – vermutlich – für die jüdische Gefangenschaft verantwortlich waren.

In der Adresse an die Gemeinde im Schlussteil (432–454) wird diese Konstellation unter veränderten Vorzeichen weitergeführt. Einerseits wird ein Szenario angedeutet, das einer Fortsetzung der ‚Gefangenschaft' gleichkommt, in dem also Judentum und Juden erneut unter die Macht der ‚nächtlichen Gestalten' geraten könnten.

Andererseits wird die Charakterisierung des ‚Wir' vom Beginn als naiv und ‚kindlich' nicht mehr aufgegriffen und zugleich aufgelöst: Es werden nun die aktiven Tugenden genannt, die für Juden im vermeintlich passiven ‚Überwintern' seit jeher enthalten waren, die also nicht von einer Macht wie der Aufklärung oder von Unterdrückern abhängen. Die betont positive Zeichnung der Umwelt und die betont reduzierte Zeichnung der jüdischen Identität vom Beginn macht zum Schluss einem Selbstportrait Platz, in dem die christliche Welt in ihrer Bedeutung herabgestuft wird. Dieses Selbstbild stimmt zugleich auch mit dem Bild von Gefangenen überein, das zu Beginn gezeichnet wird, denen also Folter (und in anderem Kontext: Nahrungsentzug) nichts anhaben konnte.

‚Wir'

Das ironische Rollenspiel des Hauptteils lässt vergessen, dass Leopold Stein vor seiner Gemeinde in der Synagoge spricht. Erst zum Schluss wird diese Gemeinde – als Teil eines ‚Wir' – als Beobachter geschildert (432–454). Ansonsten äußert er sich stellvertretend für das ‚Wir', wobei das geschichtliche Judentum, das zeitgenössische deutsche Judentum, die Juden in Frankfurt, aber auch die Juden im Verlauf der Emanzipationsgeschichte gemeint sein könnten. An wenigen Stellen umfasst das ‚Wir' aber auch ‚alle Menschenfreunde', d.h. all jene, die trotz unterschiedlicher konfessioneller Zugehörigkeit dieselben ethischen Werte vertreten.

Juden und Judentum werden zunächst als passiv Betroffene und vom Willen der Umwelt Abhängige charakterisiert. Allerdings wird diese Charakterisierung an eine bestimmte geschichtliche Phase der Moderne geknüpft, die mit der Aufklärung beginnt und die mit der Gleichstellung der Juden in Frankfurt eingelöst wird.

In diesen knapp vier Jahren der Gleichstellung konnte sich das Selbstbewusstsein der Frankfurter Juden profilieren und aus der passiven Rolle lösen. Dieses neue Selbstbewusstsein zeigt sich in den Rollen, in denen Leopold Stein das ‚Wir' im Hauptteil vertritt.

So tritt er zunächst als öffentlicher Ankläger auf, der nicht nur Rechte einklagt, sondern auch die Verletzung von Rechten ahndet. Danach wird er zum Mahner, der einer kurzsichtigen politischen Klasse ins Gewissen redet. Schließlich wird er zum Lehrer, der Anfänger unterrichtet, seien es ungebildete Erwachsene oder Kinder.

Nimmt man diese Rollen, die *vor der* und stellvertretend *für die* Gemeinde eingenommen werden, zusammen mit der Charakterisierung der Gemeinde als gleichmütig und gelassen, so erscheint das ‚Wir' insgesamt als eine fest gefügte Gruppierung, die einerseits auf ein hohes Maß an politischer Weisheit und Flexibilität, andererseits aber auch auf eine Mentalität des Rückzugs zurückgreifen kann. Brüche und grundsätzliche Meinungsverschiedenheiten scheint es nicht zu geben: Das ‚Wir' erscheint als Block, der kämpferisch die Auseinandersetzung führt.

Die soziale, moralische und zivilgesellschaftliche Stabilität dieses Blocks (innerhalb einer christlichen Gesellschaft) wird ausführlich anhand einer teilweise statistisch gefärbten Bestandsaufnahme belegt. Im Zentrum stehen Angaben zur Stabilität des jüdischen Sozialverhaltens, z.B. zu Familienwerten oder zur geringen Kriminalität.

> „Gehet dann in die *Strafanstalten*, und fraget an, ob Zucht- und Arbeitshäuser mehr von jüdischen oder christlichen Staatsangehörigen bevölkert werden; gehet an die Gerichtsstätten und fraget die Richter auf ihr Gewissen, ob sie die moralische Ueberzeugung haben, der Jude nehme es leichtsinniger mit dem Eide als der Christ?" (334–339)

Entscheidend ist dabei der Vergleich mit der christlichen Mehrheitsgesellschaft. Die moralische Überlegenheit des jüdischen Sozialverhaltens kann so als Folge der erzieherischen Wirkung und ethischen Eindeutigkeit der jüdischen Religion gedeutet werden.

Daher kann es auch zu einer allerdings paradoxen Zuordnung von Motivationen kommen: Auch wenn die soziale, moralische und zivilgesellschaftliche Stabilität auf jüdischer Seite dem bürgerlichen Ideal, das von der christlichen Rhetorik proklamiert wird, zum Verwechseln ähnlich ist und daher – eigentlich – vom Staat begrüßt werden müsste, ist sie durch Religion motiviert. Sie wird also als unabhängig von ideologischen Vorgaben des Staats angesehen. Angelegt ist darin freilich der polemische Umkehrschluss, dass die Proklamation der bürgerlich-moralischen Werte durch den christlichen Staat offenbar dazu geführt haben, dass – angesichts der Kriminalitätsrate – diese Werte unter Christen in Auflösung begriffen seien.[26]

Auffällig ist, dass auf die industriell-kapitalistische oder auf die (natur-) wissenschaftliche Revolution dieser Zeit, d. h. auf die dramatischen sozialen Verwerfungen kein Bezug genommen wird. Schließlich hatten diese seit Jahrzehnten Europa und die westliche Welt insgesamt erfasst und sich ökonomisch und sozial längst auch in Deutschland manifestiert. Unter diesem Aspekt relativiert sich die vorgetragene Analyse Steins und die vom ‚Wir' eingenommene Perspektive. Das dahinter stehende sozialethische Programm will ohne offizielle Politik auskommen und kann daher auch nur auf Realisation in einem begrenzten politischen und sozialen Raum hoffen.

‚Sie'
Deutlich weniger homogen und überwiegend negativ wird die christliche Gegenseite charakterisiert. Es können unterschiedliche Fraktionen und Kräfte identifiziert werden, so z. B. eine Schicht höherer Politiker, der eine egoistische und zerstörerische Energie bescheinigt wird. Damit dürften die Länderdiplomaten im Bundestag gemeint sein, die die Entrechtung der Frankfurter Juden betreiben. An sie richtet sich die Ansprache des ‚Anklägers'.

Daneben wird das christlich-liberale Bürgertum in Frankfurt angesprochen. Der Begriff der ‚Menschenfreunde' fungiert als historische Reminiszenz an die Solidarität, die diese Schicht noch vor wenigen Jahren den Frankfurter Juden entgegenbrachte. Daran wird angeknüpft, wenn diese Schicht als „*christliche* Mitbrüder" (111) bezeichnet oder sie direkt als „christliche Mitbürger" angesprochen wird (166). Der betreffenden Schicht wird allerdings auch attestiert, dass sie sich durch die politischen Vorstöße in eine schwankende Haltung habe bringen lassen. An sie richtet sich die Ansprache als ‚Mahner'.

26 In der sozialethischen ‚Beweisführung' ist daher auch eine Parteinahme für eine konsequent zivilgesellschaftliche Konzeption ‚von unten' enthalten, die der christlich-obrigkeitsstaatlichen Proklamation von ‚Werten' gegenüber gestellt wird. Teil der These ist es zweifellos *auch*, dass durch solche ideologischen Vorgaben die sozialen Verwerfungen erst entstehen, die dann – erneut von oben – ‚ordnungspolitisch' angegangen werden müssen.

Als dritte Gruppierung ist eine ungebildete, durch Eigennutz angetriebene Schicht identifizierbar, der auch zugetraut wird, als ‚nächtliche Gestalten' zu Gewalt zu greifen. Hier ist an die Frankfurter „Bürgerrepräsentation" zu denken, die traditionell (seit 1817) die jüdische Gleichstellung bekämpfte und 1851/52 mit den politischen Vorstößen von oben einverstanden war. An sie richtet sich wohl die Ansprache als ‚Lehrer'.

Zusammengenommen wird das ‚Sie' als labiles Konglomerat charakterisiert: Die eine Strömung erscheint als kleinbürgerliche, ausschließlich auf ökonomischen Vorteil hin orientierte Fraktion, die der zweiten Strömung, nämlich den ganz ähnlich orientierten Realpolitikern, in die Hände spielt. Beide schüren für ihre Zwecke anti-jüdische Vorurteile, allerdings auf der Basis einer geringen Bildung. Zwischen beiden erscheint das gebildete, liberale Bürgertum, das zwischen Humanismus und eigenen Interessen hin und her schwankt.

Allen drei Strömungen wird jedoch unterstellt, dass sie von ungeklärten und unaufgearbeiteten christlichen Widersprüchen angetrieben oder beherrscht würden. Diese äußern sich entweder als irrationaler Impuls, die Juden ‚bestrafen' zu wollen, oder aber als heimliches Bedürfnis nach dem Erhalt der jüdischen Existenz als Bewahrer von Werten. Daraus entsteht ein Psychogramm, das Christen kennzeichnet. Dieses schwankt zwischen den beiden Impulsen, Juden auszustoßen und sie gleichzeitig zu brauchen.

Teil des Psychogramms ist auch eine Bestandsaufnahme der sozialen Folgen christlicher Zerrissenheit. Sie äußert sich in der Labilität innerfamiliärer Beziehungen und in einer erhöhten Anfälligkeit für Kriminalität.

Die ironischen Rollen im Hauptteil können daher als Teile einer Analyse gewertet werden, in der unterschiedliche Facetten des Psychogramms der Mehrheitsgesellschaft erarbeitet werden. Das zeitgeschichtliche Geschehen erscheint als Anlass dieser Analyse, bzw. als Beispiel für eine jüdische Deutung der historisch anhaltenden Judenfeindschaft.

Auf Grund des in der Predigt umgesetzten ironischen *Rollenspiels* kommt es zu einer großen Variabilität der Charakterisierungen des ‚Wir' und des ‚Sie'. Das Spiel selbst wird jedoch hauptsächlich im Hauptteil inszeniert, während die Charakterisierungen im davon abgesetzten Rahmen (Einleitung und Schluss) als formale Setzungen erscheinen, in denen *polemische* Wirkungen vermieden werden, ohne dass dabei Kritik unterdrückt würde.

Demgegenüber wirken die Charakterisierungen, mit denen im Hauptteil gespielt wird, als offene Möglichkeiten und Zuspitzungen, wobei aber die oben beschriebenen Mittel der *Konfliktvermeidung* stets für eine Eindämmung der kritischen Energie sorgen.

Der Rahmen enthält die förmliche, sozusagen offizielle Stellungnahme, während im Spiel Charakterisierungen zum Zug kommen, mit denen Leopold Stein Emotionen abarbeiten kann, die durch die Ereignisse entstanden sind.

7.1.9. Zwischen Ausbruch und Gefangenschaft: Aussagen

Der Text enthält zwei Aussagenschwerpunkte, die sich beide auf die Rücknahme der politischen Gleichstellung beziehen. Der eine Schwerpunkt betrifft die jüdische Ethik und ihren zivilgesellschaftlichen Niederschlag. Der zweite Schwerpunkt befasst sich mit dem religionsgeschichtlichen Verhältnis von Judentum und Christentum. Darin enthalten ist eine Auseinandersetzung mit dem judenfeindlichen/antisemitischen Syndrom.

7.1.9.1. Jüdische Ethik

Die jüdische Ethik wird als ‚mosaische', d. h. im Judentum über viele Jahrhunderte tradierte sozialethische Praxis geschildert, die zu stabilen sozialen Verhältnissen innerhalb der jüdischen Gemeinschaften geführt habe und weiterhin führe. Im Zentrum stehen dabei eine zivilgesellschaftliche (d. h. auch selbstverantwortliche) Organisation und auf Respekt und Gleichheit beruhende soziale Beziehungen. Mit dem Stichwort des ‚messianischen Staats' wird die Konzeption in eine *nationale* Dimension gehoben. Insbesondere am Schluss wird der *universalistische* Anspruch der Grundsätze der jüdischen Ethik unterstrichen.

7.1.9.2. Das religionsgeschichtliche Verhältnis zwischen Judentum und Christentum

Als Antwort auf das judenfeindliche Argument, Juden praktizierten nur untereinander ethische Prinzipien („Nächstenliebe"), wird die universalistische Zielrichtung des Judentums herausgestellt. Das deutsche Judentum habe zudem seit der Aufklärung vielfältige wohltätige Initiativen unternommen, die allen offen stehen.

Als Antwort auf das judenfeindliche Argument, erst das Christentum habe die Nächstenliebe als Postulat formuliert, wird der Nachweis geführt, dass christliche Bekenntnisquellen selbst auf die älteren Vorgaben des Judentums ausdrücklich Bezug nähmen. Das Christentum sei gerade in seinen ethischen Forderungen insofern aus dem Judentum hervorgegangen, habe sich aber danach durch dogmatische Streitigkeiten von dieser Grundlage entfernt. Das Ergebnis sei ein in sich widersprüchliches christliches Verhältnis zum Judentum.

7.1.9.3. Motivationen und Gründe des judenfeindlichen bzw. antisemitischen Syndroms

Im Rahmen eines Psychogramms der christlichen Mehrheitsgesellschaft wird deren Motivation hervorgehoben, Juden und Judentum dafür diskriminieren zu wollen, weil das

Judentum das Christentum an seine Herkunft, aber auch an seine nicht eingelösten Postulate erinnere. Auf der anderen Seite werde aber auch deutlich, dass das Christentum das Judentum als bleibende Orientierung brauche.

Im Einzelnen werden auf christlicher Seite fehlende Kenntnisse über das Judentum dafür verantwortlich gemacht, dass die beiden oben dargestellten Hauptthesen der Judenfeindschaft noch immer tradiert würden. Eine besondere Motivation wird in ökonomischem Konkurrenzneid gesehen, d.h. in Befürchtungen in der Mehrheitsgesellschaft, die Gleichstellung der Juden führe zum Verlust von Vorrechten oder zur Existenzbedrohung.

7.1.9.4. Gesellschaftsverständnis und Zukunftsperspektive

Für die jüdische Seite wird ein modernes, zivilgesellschaftliches Bild der Gesellschaft vertreten, in der die sozialethische Tradition von Recht und Gerechtigkeit und selbstverantwortliches Handeln in Freiheit im Gleichgewicht stehen. Diese Konzeption wird allerdings unter politischen Bedingungen artikuliert, die eine gesamtgesellschaftliche, oder gar universelle Realisierung in weite Ferne rücken.

Daraus erklärt sich das betont religiöse Ethos, mit dem die gesellschaftliche Konzeption verknüpft wird. Einerseits wird damit eine von politischen Konjunkturen unabhängige, stoische Mentalität angedeutet, an anderer Stelle aber wird das Judentum mit der Moderne identifiziert, d.h. als der eigentliche Träger der Aufklärung.

Doch auch dem Christentum wird ein Kern in eben dem Sinn zugestanden, auf den es sich lediglich wieder besinnen müsse. Erst dann bekäme die gemeinsame heilsgeschichtliche Aufgabe eine Chance. Der ‚messianische Staat' in nationaler und universalistischer Perspektive hat mithin eine christlich-jüdische Verständigung zur Voraussetzung.

7.1.10. Zusammenfassung

Auch wenn es einen einschneidenden aktuellen Anlass für diese Predigt gab – den drohenden Entzug von Grundrechten für die Frankfurter Juden –, zeigt die Analyse, dass die Predigt von Leopold Stein die übergreifenden, thematischen und argumentativen Schwerpunkte in den Mittelpunkt stellt, die sich im deutsch-jüdischen Diskurs zwischen 1848 und 1871 insgesamt als leitend erwiesen haben.

Im Zentrum steht die jüdische Ethik, aus deren langer Tradition die Bedeutung des Rechtsgrundsatzes des gleichen Rechts für alle abgeleitet wird. Einerseits wird diese Forderung in den zeitgeschichtlichen Zusammenhang gestellt, andererseits aber auch die Geltung dieser Ethik unabhängig von zeitgeschichtlichen Ereignissen betont. Daran wird die ‚messianische' bzw. universalistische Aufgabe des Judentums – unabhängig vom Schicksal gegenwärtiger Generationen – geknüpft.

Die rechtlichen Rückschläge, insbesondere für Juden, können als Anlass dafür gelten, nach den dafür verantwortlichen Motivationen in der Mehrheitsgesellschaft zu fragen. Diese lassen ein religionsgeschichtliches Paradoxon hervortreten: Das Christentum kann sich nicht dazu durchringen, sich zu seiner jüdischen, d. h. insbesondere ethischen Herkunft zu bekennen. Stattdessen führt die – vom christlichen Klerus unterstützte und konservierte – Unkenntnis über das Judentum in breiten Bevölkerungsschichten noch immer zum Erfolg zweier anti-jüdischer Hauptthesen, wonach das Judentum seine Ethik („Nächstenliebe") nur auf Juden anwende und erst das Christentum die Nächstenliebe auf die ganze Menschheit bezogen habe.

Die programmatische Leugnung der jüdischen Quellen des Christentums durch die christliche Mehrheitsgesellschaft gehe mit der gesellschaftlichen Diskreditierung dieser Quellen einher und schlage in eine Verfolgungsmentalität gegen das Judentum um. Andererseits wird auch das paradoxe christliche Bedürfnis gesehen, sich des Judentums als Werte-Bewahrer immer wieder versichern zu wollen.

Vor dem Hintergrund des aufwühlenden Geschehens werden diese Aussagen durch ein ironisch angelegtes Rollenspiel vermittelt, mit dem Empörung abgearbeitet und den jüdischen Zuhörer*innen* bzw. Leser*innen* Stabilität und Selbstgewissheit vermittelt werden kann. Im Maß, wie aggressive Konnotationen gegenüber der christlichen Gegenseite abnehmen, wird in Schritten und kontrastiv, vor allem aber selbstbewusst, der jüdische Standpunkt ausgebreitet. Thora und Talmud bilden dafür einen stabilen Referenzpunkt, der zugleich über die Aktualität der Ereignisse hinausreicht. In der abschließenden Vision des ‚messianischen' Staats scheint der empörende Anlass abgearbeitet und der Blick richtet sich wieder dynamisch in die Zukunft. Gleichzeitig richtet sich der Text aber auch an die christliche Mehrheitsgesellschaft, die durch das Rollenspiel auch direkt einbezogen wird.

Auf einer zweiten Ebene transportiert die verwendete Kollektivsymbolik jedoch auch die historische Kontinuität von Bedrohungen, für die das aktuelle Geschehen lediglich ein Beispiel ist. Hierher gehören insbesondere die judenfeindlichen Haltungen und Denkweisen in der Mehrheitsgesellschaft, andererseits aber auch die Eigenschaften und Tugenden, die von jüdischer Seite aus langer Erfahrung dagegen entwickelt wurden. Im Mittelpunkt stehen ein festes innerjüdisches Sozialgefüge und ein stoisches Ethos, das zugleich die massiven, vielleicht tödlichen Bedrohungen spiegelt, mit denen man jederzeit rechnen muss (‚Raub', ‚Kerker', ‚Verhungern'). Es entwickelt sich so ein Spannungsverhältnis zwischen Zukunftsdynamik und einer von den Verhältnissen auferlegten Statik. Es ist ein Spannungsverhältnis zwischen Ausbruch und Gefangenschaft.

7.2. Religion und Fortschritt: Lazarus Adler, Über das Verhältnis des Judenthums zur Cultur überhaupt und zur heutigen insbesondere.

7.2.1. Institutioneller Rahmen

7.2.1.1 Ein nachträglich veröffentlichter Vortrag

In der Aussagenanalyse konnte herausgearbeitet werden, dass sich die Einlassungen der jüdischen Autoren in der Regel auf Teilaspekte des Diskurses „Staat/Nation/Gesellschaft" beziehen. Ein Text, der in dieser Hinsicht als typisch gelten kann, ist der Text von Lazarus Adler, bei dem es sich um einen nachträglich veröffentlichten Vortrag handelt. Er ist typisch in mehrfacher Hinsicht. Zum einen beschäftigt er sich mit der kulturellen und gesellschaftlichen Entwicklung seiner Zeit und nimmt insofern Anteil an den Vorgängen innerhalb der Mehrheitsgesellschaft. Diese Entwicklungen setzt er ins Verhältnis zu Grundpositionen der jüdischen Ethik und entwirft vor diesem Hintergrund eine Zukunftsperspektive sowohl für die Mehrheitsgesellschaft wie auch für das Judentum innerhalb dieser Gesellschaft. Als ein veröffentlichter Vortrag handelt es sich bei dem Text von Lazarus Adler um eine Einlassung, die sich sowohl an ein jüdisches Publikum (als Vortrag) wie auch an Nicht-Juden – in der Adressierung der verschriftlichten Fassung – wendet. Der Text reflektiert insofern jüdisches Selbstverständnis wie auch implizit das Selbstverständnis des Christentums.

7.2.1.2 Ein Autor der Reformbewegung

Lazarus Adler wurde am 10. November 1810 in Unsleben bei Neustadt/Saale als Sohn des Rabbiners Naphtali-Hirsch Adler und der Delia Rosenberg geboren und starb am 5. Januar 1886 in Wiesbaden.[27]

1833 promovierte er in Erlangen über das Buch Hiob. Ab 1840 war er Distriktrabbiner für Bad Kissingen und 23 Landgemeinden. 1843 heiratete er Bertha Sander. 1852 wurde er zum Landesrabbiner in Kassel gewählt. 1884 trat er in den Ruhestand ein.

Lazarus Adler war der gemäßigten Reformbewegung zugehörig und nahm an Reformsynoden in Leipzig (1869) und Augsburg (1871) teil.[28]

---

27 Die Person des Autors ist im Verfahren der Diskursanalyse, die die gesellschaftlichen Strömungen der Zeit nachzeichnet und somit überindividuell ist, nur von untergeordneter Bedeutung. Dennoch sollen nachfolgend einige Angaben zum Autor gemacht werden, um seine spezifische Diskursposition innerhalb des gesamtgesellschaftlichen Diskurses zu umreißen.
28 Vgl. zur Person auch die ausführlicheren Ausführungen in Brocke / Carlebach (Hg.) 2004, 128–130.

7.2.1.3. Anlass. Eine Stiftungsfeier

Unmittelbarer Anlass des Artikels war ein Vortrag von Lazarus Adler auf einer Stiftungsfeier der „Gesellschaft der Humanität". Diese Gesellschaft wurde 1802 in Kassel gegründet und hatte zum Ziel, Notleidende zu unterstützen und jüdischen Kindern aus armen Elternhäusern eine Schulbildung zu ermöglichen.[29]

Der Text ist nicht genau datiert, es ist aber zu vermuten, dass der Vortrag zwischen 1858 und 1860 gehalten wurde, da in ihm auf ein Ereignis verwiesen wird, das 1858 stattgefunden hat. Dabei geht es um eine Kindesentführung, den „schändlichen Menschenraub, der zu Bologna stattgefunden hat" (379–380). Der sechsjährige jüdische Junge Edgardo Mortara wurde am 23. Juni 1858 aus seiner Familie gerissen, um ihn unter Obhut des Vatikans großzuziehen. Diese Tat, die europaweit für Empörung sorgte, wurde damit begründet, dass der Junge von einem christlichen Dienstmädchen der Familie angeblich getauft wurde – ein Sachverhalt, der sich bis heute nicht endgültig klären ließ – und deshalb nicht mehr bei seinen jüdischen Eltern leben dürfe.[30]

Daneben verweist bereits das Thema des Vortrages und des Artikels darauf, dass es von jüdischer Seite offenbar als notwendig angesehen wurde, sich mit dem Verhältnis der Religion zur Kultur zu befassen. Hier klingen nicht nur innerjüdische Debatten darüber an, wie weit sich Juden gegenüber der Mehrheitsgesellschaft öffnen und sich in sie integrieren sollten, sondern auch Versuche von Seiten der Obrigkeit, die Emanzipation von Juden wieder rückgängig zu machen.

7.2.2. Textoberfläche

7.2.2.1. Einbindung des Artikels im Rahmen der Gesamtveröffentlichung

Der Artikel ist Teil eines Bandes mit dem Titel „Vorträge zur Förderung der Humanität". Auf dem Titelblatt wird daneben auch der Herausgeber (Dr. L. Adler) genannt, der als „Kurfürstlich hessischer Landrabbiner" ausgewiesen wird. Außerdem werden Erscheinungsort (Kassel) und Erscheinungsjahr (1860) vermerkt.[31]

Die Widmung des Buches auf der zweiten Seite (,Schmutztitel') richtet sich an die

---

29 Das Gründungsdatum war wahrscheinlich der 21. November 1802. Gründer und finanzieller Stifter dieser Gesellschaft war Lucius Abraham Liffmann. Das Buch, in dem der hier analysierte Artikel (und Vortrag) 1860 erschien, wurde von Lazarus Adler Dr. Jakob Pinhas (1788–1861) gewidmet. Dr. Jakob Pinhas war um 1812 bzw. 1814/1815 Direktor der „Gesellschaft der Humanität" und gab zudem die „Kasselsche Allgemeine Zeitung" heraus. (Vgl. „Die Gesellschaft der Humanität zu Kassel", in Sulamith 1812, 297–313).
30 Vgl. „Der Bologneser Kindesraub", in: Jeschurun [Alte Folge], Bd. 1858–1859, 198–202.
31 Der Titel nimmt etwa ein Drittel der Gesamtseite ein, wobei der Teil „Förderung der Humanität" durch einen stark verzierten Schrifttypus nochmals besonders hervorgehoben wird. – Der Ar-

Freunde und Förderer „der Humanität aller Confessionen, insbesondere meinem lieben und geehrten Freunde Herrn Dr. Jakob Pinhas gewidmet".[32] Durch diese Widmung wird deutlich, dass sich das gesamte Buch nicht nur an Juden wendet, sondern als ein Beitrag zur Verständigung zwischen unterschiedlichen Religionen verstanden werden will.

7.2.2.2. Grafische Gestaltung

Der Artikel enthält einige fett und gesperrt gedruckte Wörter und Passagen, die als rhetorische Hervorhebung funktionieren. Sie betonen vor allem Begriffe, die der Leserin und dem Leser ins Auge fallen sollen, z. B. Emphasen und Resultate eines Gedankenganges (vgl. 155, 164, 310–312, 344/345). So stellt zum Beispiel die Hervorhebung in der folgenden Passage eine Emphase dar:

„Die Weltgeschichte legt Zeugniß ab – **das Judenthum**!" (224–225)

Hervorhebungen dienen im Text aber auch dazu, begriffliche Einschränkungen vorzunehmen:

„Unterbleibt sie, dann ist er nur *formell* ein Mensch." (132)

Auch kann es sich bei solchen Hervorhebungen um adversative Begriffe handeln. So wird z. B. die *„Religion"* der *„Irreligion"* gegenübergestellt (310–312).

Der Vortragstext ist durch eine längere Fußnote ergänzt. Es wird damit deutlich, dass Lazarus Adler seinen Vortrag für die Drucklegung nochmals durchgesehen und überarbeitet hat.[33]

7.2.2.3. Gliederung in Sinnabschnitte

Der Artikel lässt sich in insgesamt 12 Sinnabschnitte gliedern, mit denen die Thematik entwickelt wird:
1. Am Beginn steht eine Rekapitulation des Selbstverständnisses der Stiftung *Gesellschaft Humanität*, die als eine bürgerlich-religiöse Vereinigung von Juden bestimmt wird und die Kultur und Religion miteinander verknüpfen will (20–56).

---

tikel ist im Anhang zeilengetreu wiedergegeben. Die folgenden Zitate beziehen sich auf diese Zeilennummern.
32 Dabei wird „Herrn Dr. Jakob Pinhas" durch Größe und Stärke der Schrift besonders hervorgehoben.
33 Auch die Fußnote enthält einige Hervorhebungen, die die gleichen Funktionen erfüllen wie im Haupttext.

2. Gleichfalls mit einer einleitenden Funktion werden die Ziele der nachfolgenden Ausführungen genannt, nämlich „anregend für ein weiteres Nachdenken" zu sein (57–79, 72).
3. In einem ersten argumentativen Schritt entwickelt Lazarus Adler seinen Begriff von Kultur (80–137) und spezifiziert ihn im Hinblick auf das Verhältnis von Kultur und Natur einerseits (82–113) und von Kultur und Mensch andererseits (114–135). Der Begriff der Kultur sei nur in Bezug auf den Menschen anzuwenden und meint „die der unendlichen Fortbildung fähige Entwicklung des menschlichen Geistes" (136–137).
4. Darauf aufbauend thematisiert Adler das Verhältnis von Kultur und Religion im Allgemeinen (138–160). Religion und Kultur seien verschieden, stünden jedoch in einem „innigen Zusammenhange" (156). Durch die *Religion* schwinge sich „der Geist empor". Er werde erhöht, indem er sich einem höheren Willen unterwerfe (158 f.).
5. Vor diesem Hintergrund gelangt Adler zur Betrachtung der Unterschiede zwischen einer monotheistischen und einer polytheistischen Religionsauffassung (161–229). Er stellt den Zusammenhang von Kultur und Religion als das positive Potential des Monotheismus heraus.
6. Als monotheistische Religion sei das Judentum von Anfang an Träger einer monotheistischen Kultur (230–262). Es habe die ersten Schulen gegründet und Recht, Gerechtigkeit, Barmherzigkeit und Liebe gepredigt.
7. Adler präzisiert nun das Verhältnis des Judentums zur zeitgenössischen Kultur (263–302), die er als „Sprössling des Judenthums" und als „menschliches Gemeingut" bezeichnet (281–282). Insofern dürfe sich das Judentum keineswegs abschließen, denn es sei „für den Fortschritt in der menschlichen Kultur noch heute, wie früher, der nothwendigste Bestandtheil" (289–291). Adler räumt ein, dass dies möglicherweise nicht von allen so gesehen wird.
8. Damit kommt er auf Befürchtungen mancher Zeitgenossen zu sprechen, (303–331) dass nämlich die Religion durch die fortschreitende Kultur Schaden nähme, bzw. dass die Religion ein Hemmschuh für den kulturellen Fortschritt sei.
9. Dagegen meint Adler, dass der kulturelle Fortschritt und das Judentum miteinander harmonieren (332–366). Das Judentum wolle den Fortschritt und die damit verbundene freie Forschung und bekämpfe den Buchstabenglauben (vgl. 347). Umgekehrt brauche das Judentum den kulturellen Fortschritt (358), denn es sei eine Täuschung, dass die Kultur nur dann fortschreiten könne, wenn „alle Religion beseitigt" werde (361).
10. Religion stehe insofern nicht in Gegnerschaft zur Kultur, sondern zu einer „Uncultur" (367–389). Diese sei darin auszumachen, dass sie glaube, durch Selbstvergötterung und Lieblosigkeit die Religion überwinden zu müssen. Der ‚Menschenraub in Bologna' sei nicht durch die Religion, sondern durch die „Uncultur" (381) vollbracht worden.

An dieser Stelle setzt sich Adler in einer Anmerkung mit dem Problem des Glaubenseifers, der Märtyrer und der Lieblosigkeit auseinander. Er betont, dass der Eifer für den Glauben nicht immer ein Glaubenseifer sei. Märtyrer könnten nur dann „unter allen Völker" höchstes Ansehen erlangen, wenn sie ihr eigenes Wohlergehen oder sogar ihr Leben opferten und nicht das Glück und Leben anderer. Lieblosigkeit gegen Andersgläubige sei mit Gotteslästerung gleichzusetzen.

11. Nach diesem Exkurs formuliert Adler das Ziel einer monotheistischen Religion als „Anerkennung des Menschenrechts und der Menschenwürde" (384–385). Dieses Ziel sei jedoch noch nicht allgemein sichtbar und könne nur durch das Fortbestehen des Judentums erreicht werden.
12. Darin liege denn auch die Bedeutung des Judentums für die heutige Kultur (390–402). Mit dem Verweis auf das eingangs artikulierte Selbstverständnis der *Gesellschaft Humanität* folgert Adler, dass sich das Judentum an der heutigen Kultur beteiligen, dabei aber an sich selbst festhalten müsse.

7.2.3. Komposition und Logik: strikt durchgehalten

Aus diesen Sinnabschnitten lässt sich folgende Komposition und Logik des Artikels rekonstruieren.

Beginn und Schluss des Artikels (und der Rede) nehmen jeweils Bezug auf den Anlass der Ausführungen, nämlich die Stiftungsfeier der Gesellschaft. Sie dienen der Vergewisserung der gesellschaftlichen Aufgabe und Bedeutung der *Gesellschaft der Humanität*. Die Brücke zum Hauptteil wird durch Reflektionen darüber geschlagen, welchen Status seine Ausführungen haben, haben könnten bzw. haben sollten.

Die beiden Hauptteile sind sowohl im Verhältnis zueinander wie auch innerhalb ihrer selbst stark deduktiv angelegt. Zunächst wird das Verhältnis von Religion und Kultur allgemein angesprochen, um den Blick dann auf das spezielle zeitgenössische Verhältnis beider zueinander auszuweiten. Innerhalb der beiden Teile finden zunächst Begriffsklärungen statt, die dann jeweils konkretisiert werden. So werden z.B. allgemeine, quasi ahistorische Aussagen mit historischen und zeitgeschichtlichen Ereignissen exemplifiziert.

Im ersten Teil ist eine solche allgemeine Aussage der Begriff der Kultur, der zur Religion ins Verhältnis gesetzt und dann mit den Grundsätzen des Poly- und Monotheismus konfrontiert wird. Dem Monotheismus attestiert Adler eine (gesellschaftliche) Entwicklungsperspektive, die ans Judentum gebunden wird. Im zweiten Teil geht Adler von dem Grundsatz aus, dass vor diesem Hintergrund die heutige Kultur ein ‚Kind' des Judentums sei. Er setzt sich sodann mit möglichen Einwänden gegen diese Sichtweise auseinander und weist sie ebenfalls deduktiv zurück. Er formuliert seine Gegenthese und belegt diese dann mit Beispielen aus der Zeitgeschichte.

Seine Überlegungen münden in Schlussfolgerungen hinsichtlich der Bedeutung des

Judentums für die Entwicklung der Kultur, sowohl im Hinblick auf das allgemeine, wie auch auf das zeitgenössische Verhältnis von Religion und Kultur.

Adler strukturiert den Text nicht nur durch eine deduktive Logik, sondern auch durch Setzungen, die er nicht als solche kennzeichnet, weil sie offenbar für ihn selbst und seine Zuhörerschaft bzw. Leserschaft evident sind.

Eine solche Setzung liegt z. B. vor, wenn der Autor zu Beginn seiner Ausführungen einen positiven (und notwendigen) Zusammenhang zwischen Geist und Tätigkeit voraussetzt. Adler fragt dabei nach der Natur des „Geistes" und bestimmt diese als „Tätigkeit", was deutlich macht, dass er beides – Geist und Tätigkeit – als einen zusammen zu denkenden Komplex ansieht. Dabei siedelt er den Geist im Bereich der Religiosität an, die Tätigkeit dagegen im Bereich der „Bürgerlichkeit", die als solche eher nicht-jüdisch konnotiert ist. Auch die Aussage, dass es einen „höheren, von dem physischen Leben verschiedenen und über dieses erhabenen Willen" gebe, dem Gehorsam zu leisten sei, ist eine solche Setzung (206–213).

Der religiöse Aspekt bildet die Basis des gesamten Textes, insofern der Autor davon ausgeht, dass Religion, hier der Monotheismus, die Basis der Gesellschaft bilde, wobei das Judentum die Wurzel dieser Religion sei.

Die Komposition und die Logik des Textes zeigen, dass Adler seine Ausführungen vor allem an ein jüdisches Publikum richtet, das er allerdings nicht als homogen ansieht. Dies wird nicht nur durch den Beginn und Schluss hervorgehoben. Auch die Setzungen, von denen er ausgeht, verweisen darauf (Z. B. 291 ff.). Durch die Veröffentlichung seiner Ausführungen wird der Adressatenkreis noch stärker ausgeweitet, was auch noch einmal ausdrücklich betont wird.[34] Die von ihm im Text strikt durchgehaltene deduktive Komposition ist darüber hinaus in der Lage, auch nicht-jüdische Personen anzusprechen und zu überzeugen.

7.2.4. Art und Form der Argumentation: Auf Konsensbildung ausgerichtet

Die Argumentation des Vortrags ist in vier Schritten aufgebaut. Nach einer Hinführung (1) beleuchtet Adler in Abschnitt I das Verhältnis des Judentums zur Kultur generell (2) und in Abschnitt II dessen Verhältnis zur zeitgenössischen Kultur (3). Schließlich wird aus diesen Ausführungen die Bedeutung des damaligen Judentums für die damalige Kultur erschlossen (4). In die Argumentation werden auch die Leser*innen* bzw. Zuhörer*innen* über die Konstituierung einer Wir-Gruppe einbezogen: „Wir haben … zu besprechen" (76–79). Dieses „Wir" erlebt innerhalb der Argumentation jedoch durchaus unterschiedliche Füllungen.

---

34 Das Buch, in dem der Text abgedruckt wurde, ist den „Freunden und Förderern der Humanität aller Confessionen" gewidmet.

7.2.4.1. Hinführung

Einführend beschreibt Adler den Charakter seines Redeanlasses: die Stiftungsfeier der *Gesellschaft Humanität*. Er stellt die Stiftungsfeier als etwas Äußerliches dar, das aber einen Nutzen habe. Diesen sieht er darin, dass die Feier den Geist der Stiftung zu Bewusstsein bringe. Und dieser Geist wiederum sei das, was Bestand habe, während das Äußerliche verschwinde. Auf diese Weise schließt Adler einen argumentativen Kreis, der Äußerliches, Schwindendes (die Stiftungsfeier) mit „Innerlichem", Geistigen, Bleibendem (Geist der Stiftung) verbindet (20–28). Er greift dann die Substanz dieses argumentativen Kreises heraus, indem er danach fragt, wie nun dieser Geist beschaffen sei, dem die Gesellschaft das Entstehen verdankt.

Dazu stellt er zwei rhetorische Fragen, die er jeweils verneint:

> „Ist es ein ausschließlich religiöser Geist? Keineswegs! Ja, seine Thätigkeit ist vielmehr ausschließlich bürgerlicher Natur! Ist es ein rein oder ausschließlich bürgerlicher? Mit Nichten! Er würde sonst nicht nur aus Juden und für Juden bestehen." (34–37)

Beide Fragen enthalten unterschiedliche stillschweigende Voraussetzungen, die von Adler als sich widersprechend aufeinander aufgebaut werden. Die erste Frage legt nahe, die Gesellschaft lebe von einem „religiösen Geist". Die zweite Frage unterstellt, sie lebe ausschließlich von einem „bürgerlichen Geist". Beide Antworten werden durch Fakten ‚bewiesen': Der Verein arbeite „ausschließlich" im bürgerlichen Feld. Er sei aber dennoch nicht rein bürgerlich, da seine Mitgliedschaft „nur" aus Juden bestehe.[35] Die Antworten dieser rhetorischen Fragen bilden die Grundlage einer Synthese, in der der Geist der *Gesellschaft Humanität* als ein „bürgerlich-religiöser" oder auch „religiös-bürgerlicher" bezeichnet wird:

> „Der Geist, welchem unser Verein sein Entstehen verdankt ist ein bürgerlich-religiöser oder auch religiös-bürgerlicher, mit anderen Worten, der Geist, welcher das Judenthum erhalten, aber dabei der Cultur seiner Zeit sich anschließen will, der sich anschließen, aber nicht aufhören will, ein jüdischer zu sein." (37–42)

Die modale Formulierung („sich anschließen will") drückt einen Wunsch aus und legt also nahe, dass das Judentum sich der Kultur seiner Zeit noch nicht vollends angeschlossen hat.

Durch diese Art der Argumentation wird ein enger Zusammenhang von Judentum und Religion konstituiert. Des weiteren wird durch die Feststellung, dass es sich nicht um einen ausschließlich bürgerlichen Geist des Vereins handele, da er nur aus Juden bestehe, ein enger Zusammenhang zwischen Bürgerlichkeit und Nicht-Juden konstitu-

---

35 Die erste Antwort ist keineswegs zwingend logisch, da die Frage nach dem *Geist* von Adler mit dem Charakter der *Tätigkeit* beantwortet wird. Demgegenüber ist es durchaus denkbar, dass ein ausschließlich religiöser Geist in eine bürgerliche Tätigkeit mündet.

iert, so dass sich erst einmal Judentum und Religion dem Bürgertum und der Cultur gegenüber finden. Dieser Widerspruch wird sodann durch die Synthese „bürgerlich-religiös" oder auch „religiös-bürgerlich" aufgelöst und bietet in dieser Auflösung zwei mögliche Gewichtungen an: entweder steht „bürgerlich" an erster Stelle oder „religiös".

Die Kopplung von Religiosität und Bürgerlichkeit, die mit dem Begriff „Cultur" verbunden wird, wird sodann als ein besonderes Merkmal des Judentums angesehen:

> „Er (der Geist) ist und wird für alle Zeiten ein lebendiges kulturgeschichtliches Denkmal sein, dass der Jude Cultur und Religion miteinander zu vereinigen bestrebt ist und mit dem günstigsten Erfolge bestrebt sein kann." (47–50)

Damit hat Lazarus Adler den Grundstein für die Diskussion seines Themas gelegt und einen positiven Zusammenhang zwischen Judentum und Kultur, Religion und Bürgerlichkeit hergestellt.

Bevor er sein Thema nun in den beiden oben angeführten Schritten darlegt, thematisiert er mögliche inhaltliche Differenzen zwischen seiner Sichtweise und denen des Auditoriums (bzw. der Leser*innen*). Er wirbt um gegenseitige Verständigung, die er bereits dann als gegeben ansieht, wenn die Ausführungen „anregend (für) ein weiteres Nachdenken" seien. (72)

Damit spielt Adler auf Differenzen sowohl innerhalb des damaligen Judentums, wie auch innerhalb der christlich dominierten Gesellschaft an. Er gewichtet seine Ausführungen allerdings als eine diskussionswürdige Position und gesteht indirekt ein, dass sie nicht unbedingt die Mehrheitsmeinung darstellt.

7.2.4.2. Das Verhältnis des Judentums zur Kultur überhaupt (81–262)

Die „gewöhnliche" Bedeutung des Begriffs „Cultur" als „jede Art von Ausbildung oder Veredlung" (83), besonders im Bereich des Bodens, der Bäume und der Tiere, also im Bereich der Natur, im Bereich der Körperlichkeit / Stofflichkeit weist Adler als sachlich falsch zurück. Stattdessen siedelt er diesen Begriff auf einer philosophischen Ebene, im Bereich des Geistes, der Seele an und fasst Kultur, als „die der unendlichen Fortbildung fähige Entwicklung des menschlichen Geistes" (136–137).

Auch an dieser Stelle seiner Argumentation arbeitet Adler wieder mit rhetorischen Fragen, um die Bezeichnung der Veredlung in Beziehung zum Menschen zu setzen:

> „… sind unsere Schafe weniger edle als die spanischen, weil der feinere Geschmack der Menschen der letzteren Wolle theurer bezahlt? Ich glaube schwerlich. … Jede Pflanze, jedes Thier hat seinen Werth in sich und wenn es der in seiner Gattung bestehenden Form entsprechend gebildet ist, dann ist es schön und edel. … Oder sollten die Hunde, die man aus Wölfen gezogen, darum cultivirte Wesen sein, weil sie – keine Wölfe mehr sind?" (93–106)

Seine Antwort lautet:

> „*Cultur* im eigentlichen Sinne findet nur auf den Menschen vermöge seiner inneren Entwicklung Anwendung." (113–115)

Den Bezug der Kultur zur Religion stellt er durch deren oppositionelle Verknüpfung her, indem er Kultur und Religion miteinander vergleicht und dadurch deren Unterschiede verdeutlicht – Religion mache den Menschen zum Diener des göttlichen Willens, Kultur mache ihn zum Beherrscher des physischen Lebens.

> „Wie der Mensch durch die Religion ein wahrhafter und edler Diener des göttlichen Willens werden soll, so soll er durch die Cultur ein wahrhafter und edler Beherrscher des physischen Lebens werden." (139–142)

Dennoch gebe es einen innigen Zusammenhang beider, einen wechselseitigen, unvermeidlichen Einfluss. In der Religion „schwingt sich der Geist empor" und unterwerfe „sich dienend einem höheren Willen" – in der Kultur „beugt er sich herab und wird eben dadurch, daß er zur wirklichen Herrschaft gelangt ein würdiger Diener jenes höheren, des göttlichen Willens" (146–150).

Das argumentative Feld wird durch eine Setzung eingeschränkt: Über beides – Religion und Kultur – thront der „göttliche Wille". Diese Präsupposition ist der Dreh- und Angelpunkt der weiteren Argumentation, die – durch die konditionale Form leicht abgeschwächt – erneut kreisförmig angelegt ist:

> „Wenn der Mensch ein Diener Gottes zu sein strebt, so muss er demnach über das physische Leben zu herrschen sich bestreben, und umgekehrt, wer *fähig* sein will, über das physische Leben zu herrschen, muß dies als ein Diener Gottes, einem höheren Willen gehorsam." (153–157)

In dieser Setzung und auch in der konditionalen Formulierung, die im Indikativ steht und sich somit durchaus auf eine ‚angenommene' Realität bezieht, legt Adler sein Weltbild dar. Es basiert auf der Existenz eines Gottes und kann damit als zutiefst religiös bezeichnet werden. Insofern wird die Kultur an die Religion angeschlossen.

Der „innige" Zusammenhang von Religion und Kultur wird von Adler durch Heranziehung des Polytheismus als Negativfolie untermauert. Dieser könne im Unterschied zum Monotheismus nicht zu einer solchen Auffassung von Religion und Kultur gelangen.

Die Argumentationsstruktur ist deduktiv angelegt. Zunächst werden die allgemeinen Grundsätze des Polytheismus referiert, um dann ihr Wirken in der Realität darzustellen und sich von beidem abzugrenzen.

Der Polytheist könne Religion und Kultur nicht miteinander vereinen. Er bewege sich in einem „Zauberkreise", indem er zwar die Ideale des physischen Lebens aufnähme und wiederum als Ideales, als Geistiges in die physische Welt hineintrage. Doch beschränke sich seine Kultur auf Äußerliches. Aus der physischen Welt schöpfe er seine

Religion und könne so mit seinem Geiste nicht über sich hinaus gelangen. Er denke „sich *geistig* existierend innerhalb des physischen Seins." Seine Götter seien „Schöpfungen seiner Phantasie." Doch je mehr seine Kultur fortschreite, desto stärker „drohen (sie sich) als Luftgestalten zu verflüchtigen." (176–186) Entweder würde dann der Polytheist seine Kultur abriegeln, „um die Wahngebilde zu retten" oder er würde „seine ganze Vergangenheit, als deren Schöpfung er sich betrachtet" von sich werfen und sich „sinnlichen Ausschweifungen" hingeben. Dies sei das „tragische Geschick unzähliger Völkerschaften", während nur wenige Völker den ersten Weg eingeschlagen hätten. Diese seien „versteinerten Mumien ähnlich, aus der grausigen Vorzeit, wie verwitterte Felsenspitzen aus des Meeres Tiefe …". (187–202)

Danach beschreibt Adler den Monotheismus als Möglichkeit, Religion und Kultur zu harmonisieren. Denn der Monotheist erkenne einen höheren, vom physischen Leben verschiedenen Willen an. Aus „Gehorsam gegen diesen, den Einzigen und Einigen" wolle der Monotheist das physische Leben beherrschen. Er habe eine Religion, von der geleitet er nach Kultur strebe und er könne in der Kultur immer weiter aufsteigen. Die Kultur erstrecke sich auf das innere Leben und strebe dem Ziel der geistigen Vollendung entgegen. (208–222)

> „Die Herrschaft polytheistischer Cultur erstreckte sich nur auf das Aeußerliche des Stoffes, die Formen der Schönheit nachzuahmen und den phantastischen Wahngebilden einen stofflichen Ausdruck zu geben; die der monotheistischen über sein inneres Leben, es zu gestalten, dienstbar zu machen den menschlichen Bestrebungen, welchen das in der Ferne leuchtende Ziel einer geistigen Vollendung unversiegbare Kraft und ausdauerndes Ringen mit widerstrebenden Hindernissen einflößte." (215–222)

Durch die Hervorkehrung der Unterschiede zwischen Mono- und Polytheismus wird der positive Zusammenhang von Religion und Kultur auf eine monotheistische Religion begrenzt.

In einem weiteren Argumentationsschritt wird diese Sichtweise dann auf das Judentum verengt, weil es „von Anfang an der Träger dieses schauerlichen … Schauspiels" war.

> „Die Weltgeschichte legt Zeugniß ab … (Das Judentum) war die göttliche Gestaltung eines Daseins, welches die Elemente der Cultur in sich schloß …". (224–227)

Diese besondere Stellung des Judentums in der Geschichte wird von Adler durch die Darstellung seiner Vorreiterrolle in Belangen der Bildung, der Humanität und Menschenliebe, der Liebe zur Heimat und dem Vaterland herausgestellt (230–262). Dadurch wird der Religion des Judentums höchster Stellenwert eingeräumt und dieses positiv an die Entwicklung von Kultur gekoppelt.

Die bisherige Argumentation lässt sich wie folgt zusammenfassen:
1. Kultur ist immer auf den Menschen bezogen und kann als eine Fortbildung des menschlichen Geistes verstanden werden.

2. Zwischen Religion und Kultur besteht ein enger Zusammenhang. Sie sind verschieden und doch beide von einem göttlichen Willen überdacht.
3. Ein solches Verhältnis von Religion kann nur von einer monotheistischen Religion geteilt und gelebt werden.
4. Das Judentum ist der Begründer der monotheistischen Religion.

7.2.4.3. Das Verhältnis des Judentums zur Kultur heute

Nach diesen grundsätzlichen Ausführungen wendet sich Adler in einem zweiten Teil dem Verhältnis des Judentums zur heutigen Kultur zu. In diesem Teil ist seine Argumentation deutlich gegen etwaige Kritiker seiner Auffassung vom Verhältnis Judentum (Religion) und Kultur angelegt.

Aufbauend auf seine in Teil I erfolgte historische Herleitung des Zusammenhanges von Religion und Kultur bzw. Judentum und Kultur stellt er heraus: dass „die heutige Cultur ... ein Sprössling des Judentums" sei (280–281). Somit habe das Judentum ein „Eigenthumsrecht" an dieser Kultur und sei notwendigster Bestandteil für ihren Fortschritt (283–289).

Mit zwei Thesen, die offenbar von anderen ins Feld geführt werden und die beide davon ausgehen, dass „Religion und Cultur ... oft in Widerstreit mit einander (geraten)" setzt er sich auseinander, um sie zu entkräften (303–304).
1. Der Fortschritt der Kultur erschüttere die Religion.
2. Religion stehe dem Fortschritt der Kultur im Wege.

Es zeigt sich, dass er hierbei einen argumentativen ‚Schachzug' nutzt, mit dem er das (katholische) Christentum in Opposition zu einer positiven kulturellen Entwicklung stellt. Der Effekt ist, dass er es damit Gegner innerhalb des Judentums schwerer macht, sich gegen ihn auszusprechen. Sie könnte in Gefahr geraten, einem buchstabengläubigen katholischen Christentum das Wort zu reden. Diese Lesart wird durch die den gesamten Text begleitende doppelte Adressierung – an Juden und an Nicht-Juden – hergestellt.

Religion werde vom Fortschritt der Kultur in ihren Grundfesten erschüttert (316–318)
Dies sei nicht möglich, da Religion und Kultur ganz verschiedene Gebiete hätten. Nur eine „*Irreligion*"[36] erleide durch Kultur Schaden – nur „*Unkultur*" stehe dem Fortschritt entgegen. Es seien diejenigen, die „den *Buchstabenglauben* als Religion ansehen", die glauben würden, der Fortschritt in der Kultur schade der Religion (310–313). Als Beispiel führt er die katholische Kirche an, die sich dagegen gewehrt habe, anzuerkennen, dass sich nicht die Himmelskörper alle um die Erde bewegen. Zwar wird die katholische

---

36 Hier wie auch im Folgenden Hervorhebungen im Original.

Kirche hier nicht explizit genannt, doch es wird dennoch für alle deutlich, wer gemeint ist.

> „Als die Cultur den großen Fortschritt machte, die bis dahin geglaubte Bewegung aller Himmelskörper um die Erde in Abrede zu stellen und in den bis dahin blos angestaunten aber nicht verstandenen Bewegungen ein Gesetz entdeckte, welches den Forscher in den Stand setzt, von allen jenen erstaunlich großen Himmelskörpern, die Bahn anzugeben, die Zeit ihres Umlaufs zu bestimmen, und sich gleichsam heimisch in jener fernen, fernen Welt zu machen, da schrieen Viele: die Religion sei gefährdet und man wollte mit Schwert und Folter die Wissenschaft verstummen machen." (318–327)

Es sei allein der Buchstabenglaube, der sich gegen den Fortschritt von Wissenschaft stelle. Das Judentum sei dagegen jedoch für den geistigen Fortschritt eingestanden. Denn die Religion gewinne durch den Fortschritt.

> „… das ideale Bewußtsein des physischen Lebens hat sich weiter ausgedehnt und in dem größeren Umfange der menschlichen Herrschaft auf dem physischen Gebiete richtete die Seele sich empor und wurde der Geist ein edlerer und würdigerer Diener des göttlichen Willens." (335–339)

Daraus folgt: *„Freie Forschung will das Judentum"*[37] (344–345).

Allerdings betont er, dass sich das Judentum von der Kultur auch nicht verdrängen lassen dürfe. Die kulturellen Fortschritte seien für Juden „Bundesgenossen" (355).

> „Aber nur Bundesgenossen, die es hochschätzt und werthhält, von welchen jedoch es sich niemals darf verdrängen lassen." (355–356)

Mit dem Eingeständnis dieser Möglichkeit bindet Adler seine argumentativen Gegner ein und verstärkt sein Bemühen, durch die Kritik am Christentum das Judentum insgesamt als umsichtig darzustellen und es dem Christentum – zumindest der Gruppe derer, die dem Buchstabenglauben anhängen – gegenüberzustellen.

Religion stehe dem Fortschritt der Kultur als Hindernis im Wege (306–307)
Die zweite These, dass die Religion kulturellem Fortschritt im Wege stehe, wird gleichfalls mit einem Beispiel aus der katholischen Kirche belegt.

Es sei eine Täuschung, dass die Kultur nur dann vorankomme, „wenn alle Religion beseitigt sein würde." (361) Nicht die Religion stelle sich dem Fortschritt hindernd gegenüber,

> „sondern die Unkultur einer dünkelhaften Selbstvergötterung und übermüthigen Lieblosigkeit, welche durch die Religion eben überwunden werden soll. (364–366)

Hier führt Adler als Beispiel den „schändlichen Menschenraub, der zu Bologna stattgefunden hat" an. (367–368) Auch an dieser Stelle benennt er die Täter nicht explizit.

---

37 Hervorhebung im Original.

Doch ist auch hier der geschichtliche Sachverhalt eindeutig, so dass die Anspielung von allen verstanden wird und klar wird, dass es sich dabei um Vertreter der christlichen (katholischen) Kirche handelte. Die Proteste, die diese Entführung auslösten und die diese Tat als „eine gottlose gebrandmarkt" (371) haben, sind ihm Beleg dafür, dass es nicht Religion war, die diese Tat vollbracht hat, sondern die „Uncultur derer … die durch ihre Religion sich noch nicht freigemacht haben …". (378–379)[38]

In Konsequenz seiner Kritik an der Unkultur, die sich dem kulturellen Fortschritt entgegenstelle und der im ersten Abschnitt betonten besonderen Qualität einer monotheistischen Religion formuliert Adler als Ziel: Allgemeine Anerkennung des Menschenrechts und der Menschenwürde (384–385), die „nur durch das Fortbestehen des Judenthums" (387) erreicht werden könne.

7.2.4.4. Schlussfolgerungen

Abschließend stellt Adler wiederum zwei rhetorische Fragen.

> „Ist der heutigen Cultur das Judentum entbehrlich? Oder ist es nicht vielmehr das Bollwerk auch der heutigen Cultur?" (390–392)

Er schließt seine Ausführungen mit der „Mahnung", dass es notwendig sei,

> „an der heutigen Cultur fortwährend uns nach Kräften zu betheiligen, bei dieser Betheiligung aber doch am Judenthume recht fest zu halten." (395–397)

Er wünscht sich, dass dies dem Verein wie in der Vergangenheit auch in Zukunft gelänge.

Mit diesem Resümee knüpft Adler nicht nur an den Anlass seiner Rede, sondern auch an seine einleitenden Worte an, als er betonte, dass das Judentum sich der Kultur seiner Zeit anzuschließen habe, ohne sich dabei als Judentum aufzugeben.

---

38 An dieser Stelle ist den Text eine Fußnote angehängt, in dem sich Adler mit dem Verhältnis von „Glaubenseifer" und „Eifer für den Glauben" auseinandersetzt. Als Fußnote müssen diese Ausführungen als außerhalb seiner Argumentationskette stehend angesehen werden, weshalb sie hier nicht berücksichtigt werden. Er diskutiert unter Verweis auf Maimonides die Aufgaben von Märtyrern und betont, dass diese „unter allen Völkern" nur dann zu Ansehen gelangten, wenn sie ihr eigenes Wohlergeben und möglicherweise sogar ihr Leben opfern und nicht das Leben und Glück anderer Personen. Er belegt dies mit dem jüdischen Glaubensgrundsatz, nach dem das Ansehen von Märtyrern genauso hoch sei wie das derjenigen, die durch ein menschenfreundliches Verhalten bei Angehörigen anderer Glaubensrichtungen „die Vorstellung seiner Göttlichkeit" herbeiführen.

7.2.4.5. Zusammenfassung

Adler nutzt diesen Vortrag, um seine Position, die sich innerhalb des Judentums als eine gemäßigte Reformposition bezeichnen lässt, bei der Stiftungsfeier der *Gesellschaft Humanität* einzubringen.

Seine Argumentationsstruktur zeichnet sich dadurch aus, dass er mit rhetorischen Fragen und der Berücksichtigung bzw. Artikulation gegenteiliger Auffassungen ‚Beweise' für die Richtigkeit seiner Auffassung zu liefern versucht.

Dabei entstehen argumentative Figuren, in denen eine multifunktionale Dichotomie – „Wir" versus „Sie" – entsteht. Eingangs umfasst das „Wir" „die Juden" und lässt als „Sie" „die Christen" denken. Der anfangs in Frage stehende Zusammenhang von Kultur und Judentum wird definitorisch und historisch positiv bestätigt und das Judentum wird auf der positiven Seite hinsichtlich der Entwicklung für die Zukunft verortet. Im weiteren Verlauf wird diese Dichotomie „Wir"/„Sie" leicht verschoben: „Wir" wird zur Gruppe der „Monotheisten" gegenüber den „Polytheisten". Auf diese Weise werden Juden und Christen in einer „Wir"-Gruppe – als Monotheisten – harmonisiert und es werden Teile des Christentums – die dem Buchstabenglauben anhängen (deutlich belegt als Teil der katholischen Kirche) – kritisiert. Das Judentum hingegen wird als Ganzes in seinem kulturellen Wirken positiv gewertet. Dies hat den Effekt, dass jüdische Kritiker, die sich gegen den von Adler beschriebenen positiven Zusammenhang von Kultur, Religion und Judentum wenden, nur schwer gegen ihn opponieren können. Seine Argumentationsstrategie wirkt so harmonisierend und ist auf Konsensbildung ausgerichtet – was er in seinen anfänglichen Reflektionen darüber, was sein Vortrag zu leisten vermag, auch betont.

7.2.5. (Kollektiv-)Symbolik: Der Zeit entsprechende Natursymbolik

Die Symbolik des Textes erhält ihre Struktur durch verschiedene Topiken. Zu unterscheiden ist eine Topik der Hierarchie, die als eine vertikale Achse von oben nach unten vorstellbar ist, von einer Topik der Zeit. Sie ist als eine horizontale Achse visualisierbar, auf der die Zeit von der Vergangenheit über die Gegenwart in die Zukunft ‚fließt'. Schließlich bewegt sich der Text auf einer diagonalen Achse, bei der Fortschritt im oberen Feld und Rückschritt im unteren Feld angesiedelt ist. Diese Topiken werden mit unterschiedlichen Symbolen und Symbolkomplexen sprechend gemacht.[39]

Bei der hierarchischen Struktur, innerhalb derer das Verhältnis des Menschen zu Gott thematisiert wird, wird mit Symbolen gearbeitet, die aus dem Bedeutungsfeld

---

39 Daneben finden sich einige wenige Bezüge auf eine Innen-Außen-Struktur, die allerdings nicht mit Symbolen aufgeladen wird. Die Verweise dienen dazu, die Verhältnisse und Verbindungen zwischen dem Judentum und der Kultur zu bestimmen.

„Macht und Herrschaft" stammen. Dabei wird der Mensch gleichzeitig als „Diener" wie auch als „Herrscher" imaginiert:

> „Wir können sagen: Wie der Mensch durch die Religion ein wahrhafter und edler *Diener* des göttlichen Willens werden soll, so soll er durch die Cultur ein wahrhafter und edler *Beherrscher* des physischen Lebens werden. ... Beide, Religion und Cultur sind *Seelenzustände*, Bezeichnungen des geistigen Lebens; aber in jener *schwingt* sich der Geist *empor* und wird eben dadurch, daß er *dienend* einem höheren Willen sich unterwirft, einer *Erhöhung* theilhaftig, in dieser *beugt* er sich *herab* und wird eben dadurch, daß er zur wirklichen *Herrschaft* gelangt ein würdiger *Diener* jenes *höheren*, des göttlichen Willens." (139–150)[40]

Der Mensch zeichnet sich dadurch aus, dass er durch die Kultur über das „physische Leben" herrsche, jedoch durch die Religion ein Diener Gottes sei, wobei seine „Herrschaft" dem „Dienen" eines höheren göttlichen Willens unterworfen bleibe. Gleichzeitig erhalten Religion und Kultur mit dem Verweis darauf, dass es sich bei ihnen um „Seelenzustände" handele, auch einen gewissen Subjektstatus, der sie mit einer Entwicklungsperspektive ausstattet.

Eine Verknüpfung des Verhältnisses von „herrschen" und „dienen" mit der Achse Fortschritt-Rückschritt findet zunächst in Verbindung mit der Reflektion weltlicher Gegebenheiten statt:

> „In den *Vorstellungen*, welche sich der Mensch von den Dingen macht, liegt hierzu der *Anfang;* je weiter er *fortschreitet*, je mehr er nebst den Vorstellungen von der Aeußerlichkeit der Dinge, deren Beschaffenheit, Eigenschaften, Gestaltungen und von ihren wahrnehmbaren Gesetzen sich zum Bewußtsein bringt, um so vollkommener ist auch die ideale Realität, welche dieselben in ihm und für ihn haben, desto größer seine Befähigung, dem Idealen eine physische Realität zu geben, d. h., eine *Herrschaft* über das physische Leben auszuüben." (164–172)

Sodann wird vor allem bei den Ausführungen zu den Grenzen des Polytheismus und zu den Vorzügen des Monotheismus die Fortschritt-Rückschritt-Struktur mit der hierarchischen Struktur verknüpft:

> „Der Polytheist *kömmt* mit seinem Geiste nicht über sich selbst *hinaus*. Gleich einem *Zauberkreise* schließt ihn das physische Leben mit seinen *felsigen Ketten* ein. Er *herrscht* über dieses, aber indem er sich ihm *dienstbar* macht, und verehrt ringsumher eine Anzahl Götter und ist ihnen *gehorsam*, indem er sie selbst sich *dienstbar* sein läßt. Die Schöpfungen seiner Phantasie, die Göttergestalten seines *Wahns* bilden *anfangs* die Resultate seiner Cultur und je mehr diese *fortschreitet*, seinen Geist bildend, *erleuchtend*, um so mehr *erbleichen* jene, drohen als *Luftgestalten* zu *verflüchtigen* und er *schließt* entweder seine Cultur *ab*, um die *Wahngebilde* zu retten, oder er *wirft* letztere von sich und mit ihnen seine ganze Vergangenheit, als deren Schöpfung er sie betrachtet, und *stürzt* sich in den *Schlamm* der

---

40 Hier wie im Folgenden sind die Symbole kursiv gesetzt.

physischen Lust, sinnlichen *Ausschweifungen* hingegeben, von dem *Strome* des physischen Lebens *fortgetragen* und in den *tiefen Abgrund* rettungsloser Vergänglichkeit *hinabgeschwemmt*." (172–192)

„Der Monotheismus dagegen, einen *höheren*, von dem physischen Leben verschiedenen und über dieses erhabenen Willen erkennend und anerkennend, will aus *Gehorsam* gegen diesen, den Einzigen und Einigen, jenes, das physische Leben, *beherrschen* und sein Walten und *Weben*, seine Macht und Ohnmacht sich zum Bewußtsein bringend, verschafft er sich wohl auch von ihm eine ideale Realität, aber als ein geistiges Eigenthum, mittels dessen er die physischen Gewalten zu bändigen, die Kraft besitzt. Ja, der Monotheist hat eine Religion, von der geleitet er nach Cultur *strebt* und in dieser *von Stufe zu Stufe steigt*. Die Herrschaft polytheistischer Cultur erstreckte sich nur auf das Aeußerliche des Stoffes, die Formen der Schönheit nachzuahmen und den phantastischen *Wahngebilden* einen stofflichen Ausdruck zu geben; die der monotheistischen über sein inneres Leben, es zu gestalten, *dienstbar* zu machen den menschlichen Bestrebungen, welchen das in der *Ferne leuchtende Ziel* einer geistigen *Vollendung unversiegbare* Kraft und ausdauerndes *Ringen* mit widerstrebenden Hindernissen *einflößte*." (206–222)

Die Grenzen des Polytheismus werden sowohl mit Symbolen aus dem Bereich des Irrealen und Transzendentalen („Zauberkreis", „Luftgestalten"), die sich mit dem Symbolkomplex „Krankheit" verbinden lassen („Wahn", „Wahngebilde"), als auch mit solchen aus dem Bereich der Natur aufgezeigt: „felsigen" Ketten, „Schlamm", „Strom", „Abgrund".

Die Fortschritt-Rückschritt-Achse wird auch mit „Licht" verbunden („das in der Ferne leuchtende Ziel"), also mit einem Symbol, das gleichfalls aus der Natur stammt. Dieses Symbol ist jedoch im Unterschied zu den Symbolen, mit denen der Polytheismus beschrieben wird, positiv konnotiert. Im Unterschied dazu wird der Naturcharakter des Lichtes dadurch eingeschränkt, dass der Weg zum Ziel als ein im Prinzip zu kontrollierender Prozess beschrieben wird, in dem sich der Mensch „von Stufe zu Stufe" zum Ziel hinaufbewege.

Das hierarchische Verhältnis wird hier aber im Unterschied zu vorherigen Textpassagen nicht allein auf den Menschen in seinem Verhältnis zur Natur, sondern auch als das zu Gott bezogen, wobei Gott in der Hierarchie immer „oben" steht.

Insofern fällt die Fortschritt-Rückschritt-Achse mit der Oben-Unten-Achse symbolisch zusammen. ‚Unten' bedeutet gleichzeitig ‚Rückschritt' oder zumindest ‚Stagnation'. Das ‚Oben' ist mit dem ‚Fortschritt' gleichzusetzen.

Im weiteren Verlauf wird dann die zeitliche Achse zunehmend strukturgebend. Vor allem in den Textpassagen, mit denen das besondere Verhältnis des Judentums zur Kultur betont wird, beziehen sich die eingesetzten Symbole auf die Fortschritt-Rückschritt-Achse.

„Wer war nun von *Anfang an* der Träger dieses schauerlichen aber großartigen *Schauspiels*, wie es niemals ein anderes gab? Die Weltgeschichte *legt Zeugniß ab* **das Judenthum**! Es war die göttliche Gestaltung eines Daseins, welches die Elemente der Cultur *in sich schloß* und aus welchem heraus alle *Keime hervorsprossen*, deren *Gedeihen* die heiligsten und erhabensten Errungenschaften der Menschheit sind." (222–229)

Die zeitliche Dimension („von Anfang an"), die durch positive Natursymbole sprechend gemacht wird („hervorspießen", Gedeihen"), wird in der Gegenwart durch Symbole aus der Theaterwelt („Schauspiel") bzw. aus dem Bereich der Theologie und des Rechts („Zeugnis ablegen") unterstrichen. So kann die kulturelle Entwicklung als ein im Prinzip abgeschlossener Prozess begriffen werden, der sogar als rechtlich „verbürgt" erscheint. Die Welt wird als eine Bühne inszeniert, auf der das Judentum die entscheidende Rolle spielt, in dem aus ihm die kulturellen Errungenschaften der Menschheit erwuchsen. Die Symbolik des Theaters lässt andere Personen- und/oder Religionsgruppen tendenziell zu bloßen Zuschauern werden.

Die zeitliche Verwurzelung des so dargestellten Sachverhaltes wird durch den Hinweis auf die Geschichte des Judentums noch unterstrichen:

> „Ehe noch ein Volk der Erde von dem erhabenen *Ziele* des geistigen Lebens, Erforschung und Erkenntniß der Menschheit, auch nur eine Ahnung hatte, stellte das Judenthum schon seine Lehrer auf, gründete seine Schulen und schuf jene große Schule des Prophetenthums, aus der die heilige *Gottesquelle*, daran alle Menschen sich *laben* sollten, lebendig und mächtig *hervorsprudelte*." (230–235)

Auch hier kommt wieder eine positiv ausgelegte Natursymbolik ins Spiel, mit der das Judentum als zukunftsweisend und lebenserhaltend ausgewiesen wird: die sprudelnde Quelle, an der sich die Menschen laben. Doch handelt es sich hier um die „heilige Gottesquelle", die durch das Judentum allen Menschen zugänglich gemacht wurde, auf das sie sich an ihr „laben" können.[41]

Diese Symbolik wird durch eine Wanderung zurück auf der Zeitschiene festgeklopft, wobei das Judentum als Akteur fungiert und die Grundlage für die weitere Entwicklung legt.

> „Noch lange bevor die übrigen Völker daran dachten, dass Lehren und Lernen das *unzerreisbare* Band sei, welches die Geschlechter aller Zeiten mit einander verbindet und wie ein *von unsichtbarer Hand gepflanzter Baum* seine wonnigen *Blüthen* überall hin ausbreitet, hatte das Judenthum schon das große Wort gesprochen: „Ihr sollt alle lehren; Alle sollt Ihr Lehrer sein, Eueren Kindern sollt Ihr es bekannt machen …" (236–242)

Mithilfe der Körper- und Natursymbolik erhält das Judentum („von unsichtbarer Hand gepflanzter Baum") eine Stimme und wird als homogen ausgewiesen. Es habe als erste Religion die Bedeutung von Wissen für die Menschheitsentwicklung erkannt. Die

---

41 Dabei wird ein gängiges Bild zur Veranschaulichung göttlicher Kraft umgekehrt, wird diese doch häufig als „von oben" kommend kodifiziert. Auf diese Weise erscheint die „heilige Gottesquelle" jedoch als etwas Natürliches, Greifbares und nicht als ‚unfassbar' oder ‚transzendental' und steht so in direkter Opposition zu den bereits erwähnten ‚Luftgestalten' des Polytheismus.

Kraft, die hinter der ‚unsichtbaren Hand' steht, wird sodann gleichfalls über Natursymbole vermittelt:

> „Kaum dass irgend einem Volke noch der göttliche *Lichtstrahl* der Humanität und Menschenliebe die Seele *beschienen* hatte, so *schwang* das Judenthum schon das *Scepter* göttlicher Weltregierung, predigte Recht und Gerechtigkeit und berief seine Sendboten, Barmherzigkeit und Liebe, Seelenfriede und Seelenfreude zu predigen." (245–250)

Das Judentum stand also in der göttlichen Weltregierung immer schon oben und predigte die Werte der Humanität. Dieser Sachverhalt wird in der Vergangenheit lokalisiert und durch Zitate, die inhaltlich dem Pentateuch zugeordnet werden können, unterstrichen.

> „Als noch Heimath und Vaterland bei fast allen Völkern kaum gekannte Worte, Raub und Plünderung die liebste Beschäftigung, Trug und Arglist, Falschheit und Verrath als erhebende Vorzüge [Borzüge] gepriesen wurden, da *tönte* das Judenthum schon als ein göttlicher *Posaunenschall:* Du sollst im Schweiße Deines Angesichts Dein Brod essen: Das Land, das Dir von Gott gegeben wird, sei Dir theuere Heimath, geliebtes Vaterland, Saat und Ernte stehen unter seinem Schutze, keine Lüge soll Deine Lippe, Dein Herz keine Falschheit verunreinigen!" (251–259)

Hier wird das Judentum zum Sprachrohr Gottes.[42] Dadurch erhält es eine Homogenität und sein Subjektstatus kommt dadurch zum Tragen, dass es nicht nur eine Stimme hat, mit der es predigt. Es ist auch im Reich der Flora verwurzelt („Baum, Blüten") Durch diese Verankerung sowohl in der göttlichen wie auch in der irdischen Welt wird ihm besondere Vitalität bescheinigt.

> „Ja, das Judenthum schließt in der *grauesten Vorzeit* schon Alles das in sich, war zu dem Allen schon die Anregung, was durch die *fortschreitende* Cultur nach und nach erzielt werden sollte." (259–262)

Vergangenheit, Gegenwart und Zukunft werden im Judentum gleichsam synthetisiert; Das Judentum entwickelt sich aus „grauester Vorzeit", es schreitet fort („fortschreitende Cultur") und gibt die Anregung dazu, das Ziel in Etappen zu erreichen. Dem Judentum sind somit Kultur und ihre Verwirklichung von Anbeginn inhärent („Seelenzustände"), es schließt alles in sich, was durch Kultur erzielt werden soll: die Verwirklichung der

---

42 Der „Posaunenschall" erscheint im Pentateuch ebenfalls als Ankündigung der Offenbarung am Sinai: „Mächtiger Posaunenschall ertönte, so dass das ganze Volk im Lager erschrak. (…) Der Posaunenschall wurde stärker und stärker. (…) Als aber das Volk die Donnerschläge und Blitze, den Posaunenschall und den rauchenden Berg wahrnahm, da fürchtete es sich, wich zurück und blieb in der Ferne stehen. Sie sprachen zu Mose: ‚Rede du mit uns, so wollen wir darauf hören. Aber Gott soll mit uns nicht reden, sonst müssten wird sterben.' (*www.mgb-home.de/Die Bibel 8.html*) Vgl. Die Bibel: Einheitsübersetzung der Heiligen Schrift. Stuttgart, 5. Aufl. 2004: Exodus 19, 19 – hier ist von „Hörnerschall" die Rede.

Werte der Humanität. Diese Aussage wird durch den Einsatz der reichhaltigen positiven Natursymbolik, mit denen das Judentum codiert wird, hergestellt.

Der zweite Teil des Textes, in dem das Verhältnis des Judentums zur heutigen Kultur behandelt wird, ist vorwiegend durch Symbole strukturiert, die sich mit dieser Zeitschiene verbinden lassen. Dazu gehören vor allem die eingeführten Natursymbole, aber auch rechtliche und militärische Symbole und solche, die dem Bereich der Körperlichkeit und der Familie entstammen. Sie dienen dazu, die Fortschritt-Rückschritt-Achse zu konkretisieren.

> „Das Judenthum hatte *fruchttragende Saaten* ausgestreut. Seine monotheistische Religionslehre war als eine neue *Pflanzung* an die Stelle der polytheistischen auf dem großen *Acker* der Menschheit ausgebreitet worden. Der *Fortschritt* in der Cultur wurde wieder von einem *lebendigen* Glauben auch außerhalb des jüdischen *Volksstammes* getragen und hatte, wenn auch nicht unmittelbar, doch mittelbar seine *Wurzelfasern* in dem *unversiegbaren Lebensborne* des Judenthums. Die heutige Cultur, unaufhaltsam fortschreitend, hat jene Lebensbasis, welche deren Boden gegen *Versumpfung* schützt aber auch vor der *Ausartung* in ein *wucherndes Unkraut* hervorbringende *Pflanzung* verwahrt. (268–279)

Hier wird der positive Effekt des Judentums und der heutigen Kultur vor allem in Verbindung mit Natursymbolen, die sich über die zeitliche Dimensionierung mit der Fortschrittstopik verbinden, geschildert. Dabei ist erneut der Unterschied zwischen positiv und negativ konnotierten Natursymbolen zu beachten: Die „fruchtbaren Saaten", die das Judentum ausstreute und die in die Kultur eingegangen sind, schützen gleichzeitig vor „Versumpfung" und vor „Ausartung in ein wucherndes Unkraut".

Die heutige Kultur sei ein „Sprössling des Judenthums", insofern habe das Judentum quasi ein „Eigenthumsrecht" an dieser Kultur. Aus dieser rechtlichen Perspektive formuliert Adler die Stellung der Juden zur Kultur und bezieht dabei symbolisch eine Außen-Innen-Sicht ein: Kultur stehe nicht außerhalb des Judentums (als fremdartiger Bestandteil), noch stehe das Judentum außerhalb der Kultur (285–286). Beide – Kultur und Judentum – werden jeweils aus einer Innenperspektive betrachtet. Eine Vermittlung zwischen Kultur und Judentum komme dadurch zustande, „indem wir der heutigen Cultur uns *anschließen*." (288–289) Durch den eingenommenen Perspektivwechsel wird die Kultur zwar als ein Produkt des Judentums gezeichnet, das aber selbstständig geworden ist und damit auch anderen Nicht-Juden zur Verfügung steht.

An den Stellen, wo es um die Thematisierung möglicher Differenzen und/oder Reibungen zwischen dem Judentum und der Kultur geht, wird dies durch den Einsatz militärischer Symbole unterstrichen: „Religion und Cultur *widerstreiten* sich nicht, können einander gar nicht *widerstreiten*". (308–309) Viele wollten „mit *Schwert* und *Folter* die Wissenschaft" zum Verstummen bringen. Es sei aber allein der „Buchstabenglaube" gewesen, der den Fortschritt der Wissenschaft „*bekämpfte*". (330–331)

Dagegen dienen aus dem Körpersymbolkomplex entnommene Bilder dazu, solche Widersprüche zu harmonisieren: „Die Religion *leidet* keinen Schaden durch die Cultur, sondern die Irreligion." (310–311) Die Wissenschaft als ein Ausdruck kulturellen Fortschritts *„verstummte"* nicht, weil ihre *„Schwester, die Religion (…) ihr die Hand reichte,* sich mit ihr *vereinigte …"*. (328–329)

Durch eine erneute Verknüpfung der Fortschritt-Rückschritt-Achse mit der hierarchischen Gliederung von oben und unten kann die Bedeutung des Judentums für kulturellen Fortschritt herausgestellt werden: Das Judentum

> *„freute* sich dieses geistigen Fortschrittes. Denn die Religion hat hierdurch nicht *verloren,* sie hat *gewonnen;* das ideale Bewußtsein des physischen Lebens hat sich weiter *ausgedehnt* und in dem größeren Umfange der menschlichen Herrschaft auf dem physischen Gebiete richtete die Seele sich *empor* und wurde der Geist ein edlerer und würdigerer *Diener* des göttlichen Willens." (333–339)

Während der „Buchstabenglaube" mit Militärsymbolik belegt wird, wird das Judentum in dieser Auseinandersetzung als „Gewinner" begriffen, als die Kraft, die den gesellschaftlichen und wissenschaftlichen Fortschritt zur Vervollkommnung seiner Religion nutze, in dem es noch edler und würdiger dem göttlichen Willen als Diener verpflichtet sei. Die bereits vorgenommene symbolische Verortung des Judentums als Subjekt wird erneut ins Spiel gebracht, wenn es sich über die Entwicklungen „freut" und sich vor dem Fortschritt nicht „fürchten" muss:

> „(…) es zieht vielmehr aus jedem nur neue *Stärkung, Läuterung* und Erhebung, denn es will eben diesen Fortschritt, will geistigen *Aufschwung,* der nur durch Vereinigung mit einer fortschreitenden Cultur möglich ist." (341–344)

Der Fortschritt als die Verbindung von Vergangenheit, Gegenwart und Zukunft bildet den Dreh- und Angelpunkt, an dem sich Judentum und Kultur treffen. Dabei werden Vergangenheit und Gegenwart dadurch synchronisiert, dass das Judentum als Träger der Religion ausgewiesen wird, das gegen den Buchstabenglauben kämpfe und als „treuer Bundesgenosse" der fortschreitenden Kultur gelten könne:

> „Das Judenthum als Träger derjenigen Religion, welche gegen den Buchstabenglauben *kämpft,* ist eben darum auch ein *treuer* Bundesgenosse der fortschreitenden Cultur überhaupt und ganz besonders der heutigen. Darum hat auch die Weltgeschichte kein zweites Beispiel, daß eine Genossenschaft so schnell überall die Fortschritte der Cultur in sich *aufnahm* und auszunehmen bestrebt war, wie es in kaum einem halben Jahrhunderte bei der jüdischen der Fall war. Alle Fortschritte der Cultur sind für das Judenthum treue Bundesgenossen für sein erhabenes Ziel. Aber nur Bundesgenossen, die es hochschätzt und werthhält, von welchen jedoch es sich niemals darf *verdrängen* lassen." (358–368)

Als zwei getrennte, aber inhaltlich identische „Seelenzustände" nimmt das Judentum die Fortschritte der Kultur in sich auf, ohne mit ihr so zu verschmelzen, dass es „verdrängt" werde. Hier klingt die Gefahr an, dass das Verhältnis der „Bundesgenossen" Kultur und Judentum auch zu Spannungen führt, die das Judentum bedrohen könnten.

Am Schluss seiner Ausführungen formuliert Adler das Ziel, das das Judentum und ein nicht dem Buchstabenglauben verfallendes Christentum miteinander vereinen kann:

> „Das *Ziel* einer wahrhaften monotheistischen Religiosität: Allgemeine Anerkennung des Menschenrechts und der Menschenwürde, ist, weil vom *Unkraute* selbstsüchtigen Ehrgeizes umwuchert, noch nicht allgemein sichtbar und kann es auch nur durch das Fortbestehen des Judenthums werden, dessen Religion die Trägerin dieser Verheißung an das ganze Menschengeschlecht ist." (383–389)

Die Natursymbole weisen darauf hin, dass dieses Ziel noch nicht „sichtbar" ist. Wenn diese Symbolik jedoch weitererzählt bzw. in dieser bildlichen Logik weitergedacht wird, dann kann das Judentum als ‚Gärtner' angesehen werden, der das ‚Unkraut' jätet, und so seine in der Vergangenheit begründete tragende Position in die Gegenwart und Zukunft transferiert.

Die Betrachtung der Symbole des Textes zeigt, dass es vor allem der Zeit entsprechende, positiv konnotierte Natursymbole sind, mit denen das Judentum in seinem Verhältnis zur Kultur gezeichnet wird. Zusätzlich wird es auf einer symbolischen Achse von Fortschritt und Rückschritt mit Fortschritt in eins gesetzt. Seine innere Verwandtschaft mit der Kultur, die als Produkt bzw. ‚Sprössling' des Judentums verstanden wird, macht es stark für die Auseinandersetzung mit dieser Kultur, die nunmehr einer Kultur der gesamten Menschheit sei. Eine negative symbolische Codierung erfahren alle diejenigen, die einem polytheistischen Glauben bzw. die innerhalb des Monotheismus dem Buchstabenglauben anhängen. Sie werden gleichfalls mit Natursymbolen belegt, die jedoch die unberechenbaren und gefährlichen Seiten von Natur betonen.

7.2.6. Pronominalstruktur und Akteure: Keine feste Wir-Gruppe

Der Einsatz von Pronomen im Text von Adler schließt an die oben dargelegte Symbolstruktur an. Dominant ist die Verwendung des Pronomens „Wir" in Verbindung mit dem Judentum. Dies geschieht zum einen, wenn er das besondere Verhältnis des Judentums zur Kultur verdeutlicht.

> „*Wir* dürfen darum gegen die heutige Cultur weder als einem dem Judenthume fremdartigen Bestandteil *uns* abschließen, noch auch das Judenthum überhaupt als eine Abschließung von derselben ansehen, und ebenso wenig, indem *wir* der heutigen Cultur *uns* anschließen, dieses als etwas Ueberflüssiges oder für entbehrlich halten." (284–289, Hervorhebung v.Vf.)

Allerdings werden in die Bedeutung des Pronomens „Wir" vielfach auch Nicht-Juden einbezogen. Dies ist an den Stellen so, wenn zu dem „Wir" ausdrücklich die Zuhörer*innen* bzw. Leser*innen* zugerechnet werden. Der Text, vorgetragen anlässlich des Stiftungsfestes eines jüdischen Vereins, ist zwar an ein jüdisches Publikum adressiert, doch wird durch die Veröffentlichung des Vortrages dieses Publikum – vermittelt über seine Widmung sogar ausdrücklich – auch auf Personen anderer Konfessionen ausgeweitet.[43]

Auch an den Stellen, wo allgemeine Aussagen getroffen werden, lässt sich das „wir" nicht nur auf Juden beziehen.

> Ist der „Kastanienbaum dadurch ein edlerer geworden ist, wenn *wir* Früchte von ihm ziehen, deren Wohlgeschmack *unseren* Gaumen befriedigt? Oder sich *unsere* Schafe weniger edle als die spanischen (…)". (91–94)[44]

Insofern wird mit dem Text eine flexible Wir-Gruppe konstituiert.

Dies wird auch dadurch erreicht, indem das Pronomen „Sie" in seiner Funktion als dritte Person Plural äußerst selten vorkommt oder indem diejenigen darin eingeschlossen sind, die analog der negativen symbolischen Codierung im Gegensatz zur Kultur stehen:

> „(…) *sie* schlossen, um ihre Götter zu retten, *ihre* Cultur ab und starren, versteinerten Mumien ähnlich, aus der grausigen Vorzeit, wie verwitterte Felsenspitzen aus des Meeres Tiefe, nur darum nicht versinkend, weil der Grund noch nicht ganz erschüttert ist." (199–203, ähnlich: 193–196)

Die im Text auftauchende „Wir"-Gruppe ist somit sehr flexibel und enthält wenige ausschließende Effekte. Es wird ein gemeinsames Erkenntnisinteresse bzw. eine gleich gelagerte Erkenntnisfähigkeit unterstellt:

> „Aber hier wird *uns* nun der Unterschied zwischen der monotheistischen und polytheistischen Recht anschaulich vor die Seele treten." (158–160)

Daneben werden weitere anonyme ‚Subjekte' konstituiert, die dann durch Pronomen substituiert und personalisiert werden und die dazu dienen, das Verhältnis des Judentums zur Kultur herauszuarbeiten. Die zentralen Antipoden des *Polytheismus*, vertreten durch *den Polytheisten*, den *Buchstabenglauben* auf der einen Seite, den *Monotheismus*, vertreten durch den *Monotheisten*, und das *Judentum* auf der anderen Seite werden jeweils als Akteure aufgebaut. Dadurch werden die einzelnen Glaubensrichtungen homogenisiert und erhalten eine „Stimme".

Vor allem das Judentum wird als eine Instanz beschrieben, die sich z.B. deutlich vom Buchstabenglauben abgrenze und frei von ihm sei.

> „Wie verhelt sich hierbei das Judenthum? Seine Religion, den Buchstabenglauben verwerfend, stand hiervon unberührt und freute sich dieses geistigen Fortschrittes." (332–334)[45]

Auch an weiteren Stellen tritt das Judentum als Akteur auf, der sich vor dem Fortschritt der Kultur nicht zu fürchten brauche (340), der freie Forschung wolle (344) und sich als

---

43 Vgl. dazu z.B. Zeilen 20, 60, 76, 265, 301, 359, 369, 371, 395.
44 vgl. Zeilen 93, 109, 139, 158
45 Vgl. dazu auch 222–225, 259–262, 230–235.

„treuer Bundesgenosse" (348) der fortschreitenden Kultur darstelle. Dabei handelt es sich um einen wechselseitigen Prozess, denn „den Fortschritt der Cultur hat aber auch das Judenthum nothwendig." (358)

In diesem Zusammenhang wird der Religion eine Irreligion und der Kultur eine Unkultur gegenübergestellt und gleichfalls beide als Agierende angesehen.

> „Die *Religion* leidet keinen Schaden durch die **Cultur**, sondern die *Irreligion*." (310–311)

> „Die **Religion** stellt sich *Cultur* niemals hindernd entgegen, sondern die **Uncultur** einer dünkelhaften Selbstvergötterung und übermüthigen Lieblosigkeit, welche durch die **Religion** eben überwunden werden soll." (363–366)

Die Analyse des Einsatzes von Pronomina und Akteuren zeigt, dass diese vor allem der Abgrenzung unterschiedlicher Glaubensrichtungen und der Herausstellung der positiven Funktion des Judentums für die Entwicklung des Fortschritts in Vergangenheit, Gegenwart und Zukunft dienen.

Trotz der damit verbundenen teilweise schroffen Kritik an Buchstabenglauben und Polytheismus konstituiert der Text durch seinen Einsatz der Pronomina keine fest umrissene Wir-Gruppe. Diese ist offen und bezieht implizit immer auch Nicht-Juden mit ein.

Weder dem Christentum noch *dem* Christen wird explizit ein Platz außerhalb der Wir-Gruppe zugewiesen.

7.2.7. Anspielungen und Zitate: Konstruktive Auseinandersetzung

„Diejenigen, die den Buchstabenglauben als Religion ansehen" (316–317) und die, die den „schändlichen Menschenraub, der zu Bologna stattgefunden hat" (367–368) zu verantworten haben, lassen sich durch diverse Anspielungen als der katholischen Kirche zugehörig ausmachen. Mit beiden Personengruppen beschäftigt sich Adler in langen Textpassagen. Es zeigt sich als besonders auffällige Struktur des Textes, dass sie nur implizit angesprochen werden und Adler sie an keiner Stelle benennt. Adler setzt hier ein Vorwissen bei den Rezipienten seines Textes voraus, das erlaubt, die Anspielungen zu deuten. Da hier ein eigener Interpretationsraum geboten wird und von Adler keine direkten Schuldzuweisungen erfolgen, kann dieses Vorgehen als eine Art Konfliktvermeidungsstrategie gedeutet werden. Die ‚Täter' werden nicht deutlich benannt, sind aber aus dem Kontext zu erschließen. So kann Adler auf schonende Weise das Judentum in seiner ethischen Ausrichtung von Teilen der katholischen Kirche abgrenzen. Andererseits werden aber dadurch auch implizit andere Vertreter der christlichen Kirche als „Bundesgenossen" auf die Seite des Judentums gestellt.

> „Als die Cultur den großen Fortschritt machte, die bis dahin geglaubte Bewegung aller Himmelskörper um die Erde in Abrede zu stellen und in den bis dahin blos angestaunten

aber nicht verstandenen Bewegungen ein Gesetz entdeckte, welches den Forscher in den Stand setzt, von allen jenen erstaunlich großen Himmelskörpern, die Bahn anzugeben, die Zeit ihres Umlaufs zu bestimmen, und sich gleichsam heimisch in jener fernen, fernen Welt zu machen, da schrieen Viele: die Religion sei gefährdet und man wollte mit Schwert und Folter die Wissenschaft verstummen machen. Nur der *Buchstabenglaube* war es, der den Fortschritt in der Wissenschaft bekämpfte." (318–331)

Diese Anspielung bezieht sich – erstens und hauptsächlich – auf die Findungen des Kopernikus (1473–1543), der der damaligen Ansicht, die Erde sei der Zentralkörper des astronomischen Systems, widersprach. Kopernikus stellte auch die Theorie der Planetenbewegung auf, in der die Erde als Planet angesehen wurde (mit dreifacher Bewegung: um die eigene Achse, um die Sonne und mit dem Sonnensystem).[46] Nach damaliger kirchlicher Ansicht in Rom drehten sich die Himmelskörper, also auch die Sonne, um die Erde. Deshalb stellte das Modell des Kopernikus für die römische Kirche eine ketzerische Ansicht dar. Die Anspielung lässt sich sodann auf Galileio Galilei (1564–1642) ausweiten. Er musste sein Leben riskieren, um exakt auf der Lehre von Kopernikus seine endgültigen Beweise über die Bewegung der Himmelsgestirne aufbauen zu können.[47]

Auch an der Stelle, bei der es um den Menschenraub zu Bologna geht, wird die Abscheulichkeit der Tat mit einer Anspielung einem bestimmten Täterkreis zugewiesen. Die Tat als solche wird in keiner Weise geschildert, sondern als bekannt vorausgesetzt. Es handelt sich um die Entführung des jungen Eduardo Mortara aus seiner jüdischen Familie, mit der Begründung, sein Kindermädchen habe ihn angeblich getauft und er müsse deshalb unter der Obhut der katholischen Kirche großgezogen werden.

„Wir haben alle mit Betrübniß von dem schändlichen Menschenraub, der zu Bologna stattgefunden hat, in den öffentlichen Blättern gelesen." (…) „Die Religion hat jene schreckensvolle That nicht vollbracht – sie kann eine solche That nicht vollbringen, eine solche blutige, bei der das Blut gebrochener Vater- und Mutterherzen zum Himmel schreiet und lauter als das Hebels ihren Kajin anklaget; die Uncultur derer hat es gethan, die durch ihre Religion sich noch nicht freigemacht haben, aber frei werden sollen und unter Gottes Beistand auch werden." (367–380)

Durch den Verweis auf das Buch Genesis (1,1–4,16) wird zwischen Lazarus Adler und seinen Zuhörer*innen* bzw. Leser*innen* eine Nähe aufgebaut, die sich aus dem gemeinsamen theologischen Wissen speist.[48]

---

46 Er wurde der Begründer des nach ihm benannten kopernikanischen (heliozentrischen) Weltsystems, durch das das von dem Griechen Ptolomäus schon im Altertum aufgestellte geozentrische System, bei dem die Erde den Mittelpunkt des Himmelssystems bildet, abgelöst wurde. Sein Hauptwerk „De revolutionibus orbium coelestium", das 1542 von einem seiner Schüler, dem Mathematik-Professor Rheticus, herausgegeben wurde, widmete er dem Papst Paul III.
47 Vgl. *http://www.reise-nach-ostpreussen.de/Frauenburg/NikKopnk.html*
48 Dies geschieht übrigens auch durch seine Ausführungen in der – für die Drucklegung ausgearbeiteten – Anmerkung, in der er ebenfalls Verweise auf die Bibel vornimmt.

Auch hier wird das Judentum und seine Ethik gegenüber Anhängern der katholischen Kirche abgegrenzt und diese, obwohl als Täter nicht benannt, für den intelligenten und informierten Rezipienten offensichtlich.

Die einzige, sehr umfangreiche Fussnote des Textes, die sich auf Maimonides, Jad Chasaka, I, Abschn. V, II und Semag, S. I, a bezieht, schließt sich an die folgende Textstelle an und unterstreicht das Bestreben, die jüdische Ethik in ihrer Besonderheit herauszustellen.

„Sie, die Uncultur, steht noch mächtig der Cultur gegenüber, so daß es ihr gelingt, statt ihr dienstbar sein, die Religion sich dienstbar zu machen.*(381–382)

Hier differenziert Adler zwischen einem Eifer *für den Glauben* und den *Glaubenseifer*, wobei ersterer auch ein Eifer der Selbstsucht sein könne, der sich manifestiere, indem jemand seinen Glauben als den Glauben der Liebe bezeichne und Lieblosigkeit bis Grausamkeit in dessen Namen praktiziere. Es sei wahr, dass man für den Glauben opferbereit sein müsse und die höchste Stufe der Gottesverehrung sei es, für seinen Glauben zu sterben. Man dürfe dabei aber nicht anderer Glück und anderer Leben opfern. Hier formuliert der Autor einen jüdischen Glaubensgrundsatz, der, wenn alle Religionen ihn aufstellten, viel Blutvergießen und schmerzliche Bedrückungen verhindert hätte:

„Sie nennen den Märtyrer zwar nicht einen Heiligen, aber einen Gottes Namen Heiligenden. Für seinen Glauben sterben ist ihnen die höchste Stufe der Gottesverehrung, aber sie stellen eben so hoch und bezeichnen es mit ganz demselben Namen, bei den Angehörigen eines anderen Glaubens durch ein menschenfreundliches Verhalten von dem eignen Glauben die Vorstellung seiner Göttlichkeit herbeiführen." (Anmerkung zu 382)

Die Anspielung bezieht sich ebenfalls auf den Menschenraub von Bologna, bei dem Anhänger der katholischen Kirche das Glück anderer für ihren Glauben opferten. Durch rhetorische Fragen verurteilt Adler die Geschehnisse scharf:

„Wie nun erst, wenn im Namen Gottes das Böse geschieht? Wenn durch den Glauben eine lieblose That entschuldigt werden soll?" (Anmerkung zu 382)

So appelliert der Autor an die humanitären Werte seiner Zuhörer- und Leserschaft und verurteilt die Schuldigen wiederum, ohne sie zu benennen. Hierbei werden die jüdischen Glaubensgrundsätze betont, um den positiven Zusammenhang von Cultur und Religion herauszustellen.

Dass nicht unbedingt Übereinstimmung in allen Fragen besteht, die Adler in seinem Text erörtert, wird gleichfalls durch eine stillschweigende Voraussetzung zu Beginn des Textes ausgedrückt, wenn Adler auf Differenzen innerhalb seiner Zuhörer- und Leserschaft anspielt:

„(…) wenn auch meinen Ansichten eine allseitige Zustimmung – die ich wohl wünschen kann, aber kaum zu hoffen wagen darf – nicht zu Theil werden sollte, so kann doch durch eine weitere Besprechung auch eine weitere Annäherung und möglichste Verständigung herbeigeführt werden." (62–67)

Durch den Hinweis auf bestehende Differenzen werden die etwaigen Gegner in ihren Argumenten aufgefangen, der Konflikt wird durch das Wissen um Gegenpositionen entschärft und es wird Raum zu einer konstruktiven Auseinandersetzung eröffnet.

7.2.8. Aussagen: Menschenwürde im Mittelpunkt

Lazarus Adler geht von einem modernen Menschenbild aus, bei dem die Menschenrechte und die Menschenwürde im Mittelpunkt stehen. Dieses Ziel wird als Teil jeder monotheistischen Religion angesehen, die ihren Ausgangspunkt im Judentum hat. Das Judentum hat diese ethische Grundlage der Religionen und der Kultur geschaffen (Kultur als Sprössling des Judentums) und der Menschheit zur Verfügung gestellt. Wichtiger Bestandteil der Kultur ist der wissenschaftliche Fortschritt, dem sich das Judentum nicht versagen darf. In der von Adler entworfenen gesellschaftlichen Konzeption werden Gegenkräfte ausgemacht, die die Zukunftsperspektive der Menschheit gefährden. Gerade deshalb appelliert der Autor an die jüdische Gemeinschaft, sich an der Entwicklung der Kultur tatkräftig zu beteiligen, ohne restlos in ihr aufzugehen.

7.2.9. Zusammenfassung: Gegen Rückschritt und Unkultur

Der Text positioniert sich zum einen als Teil einer innerjüdischen Debatte und ruft dazu auf, dass Juden sich gegenüber der Mehrheitsgesellschaft nicht absondern sollten. Zum anderen muss er als ein Beitrag gegen die damaligen Versuche der (christlichen) Mehrheitsgesellschaft verstanden werden, die Emanzipation von Juden rückgängig zu machen bzw. sie als gesellschaftliche Gruppe zu marginalisieren. Daraus ergibt sich eine doppelte Adressierung, die sich durch den gesamten Text zieht.

Sie bestimmt seinen Aufbau und Argumentationsgang ebenso wie den Einsatz von Kollektivsymbolen und Pronomina.

In der vierstufigen Argumentation, die durchgängig deduktiv angelegt ist und ein hohes Maß an inhaltlicher Transparenz aufweist, zeichnet Adler Kultur als eine menschliche Leistung, die zwar ihren Ausgangspunkt im Judentum nehme, aber nicht auf das Judentum beschränkt sei. In diese Argumentation werden auch die Rezipient*innen* – teilweise über rhetorische Fragen – ständig einbezogen.

Die vom Autor in den Mittelpunkt gestellten Fragen, mit denen er in Gestalt von Thesen das positive Grundverhältnis von Judentum und Kultur hinterfragt, sind aus einer Perspektive formuliert, der sich auch Nicht-Juden anschließen können: Erschüttert Religion den Fortschritt? Steht der Fortschritt der Religion im Wege?

Ausgeschlossen werden nur diejenigen, die einer polytheistischen Religion oder dem Buchstabenglauben anhängen. Dies wird durch Pronomina vermittelt, die diese Gruppen und Personen aus der Wir-Gruppe ausgrenzen. Auch durch die Konstituierung der Akteure (Kultur vs. Unkultur; Religion vs. Irreligion) wird eine solche Aus- bzw. Abgrenzung vorgenommen. Und nicht zuletzt die unterschiedlichen Stellungen, die diese Akteure innerhalb der symbolischen Ordnung des Textes einnehmen, machen einen grundlegenden Unterschied deutlich. Unkultur ist gleichbedeutend mit Rückschritt, Vergangenheit und bedrohlichen Natursymbolen, während Kultur mit Fortschritt, Zukunft und positiv konnotierten Natursymbolen zusammenfällt. Dass die von Adler ausgeschlossenen Kräfte aber dennoch in der Gesellschaft wirken, wird nicht unterschlagen und mit Hilfe von Anspielungen auf Teile der katholischen Kirche gemünzt. Dennoch richtet sich die Perspektive an diejenigen, die im Sinne der von ihm proklamierten allgemeinen Menschenrechte an der Zukunft der Gesellschaft arbeiten.

8. Staat, Nation, Gesellschaft:
Die jüdische Sicht /
Zusammenfassung der Projektergebnisse

Im Folgenden werden die Ergebnisse der jeweiligen Analysestufen (Themenanalyse, Aussagenanalyse und Feinanalysen) der historischen Diskursanalyse kurz skizziert, um vor diesem Hintergrund ihre Bedeutung für Gegenwart und Zukunft zu diskutieren.

Es zeigte sich, dass die in den als zentral eingestuften Texten des Projektcorpus angesprochenen Themen sich zu einem Themencluster verdichten, das sowohl Themen enthält, die allgemeine Aspekte des Verhältnisses von *Staat, Nation, Gesellschaft* ansprechen, als auch solche, die sich mit der besonderen Stellung von Juden in der Gesellschaft beschäftigen und damit das Verhältnis von Mehrheits- und Minderheitsgesellschaft beleuchten.[1]

Die sich daran anschließende Aussagenanalyse konnte ermitteln, dass sich im jüdischen Diskurs *Staat, Nation, Gesellschaft* in der Zeit vom 1848–1871 konzeptionelle Aussagen finden, die sich mit grundsätzlichen ethischen und gesellschaftlichen Fragestellungen befassen. Ausgehend von einem spezifischen jüdischen Gottes- und Menschenbild wird dieses zum einen auf die universellen Grundsätze der Aufklärung bezogen. Daneben wird es in gesellschaftlichen Konzeptionierungen von sozialer Gerechtigkeit und Rechtsstaat konkretisiert. Zum anderen existieren Aussagen, die das Verhältnis von Juden- und Christentum und darüber hinaus die Diskriminierung von Juden zum Gegenstand haben.

8.1. Konzeptionelle Aussagen: Für ein innerweltliches Heilsgeschehen

Der jüdische Diskurs zu *Staat, Nation, Gesellschaft* stellt zunächst Gott als ein geistiges Wesen vor, das sich in der Natur konkret offenbare, damit aber auch im Menschen, vor allem als „sittliche Freiheit", als Fähigkeit des Menschen nämlich, sich zwischen moralischen Werten frei entscheiden zu können. Ausgehend von einem solchen Gottes- bzw. Menschenbild orientiere sich die jüdische Religion am konkreten Leben der Menschen und sei offen für deren Probleme.

Insbesondere wird das jüdische Gebot der Selbst- und Nächstenliebe hervorge-

---

1   Zu den ersteren gehören die Themen Fortschritt, Universalismus, deutsche Nation sowie Recht. Zu den weiteren gehören Ausführungen über die Diskriminierung bzw. Emanzipation von Juden, ihre Akkulturation und Ethik.

hoben, aus dem sozialethische Normen wie Gleichheit und Gerechtigkeit entwickelt werden. Während individuelle Freiheit und Gerechtigkeit als jeweils verabsolutierte Werte äußerst schädlich sein können, erweisen sie sich im Zusammenspiel und im Zusammenhang als sehr nützlich.[2]

Vor dem Hintergrund der spezifischen Erfahrungen des Judentums und ausgehend von der jüdischen Individual- und Sozialethik wird betont, dass die Nation nur *eine* Ebene darstelle, auf der die Werte von Nächstenliebe, Freiheit, Gleichheit und Brüderlichkeit verwirklicht werden.

Daneben wird der Religion bzw. der Religiosität hohe Bedeutung beigemessen. Es bestehe ein unlösbarer Zusammenhang zwischen Religiosität, Humanität und der Achtung auch anderer Religionen.

Bei der Umsetzung von Freiheit, Gleichheit und Brüderlichkeit könne das jüdische Volk beispielhaft vorangehen und zum Ziel der Geschichte, der Schaffung eines sittlich freien, guten und gerechten Menschen, beitragen. Der vollständige Eintritt der Juden in den Staatsverband soll nicht allein unter dem Aspekt der Erleichterung individueller Lebensverhältnisse, sondern vor allem auch unter dem eines innerweltlichen Heilsgeschehens gesehen werden.

Die Autoren beziehen zwei zeitgenössische Probleme in ihre Fortschrittsperspektive ein und bringen sie mit der Entwicklung der menschlichen Zivilisation und Kultur in Verbindung, zum einen die soziale Frage und zum anderen die Frage der Nationalität, bzw. des Nationalismus. Zu beiden Fragen könne – so die Autoren – das Judentum positive Impulse beisteuern, und entsprechend begreifen sich die jüdischen Autoren als Wegbereiter des zivilisatorischen Fortschritts insgesamt. Die konzeptionellen Aussagen schließen zwar stark an die Ideen der französischen Revolution und der Aufklärung an, werden jedoch vor allem als Werte in ihrer Anbindung an die jüdische Ethik interpretiert. Im Zentrum stehen dabei die Gebote der Nächstenliebe und der sozialen Gerechtigkeit.

Die Forderung nach Freiheit und Gleichheit bzw. Gerechtigkeit wird auch auf Eigentumsverhältnisse bzw. die soziale Frage angewendet. Armut wie auch übermäßiger Reichtum erscheinen als Zeichen des sozialen Ungleichgewichts, dem – als ethische Norm für alle – eine Sozialpflicht des Eigentums entgegengesetzt wird. Aus dieser Perspektive können danach Sozialismus als auch eine nicht regulierte Marktwirtschaft als nicht wünschenswerte Verabsolutierungen von Gleichheit, bzw. Freiheit interpretiert werden.[3]

Die Grundsätze der jüdischen Ethik fließen darüber hinaus in die Forderungen an

---

2   Dabei wird das Gemeinsame unterschiedlich verortet. Es kann als „das allgemein Menschliche" gelten (1858 Stern Erziehung 5–6, ähnlich auch 1860 Adler Vaterland 167). Es kann auch im Staat bzw. Recht gesehen werden (1860 Kaempf Stützen 4–5). Schließlich kann es sich in der Religion finden (1872 Lazarus Blick 20–21).
3   Einige – insbesondere Johann Jacoby – werden in der Analyse der zeitgenössischen Verhältnisse sehr konkret und formulieren eine Reihe deutlicher Forderungen an den Staat: Normalarbeits-

den Rechtsstaat und an die nationale Öffentlichkeit ein.[4] Vaterlandstreue und Patriotismus sind danach zentrale Werte der jüdischen Tradition, sie werden aber auch eingegrenzt und relativiert. So dürfe die Treue zur Nation nicht dazu führen dürfen, das Individuum auszulöschen. Nationalgefühl könne nur erwachsen, wenn es ein Selbstgefühl gebe, das sich in der „Achtung Anderer" begründe. Auch deshalb könne Nationalstolz niemals zur Missachtung anderer Nationen führen. Denn über der Nation stehe der Rechtsgedanke. Wenn sich dieser durchgesetzt habe, gründeten Bürgerrechte und Gleichberechtigung auf einem ‚Nationalwillen' und die Demokratie könne zu sich selbst kommen. Insofern würden Gleichberechtigung und Gerechtigkeit die Nation aus machen.[5]

Dabei seien Religion und Staat voneinander zu trennen. Staat und Kirche sollten unabhängig voneinander sein; sie sollten sich gegenseitig achten und auch kein gleichgültiges Verhältnis zueinander unterhalten. Der Staat müsse sich gegenüber Juden und Christen, gegenüber religiösen Gemeinschaften allgemein, gleichermaßen offen verhalten.

Zum Verhältnis von Staat und Bevölkerung gibt es verschiedene Diskurspositionen. Das Spektrum reicht von denjenigen, die sagen, dass ein partizipativer und im emphatischen Sinne demokratischer Staat anzustreben sei, bis hin zu monarchistischen Positionen, die die Nation und deren Einheit in den Vordergrund rücken.

8.2. Aussagen zu Judentum, Christentum, Antisemitismus: Für alle geltende universalistische Werte

Die antijüdischen Angriffe aus der (christlichen) Mehrheitsgesellschaft werden von den jüdischen Autoren zum Anlass genommen, nicht nur ihre jüdischen Wertvorstellungen zu verteidigen und zu bekräftigen, sondern gleichzeitig christliche Hegemonialansprüche zu kritisieren.

tag, Verbot von Kinderarbeit, Gleichstellung von Frauen, Vermögenssteuer. (z. B. 1870 Jacoby Arbeiterbewegung 366–368)

4   Dabei ist zu bedenken, dass die rechtliche Gleichstellung von Juden im Untersuchungszeitraum überwiegend noch nicht verwirklicht war. In den Schriften der jüdischen Autoren wird als Grund dafür vorwiegend eine christliche Judenfeindschaft als Grund ausgemacht.

5   In diesem Sinne werden dem Staat zuweilen auch messianische Charakterzüge zugewiesen. Er erfülle die Menschheit mit „göttlicher Erleuchtung", so dass „kein Starker mehr seine Gewalt gegen den Schwachen missbraucht" (1852 Stein Staat 14). Das Wesen dieses Staates sei „Wahrheit, Liebe, Gerechtigkeit, Frieden" (1852 Stein Staat 14). – Die Frage nach dem Status des Judentums als ‚Nation' innerhalb des Staates wird unterschiedlich gesehen. So existiert die Auffassung, dass das Judentum nunmehr als Religionsgemeinschaft in den anderen Völkern aufgehen solle. (Z. B. bei Ritter Beleuchtung 22) Doch gibt es auch (z. B. bei Lazarus Adler) die Auffassung, dass sich die Juden als Volk zu verstehen haben, was aber nicht deren Identifikation mit der Nation verhindere.

Die jüdische Sicht

Die Kritik am Christentum entwickelt sich aus einer Kritik am Heidentum und wird sozusagen „über die Bande" geführt. Heidnische Gesellschafts- und Moralvorstellungen stünden den universalistischen Werten der Aufklärung (und des Judentums) entgegen. Da das Christentum in der Phase seiner Ausbreitung mit dem Heidentum konfrontiert gewesen sei, – und dieses erfreulicherweise marginalisiert habe – habe es aber zugleich auch heidnische Elemente in sich aufgenommen. Aus dieser Kritik wird die (letztlich politische) Forderung formuliert, dass das Christentum sich zu seinen jüdischen Wurzeln bekennen und zu ihnen zurückkehren müsse.

Mit einer solchen Thematisierung des Heidentums wird das eigene Gesellschaftskonzept in der Abwehr zu judenfeindlichen Angriffen kontrastiv formuliert. Sobald von den jüdischen Wurzeln des Christentums die Rede ist, eröffnen sich Möglichkeiten, sowohl gegen christlichen Antisemitismus argumentativ vorzugehen als auch, jüdische Werte zu bekräftigen.

Anhand vielfältiger Belege aus dem Alten Testament wird betont, dass der christliche Antisemitismus auf einem falschen Bild des Judentums, bzw. auf Unkenntnis beruhe, aber auch auf der fehlenden Bemühung, eine bessere Kenntnis zu erhalten. Es werden immer wieder zwei miteinander verknüpfte Behauptungen über das Judentum aufgegriffen:
– Das mosaische Gesetz kenne keine Nächstenliebe für Nicht-Juden und habe zum Hass auf Nicht-Juden angeleitet.
– Es sei das Christentum gewesen, das die Nächstenliebe zur allgemein-menschlichen Norm erhoben habe.

Die Zuspitzung dieser beiden Behauptungen wird für die zerstörerische Wirkung judenfeindlicher Aussagen verantwortlich gemacht.

Die Aussagen zu Judentum, Christentum und Antisemitismus sind zwar oft motiviert durch den Impuls der Abwehr judenfeindlicher Angriffe aus der Mitte der Mehrheitsgesellschaft, und sie enthalten insofern auch massive Kritik am Christentum und seinen Vertretern. In ihrer inhaltlichen Substanz schließen sie jedoch an die konzeptionellen Aussagen im Gesamtdiskurs an und betonen die für alle geltenden universalistischen Werte.

8.3. Diskursive Wirkungsmittel und Strategien: „Licht" und „Finsternis"

Der (fein)analysierte Text von Leopold Stein kann als ein typisches Beispiel für die Artikulation solcher Aussagen gelten. Veranlasst vom drohenden Entzug der Grundrechte der Frankfurter Juden leitet er die Tradition des Gleichheitsgrundsatzes aus der jüdischen Ethik her und ordnet diesen Grundsatz zeitgeschichtlich ein. Gleichzeitig wird die Geltung einer solchen Ethik unabhängig von zeitgeschichtlichen Ereignissen betont und die ‚messianische' bzw. universalistische Aufgabe des Judentums hervorgehoben.

Leopold Stein stellt die Frage nach den Motivationen in der Mehrheitsgesellschaft, die eine erneute Entrechtung von Juden anstrebte. Er macht dafür ein religionsgeschichtliches Paradoxon verantwortlich, das die Mehrheitsgesellschaft leite: Das Christentum könne sich nicht dazu durchringen, seine jüdischen – insbesondere seine ethischen – Wurzeln anzuerkennen. Stattdessen konnten vor allem zwei anti-jüdische „Argumente" in breiten Bevölkerungsschichten erfolgreich verfangen: Der erste Satz lautet, das Judentum verstehe Nächstenliebe nur als Liebe gegenüber Juden; demgegenüber – so der zweite Satz – sei es erst das Christentum gewesen, das der Menschheit die Nächstenliebe gebracht habe.

Eine solche Leugnung der jüdischen Quellen des Christentums führe zu einer Deklassierung der jüdischen Ethik, die in eine Verfolgungsmentalität gegen das Judentum umschlagen könne. Andererseits wird auch das paradoxe christliche Bedürfnis betont, sich des Judentums (als Bewahrer der ethischen Werte) immer wieder versichern zu wollen.

Interessant sind nun die Wirkungsmittel, mit denen diese Aussagen in den Diskurs „gespeist" werden. Leopold Stein nutzt ein ironisch angelegtes Rollenspiel, um von Seiten seiner jüdischen Zuhörer*innen* bzw. Leser*innen* Empörung abzuarbeiten und andererseits Stabilität und Selbstgewissheit zu vermitteln. Im Rollenspiel nehmen schrittweise die aggressiven Zuschreibungen und Konnotationen gegenüber der christlichen Mehrheitsgesellschaft ab und es wird selbstbewusst der jüdische Standpunkt ausgebreitet. Die Schrift schließt mit der Vision eines ‚messianischen' Staats. Damit wird der empörende Anlass der Ausführungen zurückgedrängt und ein hoffnungsvoller Blick in die Zukunft gerichtet.

Dennoch zeigt die Analyse der Kollektivsymbolik, dass der Text die historische Kontinuität der *Bedrohungen,* denen Juden sich ausgesetzt sahen und weiterhin sehen, präsent hält. An die Lichtmetaphorik, die vor allem im Eingangs- und Schlussteil als Synonym für positive Zukunftsentwicklungen eingesetzt wird (die Aufklärung als „Sonne"), schließt sich ihr Gegenteil, die Finsternis, an, in der immer noch ‚nächtliche Gestalten' lauern. Auch wird die jüdische Emanzipationsgeschichte in Bildern der Befreiung aus einer „Kerkerhaft" umgesetzt. Der Text ist darüber hinaus durchzogen von einer Symbolik, die um (mittelalterliche) Kriegsführung kreist. Die den Juden von christlicher Seite wieder entzogenen bürgerlichen Rechte werden als „Raub" gedeutet und damit in den Kontext eines materiellen christlichen Eigennutzes gestellt. Solche kriegerischen Symbole weisen auf gesellschaftlichen Machtkonstellationen hin.

Da diese aber nicht mit dem messianischen jüdischen Selbstverständnis übereinstimmt, entsteht eine Diskrepanz zur jüdischen Opferrolle, die Stein durch eine ‚biologistische' Symbolik aufzulösen versucht, etwa der „lange in Schlafesbanden gefesselten Kräfte", die wie ein lang im Boden liegender Samen plötzlich zum Leben erwachen (44f.) Die Symbole lassen ein Spannungsverhältnis zwischen Zukunftsdynamik und einer von den Verhältnissen auferlegten Statik, zwischen ‚Ausbruch' und ‚Gefangenschaft' deutlich werden.

Auch der (fein)analysierte Text von Lazarus Adler kann als typisch für die Art und

Weise gelten, wie jüdische Autoren in den Diskurs *Staat Gesellschaft Nation* zu intervenieren suchten. Die Analyse zeigt eine doppelte Adressierung des Textes. Er ist gleichzeitig Teil einer innerjüdischen Debatte wie auch eine Aufforderung an die christliche Mehrheitsgesellschaft, die Emanzipation von Juden nicht rückgängig zu machen.

Als Teil einer innerjüdischen Debatte wird betont, dass Juden sich nicht von der Gesellschaft absondern sollten. An die Mitglieder der Mehrheitsgesellschaft kann der Text von Lazarus Adler als Beitrag gegen die damaligen Versuche verstanden werden, Juden als gesellschaftliche Gruppe zu marginalisieren.[6]

Mit Hilfe einer mehrstufigen deduktiven Argumentation bestimmt Lazarus Adler Kultur als menschliche Leistung, die zwar ihren Ausgangspunkt im Judentum habe, aber nicht auf das Judentum beschränkt sei. Der Einbezug der Rezipient*innen* geschieht dabei teilweise über rhetorische Fragen.[7]

Adler formuliert seine Gedanken zum positiven Grundverhältnis von Judentum und Kultur aus einer Perspektive, der sich auch Nicht-Juden anschließen können: Es geht schließlich darum, ob Religion den Fortschritt erschüttere oder der Fortschritt der Religion im Wege stehe. Beide Fragen werden verneint.

Vor allem die Verwendung der Pronomina verdeutlicht, dass Anhänger einer polytheistischen Religion oder des „Buchstabenglaubens" nicht zur konstituierten ‚Wir'-Gruppe gehören. Aus- bzw. Abgrenzungen erfolgen auch über eine adversative Konstituierung von Akteuren, wenn z. B. Kultur einer „Unkultur" entgegengesetzt wird. Innerhalb der symbolischen Ordnung schlagen sich solche binären Unterscheidungen deutlich nieder. ‚Unkultur' ist z. B. gleichbedeutend mit Rückschritt und Vergangenheit und ist mit negativen Natursymbolen belegt, während Kultur mit Fortschritt und Zukunft sowie positiven Natursymbolen belegt wird. Dass die von Lazarus Adler ausgeschlossenen Kräfte aber dennoch in der Gesellschaft wirken, wird nicht unterschlagen. Einige Anspielungen sprechen dafür, dass jene Kräfte mit gewissen Teilen der katholischen Kirche identisch sind.

Dennoch richtet sich Adler – wie auch Leopold Stein – vor allem an diejenigen, die im Sinne der von ihm proklamierten allgemeinen Menschenrechte an der Zukunft der Gesellschaft arbeiten, ob sie nun im Judentum oder in anderen monotheistischen Religionen ihre Wurzeln haben.

---

6 Aus heutiger Sicht ist es bedeutsam hervorzuheben, dass in die doppelte Adressierung an Juden und Christen Atheisten ausgeschlossen sind und dass sich diese Ausschließung durch den gesamten Text zieht.

7 Diese Form der Vermittlung ist auch im Text von Leopold Stein dominant und kann insgesamt als eine Weise aufgefasst werden, mit dem sich die als Minderheitsposition gekennzeichnete jüdische Auffassung artikuliert.

8.4. Betrachtung der Ergebnisse im gesellschaftlichen Zusammenhang: Eine historische Hypothek

Die Ergebnisse der Analyse zeigen, dass der jüdische Diskurs *Staat, Nation, Gesellschaft* auf einem hohen humanitären und intellektuellen Niveau geführt wurde. Die formulierten Konzepte schließen deutlich an die Werte der Aufklärung an, wobei die Bedeutung der Religion, insbesondere die des Judentums, hervorgehoben wird. Zugespitzt kann man sagen, dass die Kernaussagen des Judentums als Vorläufer der Aufklärung begriffen werden, bzw. dass das Judentum vor dem Hintergrund eines weitgehend säkularen Gesellschaftskonzeptes seine Bedeutung als Religion behauptet.

Gleichwohl wird die Trennung von Religion und Staat favorisiert, damit *alle* Religionen innerhalb der Gesellschaft zur Geltung kommen können. Die Entkopplung von politischer und religiöser Ebene erscheint als Garant für religiösen Pluralismus, der seinerseits die Voraussetzung ist, dass sich die ethischen Prinzipien aller Religionen entfalten können. Dabei ist es eindeutig, dass innerhalb dieses Pluralismus die jüdische Religion als die tragfähigere angesehen wird und dem Christentum anempfohlen wird, zu seinen ethischen Wurzeln zurückzukehren.

Die Sprecherposition der Autoren – als Angehörige einer religiösen und dazu noch institutionell diskriminierten Minderheit – ermöglicht es, die Defizite der damaligen gesellschaftlichen Entwicklung – z. B. die Rücknahme bereits zugestandener Gleichstellungen – radikal und ungeschönt zu erfassen und zu kritisieren, um Lösungen aufzuzeigen, mit denen soziale und politische Gerechtigkeit erreicht werden kann.

Die jüdischen Konzepte zu „Staat, Nation, Gesellschaft" sind mithin in zeitgenössische Konfliktlagen eingebunden, setzen sich aber weit darüber hinaus – als Voraussetzung gelingender Integrationsprozesse – mit strukturellen und religionsgeschichtlichen Fragen des deutschen und westlichen Kulturraums auseinander.

Es ist ein gravierendes historisches Faktum mit unübersehbaren gesellschaftlichen Folgen, dass diese Reflexionen und Klärungen von der Mehrheitsgesellschaft damals nicht aufgegriffen und stattdessen zur Seite geschoben wurden. Daraus ist eine geschichtliche Hypothek entstanden, deren Auswirkungen bis heute reichen. Sie auszuloten, zu beschreiben und in Schlussfolgerungen zur Diskussion zu stellen, war deshalb Gegenstand weiterer Überlegungen des Projekts.

9. Die Bedeutung der Projektergebnisse für Gegenwart und Zukunft

Die vorgenommene historische Diskursanalyse geht im Kern davon aus, dass Diskurse eine Vergangenheit, eine Gegenwart und eine Zukunft haben. Das ist zwar kein Automatismus: Ihr (zeitweiliges) Versiegen, ihre Gegenwart und ihre Zukunft hängen von mancherlei Zufällen und auch davon ob, ob sich zeitgenössische, spätere und zukünftige Generationen ihrer Verantwortung für das, was geschehen ist, was geschieht und geschehen wird, zu stellen bereit sind. In unserer Untersuchung geht es darum, die diskursiven Wahrheiten, die der jüdische Diskurs des 19. Jahrhunderts zum zentralen Thema *Staat, Nation, Gesellschaft* enthält, wieder ans Licht zu bringen und in die gegenwärtigen (und zukünftigen) Diskurse hineinzutragen. Zu fragen ist daher, welche Bedeutung die Projekt-Ergebnisse für Gegenwart und Zukunft haben könnten.

Eine solche Relevanz könnte ganz generell bezweifelt werden, wenn z.B. die ermittelten Analysen und Perspektiven deutscher Juden lediglich vom vermeintlichen Scheitern her interpretiert werden und ihnen nur mehr ‚historische', nicht aber aktuelle und künftige Bedeutung zugestanden wird. Stellt man sie dagegen in den Kontext der Werte und Versprechen der Aufklärung, so kann ihre aktuelle wie künftige Relevanz kaum bestritten werden, etwa hinsichtlich der Bestimmung der Faktoren, die über Gelingen oder Scheitern des Projekts der Aufklärung entscheiden. Drei Stichworte sind hier besonders wichtig.

9.1. Die christliche Übertrumpfung des Judentums – heute

Es ist deutlich geworden, dass der jüdische Diskurs im 19. Jahrhundert mit den Macheliten ihrer Zeit heftig ins Gericht ging, aber eben auch mit der deutschen Aufklärungsbewegung selbst. Ihr wurde ein fataler Gründungsfehler attestiert. Auch wenn sie sich oft sehr kirchenkritisch gab, wurde offenbar, dass auch diese Aufklärungsbewegung – trotz aller Beteuerungen – dem kulturellen Konsens der Judenfeindschaft verpflichtet blieb und insofern gemeinsame Sache mit ihren Gegnern machte, statt die Anerkennung des Judentums als zentrale Aufgabe der Aufklärung zu begreifen. Daher blieb die Aufklärung aus jüdischer Sicht nur eine ‚halbierte Aufklärung' und ein folgenschwerer Betrug an den geweckten Hoffnungen.

Für Ludwig Börne etwa war schon zu Beginn des Jahrhunderts klar, dass in der neuen bürgerlichen Öffentlichkeit, ja selbst in Kants Gelehrtenrepublik, ein Platz für das Judentum nicht einmal angedacht war. (Vgl. Jasper 2003, 16.) Und 1847, im Vorfeld der Revolution, verurteilte Hermann Jellinek[1] alle jüdischen Versuche, auf den Liberalismus zuzugehen, als eine fatale Illusion – es handle sich um eine christliche Mogelpackung. Er machte dabei nicht einmal halt vor einer Kritik an Moses Mendelssohn, den er dafür verantwortlich machte, dass die deutschen Juden seit Jahrzehnten auf christliche Finten und spiritualistische Maskeraden hereinfielen (vgl. Jellinek 1847a, 26 sowie 1847b).

Bei Leopold Stein lesen wir 1852:

„[Die] Sonne reiner und allgemeiner Menschenliebe, welche wir schon am Horizonte freudig begrüßt hatten, rief ihre Feinde (…) wach (…); auf's Neue rüstet sich das Vorurtheil zum Kampf (…) und wie Hagelschauer am Aerndtetag fällt der Gedanke eines „christlichen Staates" auf unsere Saat verderbend nieder". (1852 Stein Staat 5)

Vor dem Hintergrund der Analyse des jüdischen Diskurses zu *Staat, Nation Gesellschaft* darf man daher fragen, inwiefern die ‚Halbierung' der Aufklärung – und dies mit besonderem Blick auf Juden und Judentum – heute überwunden ist. Eine einfache Antwort könnte sein, dass es heute kein deutsches Judentum mehr gibt und dass vieles von dem, was insbesondere die christlichen Eliten seit der Aufklärung erbittert bekämpften und Juden wie Leopold Zunz, Gabriel Riesser oder Johann Jacoby einforderten, nach der Shoah den Weg ins Grundgesetz fand – als verbrieftes Recht.

Diese Antwort ist jedoch nicht befriedigend, denn zu beobachten ist allenthalben, dass das Verhältnis zwischen der neu entstandenen jüdischen Minderheit und der Mehrheitsgesellschaft in Deutschland offenbar weiterhin von Unsicherheit und Befangenheit geprägt ist. Insofern ist es auch nicht bekannt, in welchem Ausmaß die christliche Übertrumpfungsmentalität in Bildung und Erziehung, in Theologie und Medien, in Wissenschaft und Ökonomie, in Recht und Politik ein stillschweigend gegen das Judentum gerichtetes identitätsstiftendes Ideologem geblieben ist, das die gesellschaftliche Integrationsfähigkeit nachhaltig negativ präjudiziert.

Darüber hinaus kann kaum ausgeschlossen werden, dass hinter den auf politischer Ebene seit Jahren erhobenen Forderungen, z.B. das ‚christliche' Europa, ‚christliche' Grundwerte, eine ‚christliche' Leitkultur zu stärken, nicht traditionelle Abgrenzungen gegenüber dem Judentum enthalten sind. So trat Papst Benedikt XVI. im September 2006 in seiner ‚Regensburger Rede' für eine ‚Hellenisierung' des Christentums ein, die einer ‚Judaisierung' entgegengesetzt ist[2].

---

1 Hermann Jellinek (geb. 1823), Bruder des Wiener Rabbiners Adolf Jellinek, wurde 1848 in Wien hingerichtet.
2 In der annotierten Fassung der Rede lenkt Ratzinger darauf hin. In Anm. 11 zur Rede heißt es: „Aus der umfänglichen Literatur zum Thema Enthellenisierung möchte ich besonders nennen A. Grillmeier, Hellenisierung – Judaisierung des Christentums als Deuteprinzipien der Geschichte des kirchlichen Dogmas", in: Ratzinger 1975, 423–488. http://www.vatican.va/holy_father/benedict_xvi/speeches/2006/september/documents/hf_ben-xvi_spe_20060912_university-regensburg_ge.html

Dies bedeutet, dass auch heute der Hinweis auf einen vorhandenen – und sei es auch ‚nur' latenten – Antisemitismus immer noch bedeutsam ist, auch dann, wenn er im Gewand von Religionskritik daherkommt.

9.2. Judentum und das Ethos der Aufklärung

Dies verweist auf den zweiten Gesichtspunkt, unter dem die Ergebnisse des Projektes für heutige Gesellschaft(en) von Bedeutung sein können. Die geforderte *interreligiöse* Aufklärung sollte nunmehr in die Gesellschaft hineingetragen und Barrieren gegen die Annahme des Judentums als Teil der deutschen Kultur überwunden werden. Dies erfordert jedoch ein reflektierteres Verständnis über das ‚Erbe' der Aufklärung. Dazu kann der jüdische Diskurs im 19. Jahrhundert beitragen, der sich gegen eine Verkürzung des aufklärerischen Ethos auf eine religionskritische oder gar atheistische Fundamentalkritik wendet.

Diese Kritik hat sich während der Aufklärungsepoche insbesondere am Christentum, bzw. an den christlichen Kirchen entzündet, wurde dann häufig auf alle Religionen generalisiert und damit auch zumeist undifferenziert auf Judentum – und Islam – verlängert. Das Ergebnis waren – von religionskritischer Seite – apodiktisch antijüdische Stellungnahmen, die sich in Ton und Inhalt von christlich-judenfeindlichen, später antisemitischen Anklagen nicht wesentlich unterschieden.

Die Analyse des jüdischen Diskurses zeigt jedoch, dass das Ethos der Aufklärung in seinem Kern eine *Anerkennung und Duldung* des religiösen Gewissens anderer und gerade nicht seine apodiktische Verurteilung beinhaltet.

Zweifellos legt der jüdische Diskurs dabei ein bestimmtes Verständnis von Religion zugrunde, indem diese als Motor für soziale und politische Grundwerte, insbesondere für Freiheit und Gerechtigkeit, erscheint. Leitend ist darüber hinaus der Glaube an einen produktiven ethischen Konsens zwischen den monotheistischen Religionen, der aus jüdischer Perspektive im Judentum schon angelegt sei.

Aus diesem Grund kann die ‚Moderne' im jüdischen Diskurs in den Begriffen des Judentums und als Projekt innerhalb der jüdischen Geschichte gedeutet werden. Religion und Recht werden dann miteinander verknüpft gedacht, ebenso wie die die Forderung nach Gleichheit auf biblisch-talmudische Begründungsraster rekurriert. Der Rabbiner J. J. Unger (1862) formuliert es so:

„Die Gleichheit aller Staatsbürger vor dem Gesetze ist, in die Sprache der Gotteslehre übersetzt, nicht mehr und nicht weniger als die Gleichheit aller Menschen vor Gott, dem Herrn, ‚Denn das Gesetz ist Gottes'. Deut 1,17. Mit anderen Worten. Gesetz und Recht sind nicht des Menschen Eigenthum, worüber er nach Willkür schaltet und waltet, sondern das ausschließliche, unveräußerliche Eigenthum des erhabenen Weltenrichters, der alle Menschen in seinem Ebenbilde geschaffen, und kraft dieser Ebenbürtigkeit die Gleichheit und

Gleichberechtigung Aller zu einem obersten Grundsatze seiner heiligen Lehre erhoben hat." (Unger 1899, 8)

Noch weiter geht der Rabbiner Julius Fürst (1870), wenn er unterstreicht, das moderne liberale Rechtsideal sei in Bibel und Talmud vorweggenommen, bzw. aus diesen Vorgaben sogar abgeleitet worden:

„Die neuere Zeit, der man so vielfach Feindseligkeit gegen die Religion vorwirft, hat durch Aufhebung der Leibeigenschaft und Sklaverei, durch Aufhebung der Tortur und des geheimen Strafverfahrens, durch Einführung der Rechtsgleichheit aller Bürger, durch versuchte Lösung der Armen- und Arbeiterfrage, durch Sorge für Verbesserung der Gefängnisse, durch Einführung humaner Behandlung der Strafgefangenen, durch Sorge für erweiterte Volksbildung ganz im Geiste der Bibel gearbeitet, und für Religion und Sittlichkeit unendlich mehr geleistet, als früher in Jahrhunderten geschehen. Und sie wird auch noch diesen Sieg der Sittlichkeit und Religion erringen, die Todesstrafe aus allen Gesetzbüchern der neueren Staaten auszumerzen, und auch hierin den Geist der Bibel, den Geist der Liebe, Wahrheit und Gerechtigkeit zur vollen Geltung bringen." (Fürst 1870, 47–48)

Im Rahmen des tonangebenden *rationalistischen* oder *atheistischen* Aufklärungsverständnisses wurde diese jüdisch-religiös verstandene Konzeption von Aufklärung nicht rezipiert, auch wenn die These vom ‚säkularisierten' Konsens über Grundwerte den religiösen Hintergrund nach wie vor voraussetzte.

Auch in den gegenwärtig sehr heftig geführten, globalen Religionsdebatten scheint im ‚Westen' nicht selten ein religionskritischer Rigorismus – etwa gegen den Islam – am Werk, der beansprucht, im Namen der Aufklärung aufzutreten. Offenbar aber wird dieser Anspruch verfehlt, solange die Anerkennung des Judentums in seiner originären ethischen Rolle nicht hinzutritt. Oder anders gefasst: Eine Verständigung zwischen Christentum und Islam könnte ohne die Reflexion der stiftenden und vermittelnden Rolle des Judentums unmöglich sein. Insofern können die Projektergebnisse auch als Mahnung verstanden werden, das Erbe der europäischen Aufklärung neu und d.h. weniger überheblich zu durchdenken.

9.3. ‚Messianismus' – als Prinzip politischer Ethik?

Im Begriff des ‚Erbes der Aufklärung' ist inbegriffen, dass die institutionelle und inhaltliche Auseinandersetzung um Grundwerte wie Freiheit und Gerechtigkeit niemals historisch abgeschlossen sein kann. Während Stichworte wie *Globalisierung* und *Ökologie* heute für Alarmstimmung sorgen, wurde Mitte des 19. Jahrhunderts die Utopie des grenzenlosen Wachstums gerade erst geboren.

Ökonomische, wissenschaftliche und technologische Phantasien schwingen zweifellos im untersuchten Diskurs mit, wenn dort ein *messianisches* Ethos vertreten wird, d.h. die Gewissheit, dass Freiheit und Gerechtigkeit in der Menschheitsgeschichte real eingelöst werden können. Den Schwerpunkt des messianischen Konzepts bilden hier jedoch nicht Ökonomie und Technologie, schon gar nicht die Strategie der religiösen Vertröstung, sondern u. a. die Realisierung von *Glaubens*freiheit. Leopold Stein schreibt:

> „Einst kommt sie dennoch die unaufhaltsame Zeit, wo in keinem Winkel der Erde ein Mensch um seiner *religiösen* Überzeugung willen wird mit seinem *bürgerlichen* Rechte verkürzt werden. *Dann hat die Sonne der Liebe die herrschenden Nebel durchbrochen; dann ziehet der große Tag des Herrn in seinem Glanze über die Erde hin; dann werden Selbstsucht und niedere Mißgunst sich verkriechen in Felsspalten und Erdhöhlen vor der erscheinenden Hoheit Gottes, dann wird in der religiösen Aufklärung sich wölben „der neue Himmel", und in der herrschenden Humanität sich bilden „die neue Erde", die verheißen ist –* **das Reich Gottes ist da!** *– die Wahrheit, Liebe, Gerechtigkeit, Frieden – sie bilden dann das Wesen des messianischen Staates.*" (1852 Stein Staat 16)

Dieser Messianismus soll durch die Einhaltung von zwei interdependenten Grundregeln den Weg zu Freiheit und Gerechtigkeit ebnen. Die eine Grundregel postuliert die Unteilbarkeit von Grundwerten, die für *alle Menschen* gelten sollen. Die zweite Grundregel bestimmt die Voraussetzung für diese universalistische Geltung, nämlich die Unteilbarkeit der *Prinzipien*.

Gefordert wird die Übereinstimmung zwischen Wort und Tat, zwischen der privaten und öffentlichen, der lokalen und nationalen und schließlich zwischen der nationalen und internationalen Geltung von Rechtsprinzipien. In der Mitte des 19. Jahrhunderts richtete sich diese Forderung konkret gegen die Doktrin der imperialistischen Realpolitik, die Ethik im engeren Sinn aufs Private beschränken, Staaten und Regierungen von ethischen Restriktionen aber befreit erklären wollte.

Von daher wird schon deutlich, worin auch *heute* die mühsame ‚messianische' Grundlagenarbeit hauptsächlich bestehen dürfte, da die zynischen Prinzipien der Realpolitik wieder die Weltbühne beherrschen. Es geht um das unermüdliche Aufdecken von ethischen Doppelstandards, die ständig neu erfunden und kunstvoll legitimiert werden, etwa wenn politische Rede und politisches Tun auseinander fallen oder wenn Euphemismen dazu helfen sollen, für Verletzungen der Menschenwürde öffentliche Akzeptanz zu schaffen. Das messianische Projekt bedarf also vor allem der diskursiven Kompetenz, die über Bildung und Öffentlichkeit vermittelt ist.

Die Frage, ob es einen unmittelbaren Zusammenhang zwischen Aussagen zum Messianismus des jüdischen Diskurses damals und heute gibt, ist im Rahmen dieses Projektes nicht zu klären. Doch ist die Analogie offenkundig, die sich zwischen Aussagen Leopold Steins und z. B. Jacques Derridas ergibt, der zum 2. Irak-Krieg feststellte:

> „Der Konflikt mit dem Irak schloss zahlreiche religiöse Elemente ein, auf allen Seiten, der christlichen wie der muslimischen. Messianizität ohne Messianismus ist dagegen ein Aufruf, ein Versprechen einer unabhängigen Zu-Kunft dessen, was im Kommen ist und wie jeder Messias in Gestalt des Friedens und der Gerechtigkeit kommt. Ein Versprechen unabhängig von jeder Religion, also ein universales Versprechen, unabhängig von den drei

Religionen, sofern sie in Opposition zueinander stehen, denn es handelt sich tatsächlich um einen Krieg zwischen den drei abrahamitischen Religionen. Ein Versprechen jenseits der abrahamitischen Religionen, universal, ohne Beziehung zu den Wiederauferstehungen oder zur Geschichte von Religionen. Meine Absicht ist nicht anti-religiös, es geht nicht darum, dem religiösen, genauer dem jüdischen, christlichen, islamischen Messianismus den Krieg zu erklären. Es geht darum, einen Ort zu markieren, an dem diese Messianismen von einer Messianizität überschritten werden, von einem Warten ohne Erwartung (attente sans attente), ohne Horizont für das kommende Ereignis, für die kommende Demokratie in all ihren Widersprüchen." (Derrida 2004, Übersetzung: Alfred Schobert.)

Und bei Emmanuel Levinas heißt es:

„Der Mensch kann was er soll; er kann die feindlichen Kräfte der Geschichte beherrschen, indem er ein messianisches Reich verwirklicht, ein Reich der Gerechtigkeit, wie es die Propheten verkündeten; das Warten auf den Messias ist die Dauer der Zeit selbst." (Levinas 1992, 40)

Auch im Wissen um die Shoah und um die grundsätzliche Möglichkeit eines erneuten Rückfalls in die Barbarei, nicht zuletzt aber mit Blick auf diese, auf die Gegenwart bezogenen Deutungen regen die Ergebnisse des Projekts dazu an, die Hoffnungen, die sich im jüdischen Diskurs damals artikulierten, ernst zu nehmen. Was die Autoren erreichen wollten und sagten, bleibt ebenso berechtigt und aktuell wie ihre gesellschaftliche Forderung an eine christlich inkulturierte Gesellschaft, sich dem Judentum in seiner originären Bedeutung zu öffnen.

Freilich kann Wissenschaft keine Kultur- oder Gesellschaftspolitik ersetzen. Aber sie verfügt durchaus über Mittel, um kultureller Rezeption voran zu helfen. In diesem Sinn soll die im Projekt *Staat, Nation, Gesellschaft* angestoßene Arbeit weitergeführt werden. Eine großzügige finanzielle Basis wird es ermöglichen, in den kommenden Jahren wichtige Werke deutsch-jüdischer Autoren neu zu edieren und sie in die heutige Kulturdebatte zu tragen. Dabei soll der Blick insgesamt auf die breite und vielfältig differenzierte jüdische Publizistik im 19. Jahrhundert gelenkt werden, der bis heute die kulturelle Rezeption versagt blieb.

Anhang 1: Aufbau des Archivs: Die Quellen

Grundlage für das Projektarchiv war eine umfangreiche Bibliographie, die auf der Grundlage der Durchsicht grundlegender Darstellungen der deutsch-jüdischen Geschichte des 19. Jahrhunderts und einer Anzahl biographisch-bibliographischer Quellen ermittelt wurde.

Quellen für die Suche waren:

1) Eichstädt, V. (1938) 1750–1848 / Bd. 1 [mehr nicht erschienen], Bibliographie zur Geschichte der Judenfrage. Hamburg; Fassl, P. (1993) Dokumentation zur Geschichte und Kultur der Juden in Schwaben. III. Bibliographie. Bearbeitet von Doris Pfister. Bezirk Schwaben. Augsburg; Heuer, R. (1982–1988) Bibliographica Judaica. Verzeichnis jüdischer Autoren deutscher Sprache. Bd. 1: A–K. Frankfurt 1982. Bd. 2: L–R. Mit Nachträgen, Pseudonymen- und Ortsverzeichnis. Frankfurt 1985. Bd. 3: S–Z. Frankfurt; LBI Jerusalem, Special Collection of articles from old, rare newspapers, periodicals and books [online: http//:www.leobaeck.org/silber.xls].

2) Darstellungen der deutsch-jüdischen Geschichte des 19. Jahrhunderts und deren Register, darunter: Brenner, M. (2000) Emanzipation und Akkulturation. Deutsch-jüdische Geschichte in der Neuzeit: 1780–1871. Bd. 2. (hrsg. im Auftr. des Leo-Baeck-Instituts von M. A. Meyer unter Mitw. von M. Brenner) München; Bronsen, D. (ed.) (1979) Jews and Germans from 1860 to 1933. The Problematic Symbiosis. Heidelberg; Bruer, A. (2006) Aufstieg und Untergang. Eine Geschichte der Juden in Deutschland (1750–1918) Köln etc.; Herzog, D. (1996) Intimacy and exclusion: religious politics in pre-revolutionary Baden. Princeton, NJ; Heschel, S. (2001) Der jüdische Jesus und das Christentum: Abraham Geigers Herausforderung an die christliche Theologie. Berlin; Liberles, R. (1985) Religious Conflict in Social Context; the Resurgence of Orthodox Judaism in Frankfurt am Main, 1838–1877. Westport, Conn./London; Lindner, E. (1997) Patriotismus deutscher Juden von der napoleonischen Ära bis zum Kaiserreich. Frankfurt am Main etc.; Meyer, M. A. (1988) Response to Modernity. A History of the Reform Movement in Judaism. Oxford/New York; Pulzer, P. G. J. (1992) Jews and the German state: the political history of a minority, 1848–1933. Oxford; Sterling, E. (1956) Er ist wie du. Aus der Frühgeschichte des Antisemitismus in Deutschland (1815–1850). München; Toury, J. (1966) Die politischen Orientierungen der Juden in Deutschland. Von Jena bis Weimar. Tübingen; Toury, J. (1977) Soziale und politische Geschichte der Juden in Deutschland 1847–1871. Zwischen Revolution, Reaktion und Emanzipation. Düsseldorf; Wilke, C. (2003) „Den Talmud und den Kant": Rabbinerausbildung an der Schwelle zur Moderne. Hildesheim; Zimmermann, M[oshe] (1979) Hamburger Patriotismus und deutscher Nationalismus. Die Emanzipation der Juden in Hamburg 1830–1865. Hamburg; Zimmer-

mann, M[ichael] (Hrg.) (1998) Die Geschichte der Juden im Rheinland und in Westfalen. Köln.
3) Bio-bibliographische Primär-Quellen des 19. Jahrhunderts, darunter: Kayserling, M. (1896) Die jüdische Litteratur von Moses Mendelssohn bis auf die Gegenwart. Trier; Fürst, J. (1960) Bibliotheca Judaica: Bibliographisches Handbuch der gesammten jüdischen Literatur, mit Einschluß der Schriften über Juden und Judenthum und einer Geschichte der jüdischen Bibliographie. Repr. d. Ausg. von 1849–1863. Hildesheim.
3) Bio-bibliographische Sekundär-Quellen, darunter vor allem: Biographisches Handbuch der Rabbiner, hrg. von Michael Brocke und Julius Carlebach, Teil 1: Wilke, C. [Bearb.] (2004) Die Rabbiner der Emanzipationszeit in den deutschen, böhmischen und großpolnischen Ländern 1781–1871 (Bd. 1: Aach – Juspa; Bd. 2: Kaempf – Zuckermann). München.
4) Systematische Abfrage durch Stichwort-, Autoren- und Titelsuche des Biographisch-Bibliographischen Kirchenlexikons (Bautz) und der Jewish Encyclopedia (1901–1906).
5) Systematische Abfrage durch Stichwort-, Autoren- und Titelsuche in deutschen, europäischen und internationalen Bibliothekskatalogen, über die Digitale Bibliothek (digBib), über den Karlsruher Virtuellen Katalog KVK, den Virtuellen Katalog Theologie und Kirche, den Katalog des Leo Baeck-Instituts in New York, den Katalog des US-Bibliotheksverbands OAIster, den Katalog der Jewish National & University Library, Jerusalem, den Katalog der International League of Antiquarian Booksellers, den Katalog von Antquariaat Spinoza, Amsterdam, und die Antiquariats-Meta-Suche von eurobuch.com [http://www.sfb.at/].

Das Projektarchiv umfasste zum Zeitpunkt der Untersuchung ca. 800 Titel, die in nationalen und internationalen Bibliothekskatalogen nachgewiesen und somit im Prinzip eingesehen werden konnten. Bei diesen Texten handelte es sich um Druckschriften, die im Laufe des gesamten 19. Jahrhunderts im weitesten Sinne zum Diskurs *Staat, Nation, Gesellschaft* erstellt und publiziert wurden.[1]

Ausgehend von der spezifischen Fragestellung des Projekts, in dem Schriften jüdischer Autoren, die in der Zeit von 1848 bis 1871 verfasst und veröffentlicht wurden, analysiert werden sollten, wurden das Archiv unter Berücksichtigung folgender Kriterien aufgebaut:

– Der Zeitraum der Veröffentlichung sollte im Untersuchungszeitraum liegen.
– Besonders prominente Autoren sollten nicht überproportional berücksichtigt werden.

---

[1] Diese Bibliographie wurde während der Projektlaufzeit ständig erweitert und vervollständigt durch Angaben, die aus den zur Analyse vorliegenden Schriften hervorgingen. Insofern handelte es sich bei der Entstehung des Archivs um einen ‚offenen' Prozess, der auch für Nachfolgeprojekte von Bedeutung ist.

– Es sollten möglichst viele ‚Generationen' von deutsch-jüdischen Autoren, die im Untersuchungszeitraum publizierten, berücksichtigt werden.[2]

Beschaffung der Druckschriften, Erstellung von Bild-Vorlagen und elektronische Erfassung der Textwortlaute

Die Beschaffung der Druckschriften, die unter diesen Gesichtspunkten in das Archiv des Projektes aufgenommen wurden, wurde in Zusammenarbeit mit den Mitarbeiter*innen* der Fernleihe der Universitätsbibliothek Duisburg-Essen vorgenommen.

Es hat sich gezeigt, dass bei diskursanalytischen Projekten, die *umfangreiche* Texte bearbeiten, der Einsatz elektronischer Textfassungen sowie deren Verknüpfung mit Datenbanken sinnvoll ist. Dies erleichtert die systematische Analyse der Texte. Voraussetzung dafür ist, dass die Texte in Gestalt von Bilddateien in einer Qualität eingescannt werden, die zu guten Leseergebnissen führt. Auf dieser Grundlage ist es mit einer speziellen Software möglich, die Texte, die weitgehend in Frakturdruck erschienen, als Textdateien einzulesen.[3] Die so gesicherten elektronischen Materialien sind zugleich Grundlage der *kulturellen* Sicherung der betreffenden Schriften, z.B. in Form einer digitalen Präsentation der Bild-Vorlagen und der Textdateien im Internet.

---

[2] Dafür war es notwendig, auch die Biographien einzelner Autoren einzusehen.
[3] Technische Basis eines solches Verfahren war das OCR-Verfahren (optical character recognition). Es zeigte sich jedoch, dass die Einleseergebnisse die Texte nur bedingt korrekt wiedergaben. Ein zweifaches Korrekturlesen war deshalb notwendig, um die Authentizität der Text zu sichern.

Anhang 2: Analyse der Themenfelder zur Bestimmung eines „Diskurskerns"

Reduktion der Hauptthemenfelder auf ‚Indikatoren'

Die Betrachtung der sieben Themenfelder und ihrer Unterthemen zeigt, dass sich der Diskurs *Staat, Nation, Gesellschaft* in zwei große Bereiche gruppieren lässt.
- Themen, die sich vor allem auf die Gestaltung der Gesellschaft im Sinne einer *Zivilgesellschaft* beziehen (1) und
- Themen, die sich auf die Gestaltung der gesellschaftlichen *Institutionen*, auf Staat und Nation beziehen (2).

Innerhalb der zwei Bereiche lassen sich weitere Differenzierungen vornehmen, z. B. können bestimmte Themenbereiche gebildet werden. Hierunter fallen Themen, in denen *Konzeptionen* (1a) der Gesellschaft entworfen werden, in denen das *jüdisch-christliche Verhältnis* (1b) betrachtet wird und wo etwaige *Abgrenzungen* zum Christentum (1c) vorgenommen werden. Der zweite Bereich, die Gestaltung von Staat und Nation, enthält Themen zu Fragen der *Interaktion von Staat und Juden* (2a) sowie *innerjüdische Reaktionen* in Zusammenhang mit der Frage nach ihrer Zugehörigkeit zur Nation (2b). Schließlich werden Themen angesprochen, die sich um *Judenfeindschaft* ranken, welche den Antisemitismus einschließt (2c).

So gesehen können die oben beschriebenen sieben Themen wie folgt auf den Diskurs Staat / Gesellschaft und Nation bezogen werden.[1]

Angesichts der Vielfalt der Themen, die in den Texten angesprochen werden, bietet es sich an, die Aussagenanalyse auf die thematischen Felder zu fokussieren, die innerhalb der Hauptthemenfelder jeweils als argumentative Mitte bestimmt werden können. Um diese zu ermitteln, ist es notwendig eine Gewichtung zwischen den Unterthemen vorzunehmen und einzelne Unterthemen als Indikatoren zu bestimmen, die als Aussageschwerpunkt(e) der jeweiligen Hauptthemen gelten können. Im Folgenden soll die Herleitung dieser Indikatoren für jedes Hauptthema begründet werden.

---

[1] Im Folgenden werden nur die Hauptthemen aufgeführt, die Unterthemen sind inhaltlich darin eingeschlossen. Die römischen Ziffern beziehen sich auf den Katalog der Themen, wie er im Projektbericht entwickelt wurde. In den gerasterten Kästen sind die Themen notiert, die dem Bereich „Gestaltung von Zivilgesellschaft" zuzuordnen sind. In den schraffierten Kästen sind die Themen vermerkt, bei denen es um die „Gestaltung der Institutionen" der Gesellschaft geht.

Anhang 2: Analyse der Themenfelder zur Bestimmung eines „Diskurskerns"

```
┌─────────────────────────┐         ┌─────────────────────────────┐
│ 1 a) Konzeptionen:      │         │ 2 a) Staat und Juden in     │
│ III. Jüdische Ethik     │         │      Interaktion:           │
│ VII. Universalismus     │         │ VI. Recht                   │
│                         │         │ I. Akkulturation            │
└───────────┬─────────────┘         └──────────────┬──────────────┘
            │                                      │
            ▼                                      ▼
┌─────────────────────────┐      ┌──────────────┐      ┌──────────────────────┐
│ 1 b) Auseinandersetzung │      │              │      │ 2 b) innerjüdische   │
│ mit dem jüdisch-        │─────▶│ Staat, Nation│◀─────│ Reaktionen:          │
│ christlichen Verhältnis:│      │ Gesellschaft │      │ I. Akkulturation     │
│ IV. Judentum-Christentum│      │              │      │ VI. Recht            │
└─────────────────────────┘      └──────┬───────┘      └──────────────────────┘
                                        ▲
            ┌───────────────────────────┼───────────────────────────┐
            │                                                       │
┌───────────┴─────────────┐                         ┌───────────────┴─────────┐
│ 1 c) Abgrenzungen:      │                         │ 2 c) Judenfeindschaft:  │
│ V. Auseinandersetzung   │                         │ II. Antisemitismus      │
│ mit dem Christentum     │                         │                         │
└─────────────────────────┘                         └─────────────────────────┘
```

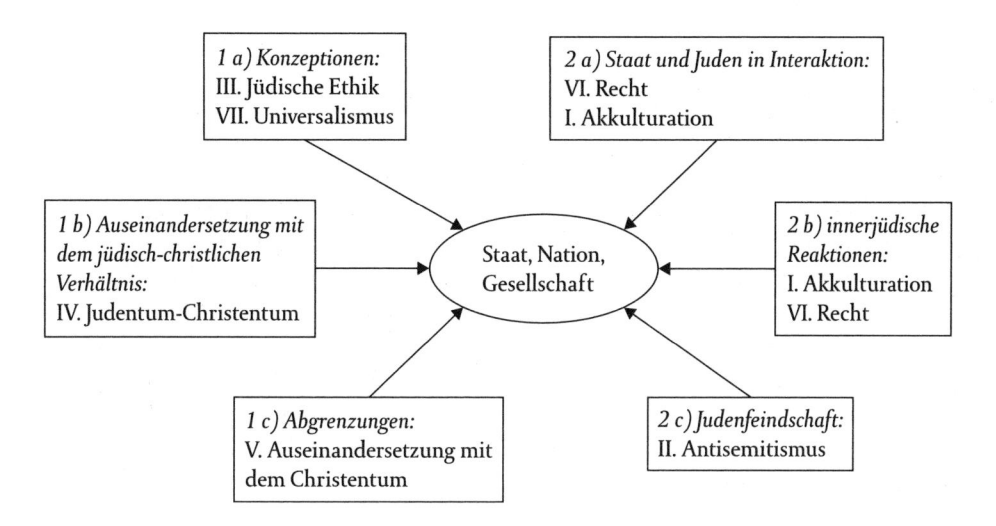

Akkulturation

Das Thema Akkulturation gliedert sich in folgende Unterthemen:
1. deutsche Nation: Ort der Verwurzelung
2. deutsche Kultur: kulturelle Leistungen und Leistungsträger, Kunst, Philosophie
3. Patriotismus: Vaterlandsliebe; bürgerliches Engagement im Vaterland; (demonstrative) Verehrung des Fürsten / der Regierung
4. Kritik am Judentum: Überwindung / Korrektur der jüdischen Abgeschlossenheit;
5. Jüdische Nation: im Sinne von jüdischen Selbstdefinitionen als „Nation", „Stamm", „Blut" etc.

Das Unterthema *deutsche Nation* ist sinngemäß unter *Patriotismus* vertreten, ebenso wie das Unterthema *deutsche Kultur*. Das Unterthema *Kritik am Judentum* lehnt sich an die innerjüdische Reformdebatte an und thematisiert z. B. den Widerstand orthodoxer Juden, sich gegenüber der Gesellschaft zu öffnen. Es berührt das Hauptthema *Akkulturation* somit als ein Nebenaspekt. Auch das Unterthema *Jüdische Nation* hat diesen Hintergrund. Es spielt zugleich in das Thema der antisemitischen Argumente (II. 4) hinüber, insofern es von nicht-jüdischer Seite gegen Juden und Judentum ins Feld geführt wird. Als Indikator für den Hauptthemenbereich *Akkulturation* verbleibt also das Unterthema *Patriotismus*.

Anhang 2: Analyse der Themenfelder zur Bestimmung eines „Diskurskerns"

Antisemitismus

Das Themenfeld Antisemitismus enthält die Unterthemen:
1. Abwehr von Antisemitismus
2. Gewalt: Judenverfolgung
3. Christlicher Antisemitismus: Verfolgung / Bevormundung des Judentums
4. ‚Argumente': antijudaische und antisemitische Klischees und typische ‚Argumente'

Das Unterthema *Abwehr* ist als Zusatz zum Hauptthema zu werten, da es eine bestimmte Haltung gegenüber Antisemitismus zum Ausdruck bringt. Dies trifft auch auf das Unterthema *Gewalt* zu, das Formen von Antisemitismus thematisiert. Beim Unterthema *Christlicher Antisemitismus* haben wir es mit der Benennung eines Typus von Judenfeindschaft zu tun, die im Unterthema *Argumente* in voller Bandbreite dokumentiert wird. Auf dieser Grundlage kann das Unterthema *Argumente* als Indikator für den Aussagenkern im Hauptthema *Antisemitismus* gelten.

Jüdische Ethik

Das Thema Jüdische Ethik untergliedert sich in folgende Unterthemen:
1. Rechte: Menschen- und Bürgerrechte; Menschenwürde; Sozialpflicht des Eigentums (Recht des Armen gegenüber dem Besitzenden); Wehrthematik; keine Hierarchien;
2. Werte: Ganzheit: Gesellschaft / Menschheit, Menschenbild: Einheit Körper und Geist; Freiheit *und* Gleichheit; Nächstenliebe; staatsbürgerliche Pflichterfüllung; Familienethos;
3. Theokratie: Verschmelzung von Religion und Gesellschaft; als Moralisierung der gesamten Gesellschaft
4. Kritik an der Aufklärung: Vernunftkritik; Kritik von Abstraktion / Reduktion; Wissenschaftskritik
5. Grundlage der Gesellschaft: Judentum als soziales und rechtliches Vorbild der Menschheit; als Stifter einer gemeinsamen Ethik
6. Jüdische Bildung/Wissenschaft: Teil der messianischen Aufgabe; Teil der jüdischen Reform; Gewinn für die deutsche Nation

Hier lassen sich die *Kritik an der Aufklärung* (als Abgrenzung) und *Jüdische Bildung/ Wissenschaft* (tendiert zu ‚innerjüdische Reaktionen') ausblenden. Das Unterthema *Jüdische Ethik als Grundlage der Gesellschaft* lässt sich als Emphase deuten, die auch unter dem Thema *Universalismus* (hier vor allem: *Fortschritt*) repräsentiert wird. Auch das Unterthema *Theokratie* kann als emphatische Steigerung einer ethischen Botschaft vorläufig ausgeblendet werden. Das Unterthema *Werte* weist gegenüber dem Unterthema *Rechte* einen höheren Stellenwert als Indikator auf, da bei der Thematisierung von Rechten immer auch Werte im Spiel sind, die die Grundlage für Rechte darstellen. Daher verbleibt für das Gesamtthema *Jüdische Ethik* das Unterthema *Werte* als Indikator.

Anhang 2: Analyse der Themenfelder zur Bestimmung eines „Diskurskerns"

Verhältnis Judentum und Christentum

Dieses Thema untergliedert sich in die Unterthemen:
1. Kontrast: Diesseits / Jenseits; gesellschaftlich / individuell; jüdische (reine) Lehre / heidnische Elemente; christliche Leitkultur und die Juden
2. Übereinstimmung: gleiche Aufgabe / gleiche Ethik; Christentum als Teil / Fortsetzer des jüdischen Heilsplans
3. Judentum als Grundlage des Christentums: Mutter-Tochter-Topos
4. Konvergenz: Vision der Annäherung und Vereinigung von Judentum und Christentum
5. Konversion: Kritik; Analyse

Das Unterthema *Konvergenz* kann als eine ausdrückliche Konsequenz aus *Übereinstimmung* verstanden werden. Das Unterthema *Konversion* ist ein Nebenaspekt. Die verbleibenden Unterthemen *Kontrast, Übereinstimmung, Judentum als Grundlage des Christentums* können nicht weiter reduziert werden, da sie eine erhebliche Trennschärfe haben.

Auseinandersetzung mit dem Christentum

Das Thema Auseinandersetzung mit dem Christentum hat folgende Unterthemen:
1. Werte: Hierarchiebildung (Macht / Unrecht / Verbrechen); Fixierung auf das Individuum; Askese (Körperfeindlichkeit);
2. Fortschritt: Christentum als Fehlentwicklung wird überwunden / Christentum überwindet seine Fehlentwicklung
3. Heidentum: Abschied von den jüdischen Grundlagen; Erbe des klassischen Altertums;

Das Unterthema *Fortschritt* lässt sich als eine Ergänzung zum Unterthema *Werte* verstehen. Die Unterthemen *Werte* und *Heidentum* lassen sich nicht ohne Verlust erheblicher Trennschärfe weiter reduzieren und können beide als Indikatoren gelten.

Recht

Das Thema Recht gliedert sich in folgende Unterthemen
1. Grundrechte: Kampf um Bürgerrechte / um bürgerliche Gleichstellung; Gleichstellung der Konfessionen / Religionen; Gewissensfreiheit; Ausschluss aus Berufe
2. Fortschritt: Gewissheit hinsichtlich der Durchsetzung der Bürgerrechte / der Gleichstellung
3. Staat: staatliche Verantwortung

Das Unterthema *Fortschritt* ist als Ergänzung zum Unterthema *Grundrechte* zu sehen und kann vorläufig ausgeblendet wird. Ebenso kann das Unterthema *Staat* unter der

Voraussetzung ausgeblendet werden, dass es im Zusammenhang des Unterthemas *Grundrechte* grundsätzlich mitgedacht ist. Somit bleibt das Unterthema *Grundrechte* als Indikator für den Hauptthemenbereich *Recht*.

Universalismus

Das Thema Universalismus hat folgende Unterthemen:
1. Fortschritt: Ziel des Judentums: Menschheit / Recht für alle Menschen; Menschheit auf dem Weg zur humanen Gesellschaft
2. Deutsche Nation: Würde / guter Ruf, Vorbild für Europa; Teil der Menschheit

Das Unterthema *Deutsche Nation* kann ausgeblendet werden, da dieser Aspekt in Thema *Akkulturation*, hier: *Patriotismus*, repräsentiert ist. Somit verbleibt das Unterthema *Fortschritt* als Indikator.

Hinsichtlich der oben aufgezeigten inneren Beziehungsstruktur platzieren sich die Themen und Unterthemen nun folgendermaßen:

Gewichtung der Indikatoren untereinander

Diese Themenbereiche und die ermittelten Indikatoren lassen sich nun nochmals *gegeneinander gewichten*. Auf diese Weise lässt sich ein *Aussagen*schwerpunkt – ein „Diskurskern" – des Gesamtdiskurses bestimmen.

Nunmehr erscheinen die Bereiche *Staat und Juden in Interaktion* und *innerjüdische Reaktionen* deshalb in ihrem Gewicht relativiert, weil in den Texten der Kampf um die Gleichberechtigung vornehmlich als zeitgeschichtliche Erfahrung interpretiert wird und die fehlende Möglichkeit zur Gestaltung der Gesellschaft (Aussagen in *I. Akkulturation (Patriotismus)*) beklagt wird. Dennoch werden die konzeptionellen Vorstellungen im Bereich der Gestaltung der Gesellschaft nicht aufgegeben oder relativiert. Es wird an diesen Vorstellungen, die im Indikator *III. Jüdische Ethik (Werte)* gebündelt sind, trotz der Beschränkungen festgehalten, sowohl im Hinblick auf die deutsche Gesellschaft (vgl. *I. Akkulturation (Patriotismus)*), wie auch mit der Perspektive auf die Menschheit insgesamt (vgl. *VII. Universalismus: (Fortschritt)*).

Von daher kann der Indikator *I. Akkulturation (Patriotismus)* dem Bereich der *Konzeptionen* zugeschlagen werden und auf das Thema *III. Jüdische Ethik: (Werte)* als Minimalindikator reduziert werden.

Das Thema *VI. Recht (Grundrechte)* wird in der Regel gleichfalls als zeitgeschichtliche Erfahrung aufgenommen und kann deshalb ebenfalls ausgeblendet werden. Damit können die Themenbereiche *Staat und Juden in Interaktion* sowie *Innerjüdische Reaktionen* insgesamt aufgelöst werden und es verbleiben folgende Bereiche:

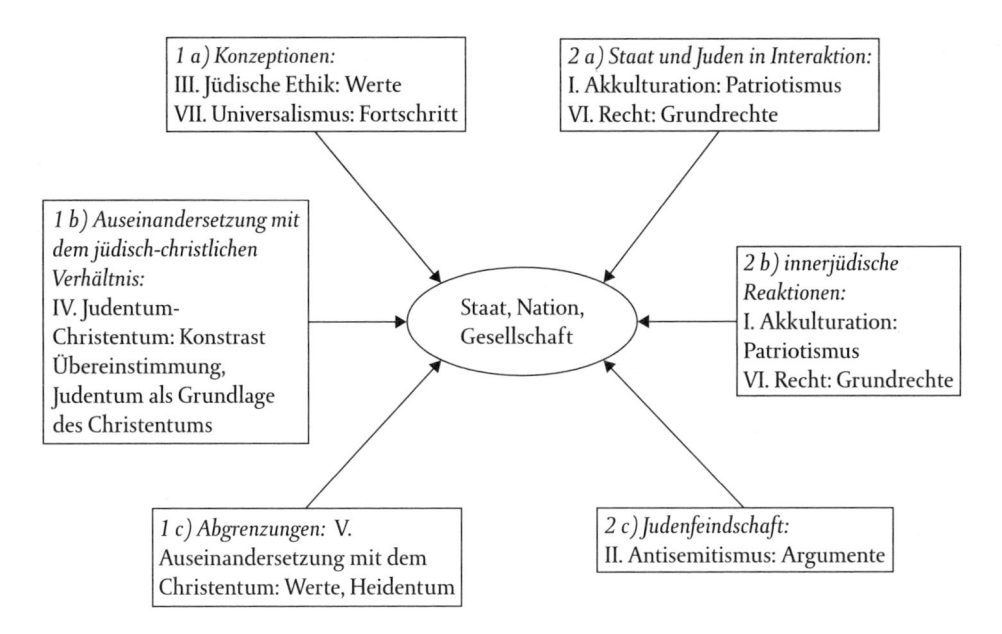

Anhang 2: Analyse der Themenfelder zur Bestimmung eines „Diskurskerns"

```
┌─────────────────────────────┐        ┌─────────────────────────────┐
│ 1 a) Konzeptionen:          │        │ 2 a) Staat und Juden in     │
│ III. Jüdische Ethik: Werte  │        │ Interaktion:                │
│ VII. Universalismus:        │        │ I. Akkulturation: Patriotismus│
│ Fortschritt                 │        │ VI. Recht: Grundrechte      │
└─────────────────────────────┘        └─────────────────────────────┘
                    ↘                        ↙
┌──────────────────────────┐                              ┌──────────────────────┐
│ 1 b) Auseinandersetzung  │                              │ 2 b) innerjüdische   │
│ mit dem jüdisch-         │                              │ Reaktionen:          │
│ christlichen Verhältnis: │      ⟶  Staat, Nation,  ⟵   │ I. Akkulturation:    │
│ IV. Judentum-            │         Gesellschaft         │ Patriotismus         │
│ Christentum: Konstrast   │                              │ VI. Recht: Grundrechte│
│ Übereinstimmung,         │                              │                      │
│ Judentum als Grundlage   │                              │                      │
│ des Christentums         │                              │                      │
└──────────────────────────┘                              └──────────────────────┘
                    ↗                        ↖
┌─────────────────────────────┐        ┌─────────────────────────────┐
│ 1 c) Abgrenzungen: V.       │        │ 2 c) Judenfeindschaft:      │
│ Auseinandersetzung mit dem  │        │ II. Antisemitismus: Argumente│
│ Christentum: Werte, Heidentum│       │                             │
└─────────────────────────────┘        └─────────────────────────────┘
```

- *Konzeptionen* mit dem Indikator III. Jüdische Ethik (Werte)
- *Auseinandersetzung mit dem jüdisch-christlichen Verhältnis* mit den Indikatoren: IV. Judentum-Christentum (Kontrast, Übereinstimmung, Judentum als Grundlage des Christentums)
- *Abgrenzungen* mit den Indikatoren: V. Auseinandersetzung mit dem Christentum (Werte, Heidentum)
- *Judenfeindschaft* mit dem Indikator II. Antisemitismus (Argumente)

Die Betrachtung dieser Themenbereiche lässt eine gemeinsame „Klammer" sichtbar werden: Alle sind eng mit dem Christentum verbunden.

Allerdings erweist sich innerhalb dieser gemeinsamen „Klammer" der Bereich *Judenfeindschaft* insofern als weniger gewichtig, als Judenfeindschaft ja als eine Folge bestimmter Auffassungen zu sehen ist, die sich – in der Auseinandersetzung von Judentum und Christentum – auf christlicher Seite eingestellt haben. *Judenfeindschaft* ist deshalb für den jüdischen Diskurs zu *Staat, Nation, Gesellschaft* nur indirekt von Bedeutung und kann ausgeblendet werden.

Die *Auseinandersetzung mit dem jüdisch-christlichen Verhältnis* enthält zwei sich scheinbar widersprechende Unterthemen: *Kontrast* und *Übereinstimmung*. *Kontrast* hebt die Unterschiede hervor, die zwischen Judentum und Christentum bestehen. Das Unterthema *Übereinstimmung* hebt hervor, dass beide Religionen von einer gemeinsamen Ethik oder einer gemeinsamen gesellschaftlichen Aufgabenstellung ausgehen. Hier muss es sich jedoch nicht um eine Inkonsistenz des Diskurses handeln. Die Themen

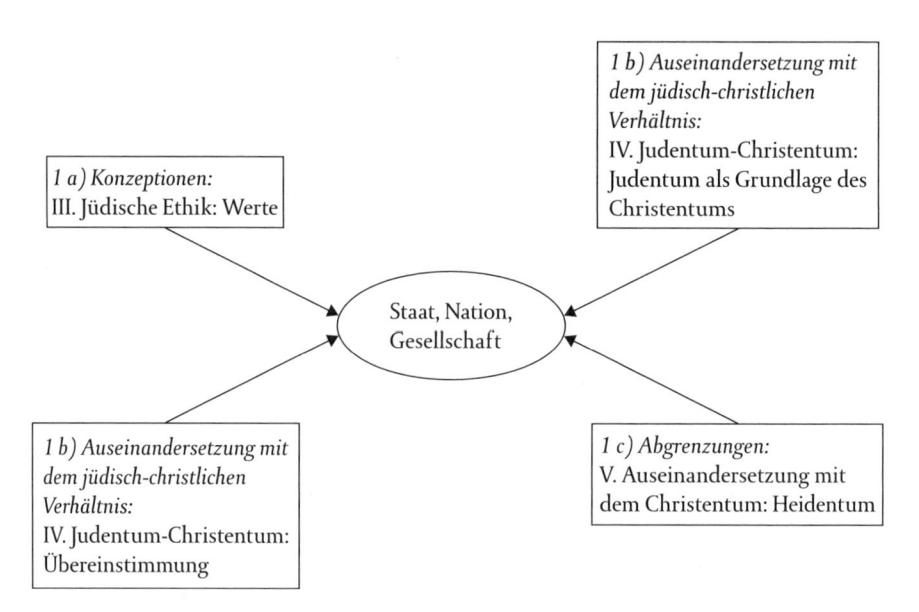

Anhang 2: Analyse der Themenfelder zur Bestimmung eines „Diskurskerns"

1 a) Konzeptionen:
III. Jüdische Ethik: Werte

1 b) Auseinandersetzung mit dem jüdisch-christlichen Verhältnis:
IV. Judentum-Christentum: Judentum als Grundlage des Christentums

Staat, Nation, Gesellschaft

1 b) Auseinandersetzung mit dem jüdisch-christlichen Verhältnis:
IV. Judentum-Christentum: Übereinstimmung

1 c) Abgrenzungen:
V. Auseinandersetzung mit dem Christentum: Heidentum

können auch auf zwei „Aussagen" verweisen, die unterschiedliche Positionen im Diskurs einnehmen.

Jedoch kann festgestellt werden, dass das Unterthema *Kontrast* inhaltlich auch im Themenbereich *Abgrenzungen* im Indikator *V. Auseinandersetzung mit dem Christentum (Werte)* aufgegriffen und vertieft wird: Negative Charakterisierungen des Christentums, die im Unterthema *Kontrast* positiven Charakterisierungen des Judentums gegenüber gestellt werden, werden hier wiederholt, allerdings ohne eine ausdrückliche Gegenüberstellung zum (positiv unterstellten) Judentum.

Es ist deshalb bei einer weiteren Reduktion gerechtfertigt, den Indikator *V. Auseinandersetzung mit dem Christentum (Werte)* als eine „rhetorische" Variante von *Kontrast* zu betrachten, in dem die Folgen geschildert werden, die aus der christlichen Akkulturation in die griechisch-römische Tradition hervorgingen. Als Variante gehört der Indikator *V. Auseinandersetzung mit dem Christentum (Werte)* jedoch nicht zum Kern und kann deshalb ausgeblendet werden.

Während also die Differenzen zwischen Christentum und Judentum in angrenzenden Unterthemen noch vertieft werden, gilt dies nicht für das Unterthema *Übereinstimmung*. Allerdings kann mit Blick auf die Indikatoren *IV. Judentum-Christentum (Judentum als Grundlage des Christentums)* und *V. Auseinandersetzung mit dem Christentum (Heidentum)* dieses Thema auf eine bestimmte Aussage hinauslaufen: Das Christentum ist die „Tochter" des Judentums. Der Indikator *Heidentum* kann hervorheben, dass bei der Entstehung des Christentums die Potenzen beider Religionen zugunsten der Differenz entschieden wurden. Insofern kann der Indikator *Übereinstimmung* als Verweis auf eine ursprüngliche und künftig vorhandene Potenzialität im Christentum im Hinblick auf die jüdische Ethik der Ganzheit gelesen werden.

Das Unterthema *Kontrast* hebt hervor, wie und dass es zur Spaltung kam. Zu vermuten ist, dass die Basisaussagen dieses Unterthema bereits in dem Thema *III. Jüdische Ethik: 2. Werte* enthalten ist. Deshalb kann auch dieses Unterthema vorläufig ausgeblendet werden.

Somit bleiben vier Themenfelder, die in ihrer Gesamtheit den „Diskurskern" bilden.

Anhang 3: Leopold Stein:
Was ist das Wesen des christlichen Staates

**Was ist das Wesen
des
Christlichen Staates?**

Eine zeitgemäße Frage,
erörtert von
Leopold Stein,
Rabbiner der israelitischen Gemeinde zu Frankfurt am Main.

Frankfurt a. M.
Literarische Anstalt.
(J. Rütten.)
1852.

(2) „Und rückwärts ging das Recht, und das Heil stand von Ferne; auf der Straße kam Wahrheit zum Fall, und Billigkeit konnte nicht herantreten. – Und als nun die Wahrheit war abhanden gekommen, und wer vom Bösen wich, sich beeinträchtigt fand, da sah es der Herr, und es mißfiel ihm, daß kein Recht sei! – Und als er sah, daß kein Mann da war, und sich erstaunte, daß Niemand der Sache sich annahm, da half ihm *sein* Arm, und seine Gerechtigkeit ward ihm zur Stütze."
Jesaias 59, 14 –16.
Druck von C. Adelmann.

(3) „Der Geist des Herrn, Gottes ruhet auf mir, denn mich hat gesalbt der Ewige, den Gedrückten frohe Botschaft zu bringen; mich hat er gesendet, die gebrochenen Herzen zu heilen – auszurufen für die Gefangenen *Freiheit,* und für die Gefesselten *öffne den Kerker!*"
Jesaias 61, 5.

Das zunehmende Licht, der aufdämmernde Morgen einer besseren Zeit erfüllte in der ersten Hälfte des Jahrhunderts den Menschenfreund mit den schönsten Hoffnungen für eine bessere Zukunft unseres Geschlechtes. Die dunklen Gestalten mittelalterlicher Nacht traten mehr und mehr in schattigen

36 Hintergrund; über unseren Häuptern hörten wir erweckende
37 Morgenstimmen die Ankunft der allerwärmenden Mutter
38 verkünden; bald hofften wir sie selbst in ihrer Glorie zu
39 sehen die große Sonne, „Liebe" genannt, wie sie allen von
40 dem Einen Gott gleichgeschaffenen und gleichgeliebten Wesen
41 ohne Ausnahme ihre belebenden Strahlen zusende. Wer
42 wollte sich dieses herrlichen Morgens nicht freuen, im Namen
43 Gottes, im Interesse der Religion? – Da erwachten die
44 strebenden, lange in Schlafesbanden gefesselten Kräfte; da
45 rüttelte der Genius des Jahrhunderts auch den Schläfer
46 „Israel wach," daß er sich die Augen rieb und rief: „ist er
47 nahe jener Morgen, von dem einst meine Seher sprachen, wenn
48 er sich auch versäumt, harre sein, er kommt gewiß, er bleib
49 nicht aus?"[1] Und der Genius sprach: „er ist nahe! auf,
50 gürte und rüste Dich zum Wettlaufe auf der Bahn des
51 (4) sich erneuernden Bürgerthums! viel Zeit hast Du verschlafen;
52 viel hast Du nach- und einzuholen; auf, und sei nicht träge!"
53 – Und wir erhoben uns, nachdem der Genius die Bande
54 zerschnitten hatte, freudig von dem sodomitischen Streckbette,
55 auf welchem wir in einer Jahrhunderte langen Nacht festge-
56 halten waren; wir rührten und regten die verrenkten Glie-
57 der und rüsteten uns zu dem edelsten Kampfe, welchen die
58 Menschheit kennt, zum Wettkampfe auf dem Gebiete der
59 Wissenschaft, der Kunst und erhebender Menschenbildung.
60 Denn des neuaufgegangenen Tages wollten wir uns wür-
61 dig machen; von Vorurtheilen und absperrenden Meinungs-
62 ketten uns selbst befreien; winkte uns ja der höchste Preis,
63 welchen für uns das Jahrhundert auf hoher Fahne befestigt
64 hatte, unser von Gott geheiligtes Menschenrecht aus den
65 Händen unserer menschlichen Brüder. Der Genius aber des
66 im rosigen Morgenlichte aufblühenden Jahrhunderts ermun-
67 terte uns fortwährend: „ringet, strebet! am Ziele empfanget
68 ihr den Lohn." Wir rangen; wir strebten; der Genius freute
69 sich, ein losgebrochenes Glied wieder in die Reihen der Ge-
70 sellschaft eingefügt zu sehen; wir empfingen das hohe Gut,
71 unsere volle Gleichberechtigung ward in Zeiten des Auf-
72 schwungs und schwellender Lenzeshoffnung von den Völkern
73 ausgesprochen, von den Regierungen besiegelt – da freuten
74 wir uns als Israeliten; da freuten wir uns noch mehr als
75 *Menschen*; denn in der Gewährung jenes hohen Gutes
76 an uns, die Schwachen, die Minderzähligen, feierte die Re-

---

1 Habak. 2, 3.

ligion, feierte das Menschenthum seinen schönsten Sieg, den
Sieg des Geistes über rohe Gewalt, den Sieg der Liebe
über niedere Selbstsucht. –

Und im Namen der Religion – welch eine Entweihung
ihres heiligen Namens! – soll uns jenes hohe Kleinod
wieder entrungen, geschmälert, seines schönsten Juwels be-
raubt werden? – Der neue Morgen einer besseren Zeit
(5) verdüstert sich wieder; die Sonne reiner und allgemeiner
Menschenliebe, welche wir schon am Horizonte freudig begrüßt hatten, rief ihre Feinde, die düsteren Nebel wach aus
den Gräbern der Nacht; auf's Neue rüstet sich das Vorurtheil zum Kampf und thürmet seine Wolkenburgen am Himmel auf, und wie Hagelschauer am Aerndtetag fällt der Gedanke eines „christlichen Staates" auf unsere Saat verderbend nieder. –

„*Christlicher Staat!*" was ist Das? ein Wort,
gleich anderen Worten mehr, hinter welchen sich, das ist gewiß, Tendenzen zu verbergen suchen, mit denen die Religion
in ihrer Hoheit und Würde am wenigsten zu schaffen hat.
Allein wir haben zu viel Hochachtung und Verehrung für
die Religion, als daß wir schon als *Menschen* diesen
Mißbrauch ihres erhabenen Wesens gleichgültig mit ansehen
dürften; und wir sind bei dem, was jetzt hinter dem Schilde
ihres Namens beabsichtigt wird, zu sehr betheiligt, als dass
wir nicht als *Israeliten* den wieder erstandenen Gegner
vor die Waffe des Geistes fordern müßten, daß er uns
Red' und Antwort gebe, daß er mit offenem Visir sein wahres
Wesen kundgebe und erprobe; und so verfinstert ist die auf-
gegangene Morgensonne doch noch nicht, daß nicht der unge-
trübte Sinn unterscheiden sollte zwischen Recht und Unrecht. –

Worauf also beruht das Wesen des christlichen
Staates? –

Diese Frage, auf welche Alles ankommt, muß vor Allem
beantwortet werden; und wir wenden uns daher mit derselben an unsere *christlichen* Mitbrüder, damit sie uns,
damit sie sich selbst die Phrase vom christlichen Staate recht
deutlich machen mögen. –

Worauf, also beruht das Wesen des speci-
fisch-christlichen Staates? –

Ist es etwa das christliche **Dogma**, *der Lehrbe-*
(6) *griff der Kirche,* welcher den Genuß der staatsbürgerlichen
Rechte bedingen soll? – Es ist schon tausend und aber tau-
sendmal gesagt worden, kann aber nicht oft genug wiederholt
werden, daß politische Rechte von Glaubenssätzen abhängig
machen, den Staat ein Sacrilegium am Heiligthume der Gewissensfreiheit begehen läßt, was stets zu seinem eigenen Un-
heil ausschlagen muß. Denn sobald das Dogma das politische
Recht bestimmt, wo wollt Ihr da die Grenzen der Ausschließung setzen? – Die katholische Kirche hält sich für die
allein seligmachende. Wer nun in Ewigkeit verdammt
ist, für dessen Seelenheil zu beten als eine Sünde erscheint[2],
darf Der – sobald das Dogma in politischen Dingen maß-
gebend ist – eine obrigkeitliche Stelle bekleiden? darf man
den ewig Verdammlichen ein Wort mit reden lassen in dem
geheiligten christlichen – d.h. katholischen Staate? – Und
die Katholiken haben lange genug die politischen Rechte der
protestantischen Ketzer verkürzt, und selbst nachdem Ströme
des edelsten deutschen Blutes den westphälischen Frieden zu
theuer erkauft hatten, wurden die Rechte der Protestanten in
katholischen Ländern oft verkümmert, war die durch jenen
Frieden freilich schlecht genug versorgte Gewissensfreiheit oft
mehr als in Frage gestellt[3]. Hinwiederum haben die Protestanten die Katholiken der unverantwortlichsten Entstellung
des christlichen Lehrbegriffs beschuldigt, haben Das, was
jenen als das Heiligste und Göttlichste gilt, als Teufels-
werk, Belialsdienst, Abgötterei bezeichnet, und in Folge dessen
(7) hat bis in unsere Zeit herein, bis vor wenigen Jahrzehnten,
das freie England acht Millionen Katholiken in ihren theuer-
sten Rechten gekränkt, ja, hat die freie Reichsstadt **Frankfurt**
lange genug *nicht blos die Katholiken*, sondern selbst
die Christen *reformirten* Bekenntnisses in stiefmütterlicher
Ungleichheit erhalten, bis jene göttlichen, weil menschenver-
brüdernden Ideen der Neuzeit, die man jetzt wieder bannen
und dämmen will, zum Durchbruch kamen, bis die gottes-

---

[2] Vergl. den Artikel *Baden* in der Religionsgeschichte der neuesten Zeit.

[3] Auch die jüngst – anno 1852 – in *Florenz* erfolgte Verurtheilung des *Ehepaares Madiai* zur **Galeerenstrafe**, weil sie die *römisch–katholische Religion* mit der *protestantischen vertauscht* haben, ist ein interessantes Beweismittel für die beneidenswerthen Zustände des „christlichen Staates."
[Das Ehepaar Madiai war von Florenz aus in der Toskana missionarisch tätig gewesen und wurde zunächst verurteilt und gefangen gesetzt, durch den internationalen Protest der *Evangelischen Allianz* aber wieder frei gelassen. Insbesondere konnte Agénor Étienne de Gasparin (1810–1871), ein reformierter Publizist, den König von Sardinien als Vermittler gewinnen.]

gewaltigen Folgen der französischen Staatsumwälzung Katholiken und Reformirte allhier emanzipirt haben. – Und an uns *Juden* wollt Ihr den allverderblichen Grundsatz, politische Rechte von kirchlichen Lehrsätzen abhängig zu machen, wieder geltend machen? Das köstliche Gut der Gewissensfreiheit – und diese ist angetastet, wenn wieder politische Rechte zu religiösem Lohn und Köder werden – dieses Gut, Euch selbst so kostbar, uns, den Schwächeren, wollt ihr es verkümmern? und habet keine Furcht, daß solcher Frevel Euch selbst zu Schaden gereichen könne? und seid so sicher, daß nicht, sobald das Dogma im Staate wieder eine Rolle spielt, auch Euere Confessionsverwandten dort, wo sie die Minderheit bilden, in ihren Rechten werden verkürzt werden, so gut wie der Türke durch das Recht, resp. Unrecht der Gewalt Christen verfolgt und austreibt? –

Darum, christliche Mitbürger! stimme überall eine vernünftige *Staatslehre* mit einer vernünftigen *Gotteslehre* in dem Grundsatze überein: *beurtheile den Menschen nach seinen Handlungen*, **nicht** *nach seinem Glauben!* Das Judenthum weiß deßhalb nichts von einer allein selig machenden Religion; auch seine orthodoxesten Anhänger bekennen sich zu dem glorreichen Satze: „die Edlen *aller* Nationen haben Antheil an der künftigen Welt[4]."
(8) Sollen wir für dieses gewiß ächt menschliche und wahrhaft religiöse Dogma bestraft werden? und weil wir Euch, als Folge des Glaubens an einen ewigen und einzigen Weltenvater, Antheil an unserem *Himmel* gönnen, deßhalb wolltet Ihr uns den Antheil an Euerer Erde verkümmern? – Unbeirrt durch Euere dogmatischen Streitigkeiten, und trotz unsäglichen Druckes, welchen Ihr uns auferlegt, halten wir nun Jahrtausende hindurch treu und ausdauernd fest an jenem Glauben an den einigen und einzigen Gott; könntet Ihr uns mehr achten, wenn wir's weniger thäten? – Und wie ist dieser Glaube in *Euern* Bekenntnißschriften bezeichnet? – Oeffnet einmal das Evangelium Marci, im 12. Cap. B. 28, und leset: „und es trat zu ihm der Schriftgelehrten Einer und fragte ihn: welches ist das vornehmste *Gebot* vor Allen? Jesus aber antwortete: das vornehmste Gebot vor allen Geboten ist das: **Höre Israel, der Herr unser Gott, ist ein einiger Gott!** und Du sollst Gott, Deinen Herrn,

---

4 Talmud Sanahedrin 105, a. – Maimonid. von den Königen cap. 8, 11. „Chasside Umoth haolam jesch lahem chelek leolam habbah."

lieben von ganzem Herzen u. s. w." – So sprach vor zweitausend Jahren der Stifter Euerer Religion! – und fraget nun heutigen Tages irgend ein Kind aus Israel: „welches ist die vornehmste Lehre der jüdischen Religion?" und ohne anzustehen, wird es antworten: „die vornehmste Lehre unserer ganzen Religion ist das: *höre, Israel, der Herr unser Gott ist ein einiger Gott!"* (5. B. Mos. 6, 4.) –
Daß wir nun diesen Satz ungetrübt und unverändert erhalten haben, wie ihn uns Moses aufgezeichnet, und wie ihn Euch Jesus wiederholt hat, dafür sollen wir bestraft werden? deßhalb, weil wir am Höchsten treu und fest gehalten, deßhalb wolltet Ihr uns den Genuß der höheren Rechte entziehen? – Das kann nicht sein! so niedrig wollen und dürfen wir von Euch nicht denken; das *Dogma* ist es in Wahrheit nie und nimmermehr, weshalb Ihr uns die gewährten politischen Rechte wieder schmälern könntet! –

(9) Dann ist es aber vielleicht die **Handlungsweise**, wozu die Religion antreibt? Das Wesen des christlichen Staates ist vielleicht die Liebe, „die christliche Liebe", und deßhalb gebühre uns in demselben kein voll- und gleichberechtigter Platz? – Wenn freilich das *unterscheidende* Merkmal der christlichen Liebe die Ausschließung des Andersglaubenden, die Beeinträchtigung des schwächeren Theils in den höchsten Rechten der Gesellschaft ist – ja dann! – Aber ist das Merkmal der christlichen Liebe Entsagen, Dulden, Leiden, Hinreichen der anderen Wange, wenn die eine geschlagen wird – wie dann? – Und wenn jetzt Euer Meister unter Euch träte, und fragte: ist es denn wahr? übt Ihr die Liebe, die ich Euch anempfohlen, wirklich der Art, daß Ihr für Euch die besten Rechte und Vortheile im Lande voraus nehmet, und diejenigen, die meines Blutes sind, auszuschließen gedenket – was wolltet Ihr ihm antworten? ihm, der gesagt hat, mein Reich ist nicht von dieser Welt? – Und worauf beruft sich der Stifter der christlichen Religion, wenn er die Liebe über Alles anempfiehlt, nicht wieder auf die Lehre *Mose's?* Führt er nicht als *zweites* Hauptgebot (Ev. Marci a. a. O. Vers 31. Matth. 22, 39) aus der *alten* Lehre das göttliche Wort auf: „du sollst deinen Nächsten lieben, wie Dich selbst?" (3. B. Mos. 19, 18). – Oder meint Ihr vielleicht, es sei die *Wichtigkeit* dieses Satzes als *Grundlage der* Religion erst durch das Christenthum zum vollen Bewußtsein gekommen? – Wenn dies der Fall wäre, dann müßtet Ihr Euch doppelt und dreifach beeifern, diesen Satz auch zur vollen

Wahrheit zu machen. – Allein auch das Judenthum hat stets den hohen Rang jenes Sittengesetzes in seiner *ganzen* Bedeutung anerkannt. Ich theile Euch hierüber eine Geschichte aus dem Talmud[5] mit, die Euch vielleicht noch nicht bekannt ist. (10) Es kam nämlich einmal ein Heide zu einem Schriftgelehrten Namens „Schamai", und begrüßte ihn spottend: „lehre mich doch den ganzen Umfang der Thora, so lange ich auf Einem Fuße stehe, dann will ich Jude werden!" „Schamai", ein heftiger Mann, trieb ihn mit dem Stocke zur Thüre hinaus. Da kam er zu einem anderen Lehrer, dem sanften und duldsamen „Hillel", dieser nahm ihn auf, indem er sagte: „was Dir mißfällt, das thue nicht deinem Nächsten – *das ist die ganze Lehre, alles Andere nur Commentar."* – Also: das ganze Leben eines religiösen Israeliten sei nichts als ein Commentar des göttlichen Gebotes: „liebe den Nächsten wie dich selbst!" – kann die Grundlage des religiösen Lebens schöner, tiefer, sittlicher gelegt werden? – Dieser „Hillel" aber, Großvater des Euch aus dem neuen Testamente bekannten milden und schonungsvollen R. Gamaliel, lebte vor Stiftung der christlichen Religion, und wir glauben seinem Ausspruche einen Vorzug vor dem oben angeführten aus den Evangelien Matth. und Marci deßhalb einräumen zu dürfen, als hier die Nächstenliebe als *zweites* Gebot aufgeführt wird, während Hillel ihr als *Gebot*[6] den *ersten* Platz in der ganzen Religion einräumt, indem selbst die Liebe zu Gott erst ihre Bedeutung empfängt, wenn sie in der Liebe des Nächsten sich bethätigt. –

Doch über den Vorzug der Religionen und der Bekenntnißschriften zu streiten, ist stets eine müssige Sache. Unsere alten Lehrer sagten: „nicht die *Auslegung* der Bibel ist die Hauptsache, sondern die werkthätige *Uebung."* Das **Leben**, nicht die Lehre entscheide! – „An ihren *Früchten* sollt Ihr sie erkennen!" – Wollen wir nun etwa all das (11) Große und Herrliche, was das Christenthum in der Menschheit gewirkt, all die glänzenden und unsterblichen Stiftungen, welche es als Denkmale der Liebe für die leidende Menschheit errichtet hat, in den Schatten stellen? – Nimmermehr! – Allein das gedrückte, in den Staub getretene Judenthum, bei dessen Schicksalen es nicht hätte Wunder nehmen dürfen, wenn

---

5 Traktat Sabbat 31, 1
6 Es ist hier wohl zu unterscheiden zwischen *Lehre* und *Gebot*. – An der Spitze aller **Lehren** steht das: „höre, Israel" (S. 8). – Ein *Gebot des Glaubens* kennt das Judenthum nicht. –

seine Bekenner bis zur Entmenschlichung und Entsittlichung
herab gesunken wären, dieses unmenschlich behandelte Judenthum hat seinen Bekennern ein menschliches Fühlen gewahrt durch die Kraft des göttlichen Liebegebotes, welches
sie werkthätig übten! – Sorgen wir etwa für unsere Armen,
für unsere Kranken, für unsere hilflosen Greise, für unsere
Heimathlosen weniger liebevoll denn Ihr? – Oder wollet
Ihr uns zum Vorwurfe machen, wir sorgten nur für *unsere*
Armen? „die Kraft des Steines wirke nur zurück?" wir
liebten nur uns selbst? – Darauf könnten wir wohl erwiedern, wir hätten Solches von Euch gelernt! – Doch
nein! – So schlimm steht's nicht mit uns, so schlimm
nicht mit Euch! – Der Hauch allerwärmender Liebe, welcher im vorigen Jahrhundert schon vom Munde jener glorreichen Sendboten des Lichtes in die Menschheit erging, deren
hohe Namen: *Dohm, Jakobson, Herder, Lessing,
Mendelsohn* herrlicheren Klang haben und behalten werden,
als die Namen der finsteren Sendboten des Hasses, welche
jetzt die Völker und Konfessionen wieder trennen wollen –
jener Liebeshauch hat auch das israelitische Herz erwärmt,
zur Bethätigung einer allgemeinen Menschenliebe geöffnet;
und wir stehen bei der Förderung keines gemeinnützigen
Werkes zurück; unsere Herzen und unsere Hände sind zum
Wetteifer im Guten stets freudig bereit; und wenn es aufgezeichnet würde, ob mehr arme Juden von den Thüren
der Christen, oder umgekehrt abgewiesen würden, so dürfte
auch dadurch die jüdische Wohlthätigkeit nicht in den Schatten gestellt werden. –

(12) Doch es gibt noch andere sittliche Gebiete, wo die Religion ihre heiligende Kraft bethätigt, Gebiete, an deren
Pflege und Obhut dem Staate, wenn er doch ein religiöser
sein will, sehr viel, Alles gelegen sein muß – lasset uns
sehen, ob sie uns der unbedingten Gleichstellung unwürdig erscheinen lassen, ob durch sie der ausschließende „christliche Staat" sich rechtfertigen lasse. Reden wir zunächst von
der *Familie!* Müßte derjenige Staat nicht ein Musterstaat
sein, bei dessen *sämmtlichen* Angehörigen ein musterhaftes Familienleben bestünde – nirgends Ehebrecher; nirgends
Trunkenbolde, die ihre Frauen mißhandeln; überall hohe
Verehrung der Eltern; überall gute Erziehung und sorgfältige Ausbildung der Kinder – welch ein trefflicher Staat,
welch ein herrliches Gemeinwesen müßte Das sein! Denn
von unten auf erbauet sich alles dauerhaft Gute; die Familie

Anhang 3: Leopold Stein: Was ist das Wesen des christlichen Staates

316 ist die Grundlage aller menschlichen Wohlfahrt. – Und
317 nun saget an, ist das Familienleben, diese heiligste Got-
318 tesanstalt unter den Menschen, bei uns schlimmer be-
319 stellt als bei Euch, daß wir dadurch nicht ganz in den hei-
320 ligen Staat paßten? – Dann weiter: ist nicht die *Sitt-*
321 *lichkeit des weiblichen Geschlechtes* eine heilige
322 Grundfeste der guten Ordnung in den Familien und Ge-
323 meinden und dadurch in der größeren Staats-Gesellschaft?
324 und nun saget wieder, wenn in manchen *sehr* christlichen
325 Staaten das Verhältniß der unehelichen Geburten zu den
326 ehelichen in der That der christlichen Moral kein sehr gün-
327 stiges Zeugniß ausstellt; wenn uns ein Land genannt wird, in
328 welchem *nur* Christen wohnen, wo das Verhältniß jener zu
329 diesen sich in schreckenerregender Weise, wie 1 zu 1 ergibt:[7]
330 (13) meint Ihr nicht, daß dann das Judenthum mit einigem
331 Selbstgefühl auf seine Bekenner hinweisen darf, in deren
332 Mitte, a*uch unter der ärmsten Klasse*, sittliche Ver-
333 gehen dieser Art zu den äußersten Seltenheiten gehören? –
334 Gehet dann in die *Strafanstalten*, und fraget an, ob
335 Zucht- und Arbeitshäuser mehr von jüdischen oder christ-
336 lichen Staatsangehörigen bevölkert werden; gehet an die
337 Gerichtsstätten und fraget die Richter auf ihr Gewissen,
338 ob sie die moralische Ueberzeugung haben, der Jude nehme
339 es leichtsinniger mit dem Eide als der Christ? – Auf
340 allen diesen Gebieten der Sittlichkeit, in Betreff welcher
341 die Religion allerdings mitwirken soll, daß für den Staat
342 nüchterne Männer, sittsame Frauen, rechtschaffene Men-
343 schen, eidesgetreue Seelen herangebildet werden – wo
344 sind wir schlimmer als die Bekenner der herrschenden Re-
345 ligion? – wo? saget: wo? – Werden in unserer Stadt
346 noch Wuchergeschäfte getrieben? ich weiß es nicht! Aber
347 daß dieses blutsaugerische Gewerbe, wozu früher christ-
348 liche Fürsten und Städte die Juden ausdrücklich auto-
349 risirt haben, aus der Mitte *unserer* Gemeinde sich gott-
350 lob verloren hat, das weiß ich! – Wo also sind wir
351 schlimmer als Ihr? wo erweist sich das Judenthum durch
352 die Handlungsweise der Seinigen weniger heiligend für
353 den Staat als das Christenthum? und Ihr redet von
354 einem christlichen Staate, worin uns kein gleichberechtigter
355 Platz gebühre? – In der That! die *Handlungsweise*

---

[7] Vergl. die statistische Notiz im Frankfurter Journal No. 151 d.J. (Beilage). – Das oben erwähnte Land ist *Kärnthen*. – Im ganzen österreichischen Kaiserstaate kommt durchschnittlich auf ungefähr *acht* eheliche Kinder immer ein uneheliches.

Anhang 3: Leopold Stein: Was ist das Wesen des christlichen Staates

356 kann das Wesen eines specifisch *christlichen* Staates
357 wieder nicht ausmachen. –

358 Ist's also nicht Dogma noch Handlungsweise, nicht
359 Lehre noch Leben – was ist's denn? – Wird vielleicht
360 beim „christlichen" Staate etymologisch an den *messiani-*
361 *schen* Staat gedacht, worin Diejenigen nicht gleichberechtigt
362 sein dürften, welche nicht an den Messianismus dieses Staa-
363 (14) tes glaubten? – Nun, in der That! das Messianische des
364 jetzigen Staates können wir lediglich in der Etymologie fin-
365 den, sonst nirgends! – Auch wir glauben an einen *mes-*
366 *sianischen* Staat, an einen heiligen Staat der Zukunft,
367 in welchen, nach der Bildersprache der alten Seher,

368 „der Wolf wird neben dem Schaafe wohnen, der Leo-
369 pard neben dem Lamme ruhen; Kalb, Löwe und Wid-
370 der werden beisammen sein, und ein kleiner Knabe
371 wird sie führen – sie werden nichts Böses thun und
372 werden kein Verderben anrichten auf meinem ganzen
373 heiligen Berge, denn die Erde wird voll von Er-
374 kenntniß Gottes sein, wie das Wasser, welches die
375 Meerestiefe bedeckt." (Jesaias 11, 9. 6.)

376 Auch wir glauben an einen „messianischen" Staat, in
377 welchem göttliche Erleuchtung die Menschheit so erfüllen wird,
378 *daß kein Starker mehr seine Gewalt gegen den*
379 *Schwachen mißbraucht*, in welchem die Religion endlich
380 sich so bewähren wird, wie sie sich anfangs in jenem niederen
381 Dornbusche offenbarte, als eine Flamme, die *erleuchtet*, aber
382 nicht mit dem Gluthhauche des Fanatismus Menschen- und
383 Völkerglück verzehrt. Auch wir glauben an einen messiani-
384 schen Staat, worin das Heil der Welt dauernd wird ge-
385 gründet und die früheren Leiden werden vergessen sein;[8] worin
386 die Völker, seien sie mächtig oder schwach, ruhen werden unter
387 ihren Weinstöcken und ihren Feigenbäumen, und Niemand
388 wird sie aufschrecken[9]. – Leben wir wirklich in einem solchen
389 „messianischen" Staate? O dann müßte er sich ja gerade
390 *an uns* erproben, die wir, wehrlos, nichts als die Wahr-
391 heit haben, die für uns und alle Gedrückten so lange käm-
392 pfen wird, bis in der That die Zeit kommt, „wo Volk gegen
393 Volk nicht mehr erhebt das Schwert." – Ja, wir sind des
394 (15) heiligen Glaubens voll, daß Gott uns über die ganze Erde,

---

8 *Jesaias* 65, 16. –
9 *Micha* 4, 4.

„als ein kleines Häuflein zwischen mächtigen Völkern", deßhalb zerstreuet hat, damit *an uns* die starken Völker der
Erde lernen *frei sein*, d.h. die Selbstsucht besiegen und
auch dem Schwachen sein Recht gönnen. Und das ist
unsere klar erkannte Aufgabe, mit der Wahrheit blanker Waffe
zu kämpfen, bis klar wie der Tag überall unser Recht feststeht,
bis durch unsere Befreiung die Nationen allüberall zum freu-
digen Bewußtsein gekommen sind, daß über allen Thronen
und Kuppeln hoch erhaben walte das göttliche Recht, und
weiter als das Band der Confession und der Nation reiche
das Band der Menschheit. Dem Christenthum aber gebührt
der Ruhm, daß es die Religion aus den Fesseln der Nationalität und des beengenden Staates befreit hat –
Frevler Ihr gegen die eigene Religion, die Ihr das Christenthum wieder zu einer Staatsreligion entwürdiget und
den Glauben zum Schleppträger der Politik erniedrigt! –
Auch das Judenthum ringt sich los aus den Banden des
Nationalen; überall wollen wir Juden uns mehr und mehr
in die Staaten und Völker einleben, wohin Gott uns ver-
pflanzt; wo man uns *korporativ* wieder bevorzugen
wollte, da wiesen wir dies Beginnen mit energischer Ein-
stimmigkeit zurück. – Kein Vaterland für uns, als das,
worin wir so lange geduldet und gelitten! Wir lieben es
um so mehr, je länger wir es entbehrt. – Keine bessere Zukunft für uns, die nicht auch wäre die freudvolle Zukunft
des Menschengeschlechts! – Und nun, wir wollen uns
annähern, Ihr weiset uns zurück? wir streben nach brü-
derlicher Einigung, *Ihr* begegnet uns mit unbrüderlichem
Hohn – Sünder Ihr am „messianischen" Staate, dessen
Bedeutung ist: **Einheit Aller durch Gott**, und Ihr wollt
einen „christlichen" Staat, dessen Bedeutung ist: *Trennung um der Religion willen!* –

(16) Darum, christliche Mitbrüder, beantwortet uns, beantwortet Euch selbst die Frage nach dem *Wesen des christlichen Staates*, und unser Recht und unsere Freiheit
wird an Euch, je religiöser Ihr seid, desto festere Stützen,
desto begeistertere Fürsprecher haben. – Ihr aber, israelitische Mitbrüder, stehet aufrecht, zaget nicht! – „Unsere
Kraft liegt nur im Worte!" haben unsere alten Lehrer gesagt;
aber das Wort ist ein zweischneidig Schwert, das in Mark
und Bein eindringt – lasset es uns führen mit Gott; es
führt uns mit Gott zum Ziele! – Und sollten uns noch
weitere Kränkungen und Verkümmerungen bevorstehen, wir

wollen sie muthig tragen; denn dulden und kämpfen für die Wahrheit – das ist der Messiasberuf Israels. – Einst kommt sie dennoch die unaufhaltsame Zeit, wo in keinem Winkel der Erde mehr ein Mensch um seiner *religiösen* Ueberzeugung willen wird in seinem *bürgerlichen* Rechte verkürzt werden. *Dann* hat die Sonne der Liebe die herrschenden Nebel durchbrochen; dann ziehet der große Tag des Herrn in seinem Glanze über die Erde hin; dann werden Selbstsucht und niedere Mißgunst sich verkriechen in Felsenspalten und Erdhöhlen vor der erscheinenden Hoheit Gottes[10]; dann wird in der religiösen Aufklärung sich wölben „der neue Himmel", und in der herrschenden Humanität sich bilden „die neue Erde"[11], die verheißen ist – **das Reich Gottes ist da!** – Wahrheit, Liebe, Gerechtigkeit, Frieden – *sie bilden dann das Wesen des messianischen Staates.* –

---

10 Jesaias 3, 19. –
11 Das. 65, 17.

Anhang 4: Lazarus Adler, Ueber das Verhältniß des Judenthums zur Cultur überhaupt und zur heutigen insbesondere

1   *Vorträge*
2   zur
3   Förderung der Humanität.
4   Herausgegeben
5   von Dr. L. Adler
6   Kurfürstlich Hessischem Landrabbinen.
7   Kassel.
8   M. S. Messner'sche Buchhandlung.
9   1860
10   Den Freunden und Förderern der Humanität aller Confessionen,
11   insbesondere
12   meinem lieben und gelehrten Freunde
13   Herrn Dr. *Jakob Pinhas*
14   gewidmet.
15   (111) IX.
16   Ueber das Verhältniß des Judenthums zur Cultur überhaupt und zur heutigen insbesondere.
17   Ein Vortrag
18   gehalten
19   am Tage der Stiftungsfeier der Gesellschaft Humanität.
20 Stiftungsfeste zu feiern, meine verehrten Anwesenden, ist
21 zwar an und für sich schon so zweckmäßig und nützlich, daß jede
22 Rechtfertigung einer solchen Feier überflüssig ist; aber ist es denn
23 schon genug, daß die Feier, welche wir begehen, eine nützliche ist?
24 Muß nicht auch darauf gesehen werden, daß dieser Nutzen so groß
25 er nur immer sein *kann*, auch in Wirklichkeit sei? Der

wahre Nutzen einer solchen Feier besteht aber meines Erach-
tens darin, daß der Geist, welchem eine Stiftung, deren Feier
begangen wird, ihr Dasein verdankt, mittelst derselben zum Bewußtsein gebracht wird. Alles Aeußerliche, – was ist aber eine
Stiftungsfeier anders als etwas Aeußerliches? – alles Aeußerliche verschwindet und nur das Geistige besteht und bleibt. Welches ist nun der Geist, dem unser Verein, dessen Stiftungsfest
zu begehen, wir uns versammelt haben, sein Entstehen verdankt?
Ist es ein ausschließlich religiöser Geist? Keineswegs! Ja, seine
Thätigkeit ist vielmehr ausschließlich bürgerlicher Natur! Ist es
(112) ein rein oder ausschließlich bürgerlicher? Mit Nichten! Er würde
sonst nicht nur aus Juden und für Juden bestehen! Der Geist,
welchem unser Verein sein Entstehen verdankt, ist ein bürgerlich-
religiöser oder auch religiös-bürgerlicher, mit anderen Worten, der
Geist, welcher das Judenthum erhalten, aber dabei der Cultur
seiner Zeit sich anschließen will, der Cultur sich anschließen, aber
nicht aufhören will, ein jüdischer zu sein und zu bleiben. Dieser
Geist spricht sich in der Stiftung dieses Vereines aus und abgesehen von seiner heilsamen Wirksamkeit in dem langen Zeitraume
seines Bestehens, ja höher noch als diese nicht hoch genug zu
schätzende Wirksamkeit ist seine culturgeschichtliche Bedeutung anzuschlagen. Er ist und wird für alle Zeiten ein lebendiges kultur-
geschichtliches Denkmal sein, daß der Jude Cultur und Religion
mit einander zu vereinigen bestrebt ist und mit dem günstigsten
Erfolge bestrebt sein kann. Sollten, dürften wir unterlassen, diesen
Geist uns zum Bewußtsein zu bringen? Hieße das noch dessen
Stiftungsfest würdig feiern, wenn wir uns nicht von ihm durch-
dringen lassen und von ihm beseelt auch ferner in unserem Verhalten ihm einen Ausdruck zu geben bestrebt sind? Wollen wir
das aber, so können wir unsere heutige Feier nicht würdiger begehen als durch eine Betrachtung

**Ueber das Verhältnis des Judenthums zur Cultur überhaupt
und insbesondere zur heutigen Cultur.**

Der Gegenstand ist unserer Aller und voller Aufmerksamkeit
würdig. Mögen auch Viele, vielleicht Jeder von Ihnen, schon
über denselben gedacht und sich ausgesprochen haben, das Resultat
war schwerlich ein gänzlich übereinstimmendes, und wenn auch meinen
Ansichten eine allseitige Zustimmung – die ich wohl wünschen
kann, aber kaum zu hoffen wagen darf – nicht zu Theil werden
sollte, so kann doch durch eine weitere Besprechung auch eine
weitere Annäherung und möglichste Verständigung herbeigeführt
werden. Denn, daß ich es nur frei, wenn auch nebenbei, heraus-

sage, gering, nur sehr gering ist der Erfolg eines Vortrags anzuschlagen, wenn der momentane Eindruck das einzig bleibende Resultat ist und sei er selbst von der Macht, eine gänzliche Zustimmung sich errungen zu haben, sehr gering ist ein solcher Erfolg anzuschlagen, wenn er nicht anregend ein weiteres Nachdenken, (113) eine gegenseitige Besprechung und eine für dessen praktische Seite besonders wichtige Vereinbarung herbeiführt oder doch fördert.

Mein Vortrag bedarf keiner weiteren Eintheilung, da mein Thema dieselbe ja schon angegeben hat. Wir haben

I. das Verhältnis des Judentums zur Cultur überhaupt und

II. dessen Verhältniß zur heutigen Cultur insbesondere zu besprechen.

I.
Das Verhältnis des Judenthums zur Cultur überhaupt.

Was ist Cultur? Man versteht gewöhnlich unter Cultur jede Art von Ausbildung oder Veredlung und spricht von Cultur des Bodens, Cultur der Bäume, ja selbst Cultur der Thiere. Das Wort mag auch hier sprachlich richtig gebraucht sein, sachlich ist aber dessen Gebrauch ein falscher, wenn man es in der angegebenen Deutung nehmen wollte. Cultur ist Veredlung und Vervollkommnung. Ist aber der Baum darum ein edlerer, weil seine Frucht fleischiger ist oder süßer schmeckt als vorher? Ist jene schön geformte mit ihren starken Aesten majestätisch emporragende fagus castanea, zu deutsch Kastanienbaum dadurch ein edlerer geworden, wenn wir Früchte von ihm ziehen, deren Wohlgeschmack unseren Gaumen befriedigt? Oder sind unsere Schafe weniger edle als die spanischen, weil der feinere Geschmack der Menschen der letzteren Wolle theuerer bezahlt? Ich glaube schwerlich. Wir legen ihnen diese Bezeichnung nur in Beziehung der Menschen bei. Diese Bezeichnung ist nur eine relative, ja, ich möchte sagen, bildliche. Jede Pflanze, jedes Thier hat seinen Werth in sich und wenn es der in seiner Gattung bestehenden Form entsprechend gebildet ist, dann ist es schön und edel. Der Nutzen, den der Mensch daraus zieht, kann unmöglich als Maßstab dienen. Das Pferd in der Wildniß ist wahrlich darum kein weniger schönes und edles als das gezähmte, weil es den Reiter nicht auf seinem Rücken duldend für seine Freiheit mit aller Kraftanstrengung kämpft. Oder sollten die Hunde, die man aus Wölfen gezogen, darum cultivirte Wesen sein, weil sie – keine Wölfe mehr sind? In der physischen Welt ist jedes organische Geschöpf in seinem individuellen Sein ein bestimmter nach dem Gesetze der Natur

108 (114) gebildeter Organismus. Wirken wir auf ihn ein, daß er eine
109 andere Gestalt annimmt oder andere Früchte bringt, so wird sein
110 Organismus ein anderer und er selbst ist ein anderes Individuum,
111 mag es nun vorsätzlich und absichtlich vom Menschen, oder durch
112 klimatischen Einfluß ohne sein Zuthun so gekommen sein. *Cultur*
113 im eigentlichen Sinne findet nur auf den Menschen vermöge seiner
114 inneren Entwicklung Anwendung. Der wilde Feuerländer, der
115 mit seiner Keule sich im Dickicht aufhält, ist, wenn seine Seelen-
116 kräfte nach und nach sich entwickeln und er oder seine späteren Nach-
117 kommen Wohnungen bauen und statt, wie früher, von Raub und
118 Plünderung zu leben, den Gesetzen der Sittlichkeit und Schicklichkeit
119 gehorsam ist, jetzt noch in physischer Beziehung *organisch* eben
120 so, wie er es früher war und nur in seinem inneren Leben ist
121 eine Veränderung vor sich gegangen, eine Ausbildung, eine Ver-
122 edlung. Er ist edler, mit sich selbst verglichen, nicht nach dem
123 Maßstabe des Nutzens, nach dem eine andere Gattung seinen
124 Werth bestimmt. Er steht höher, weil er sich selbst mehr ange-
125 hört, weil er über sich selbst sich erhob, weil er jetzt einer Macht
126 sich bewußt ist, mit welcher verglichen, seine physische die furcht-
127 bare Keule schwingende seines Armes gar nichts vermag, so niedrig
128 steht sie dagegen – der Kraft seiner Seele. Das Denken, ein
129 wesentlicher Bestandtheil des menschlichen Organismus im Keime
130 vorhanden, ist einer fortschreitenden Entwicklung fähig und auch
131 bedürftig. Unterbleibt sie, dann ist er nur *formell* ein Mensch.
132 Durch sie wird er es in Wirklichkeit, er ist geworden, was er sein
133 kann, seiner Natur nach sein kann und eben darum auch sein soll;
134 er hat sich fortgebildet, veredelt, cultivirt.

135 Was ist nun Cultur? Nichts anderers als die der unend-
136 lichen Fortbildung fähige Entwicklung des menschlichen Geistes.
137 Die Cultur schließt sonach Alles in sich, was den Menschen als
138 geistig fortgeschritten bezeichnet. Wir können sagen: Wie der
139 Mensch durch die Religion ein wahrhafter und edler Diener des
140 göttlichen Willens werden soll, so soll er durch die Cultur ein
141 wahrhafter und edler Beherrscher des physischen Lebens werden.
142 Religion und Cultur sind sonach sehr verschieden, stehen aber
143 doch in einem innigen Zusammenhange. Beide, Religion und
144 Cultur sind Seelenzustände, Bezeichnungen des geistigen Lebens;
145 r in jener schwingt sich der Geist empor und wird eben dadurch,
146 daß er dienend einem höheren Willen sich unterwirft, einer Erhöhung
147 (115) theilhaftig, in dieser beugt er sich herab und wird eben dadurch,
148 daß er zur wirklichen Herrschaft gelangt ein würdiger Diener jenes
149 höheren, des göttlichen Willens. Zwischen beiden besteht ein

150 inniger Zusammenhang und ein wechselseitiger, unvermeidlicher und
151 unaufhörlicher Einfluß.

152 Wenn der Mensch ein Diener Gottes zu sein strebt, so muß
153 er demnach über das physische Leben zu herrschen sich bestreben,
154 und umgekehrt, wer *fähig* sein will, über das physische Leben
155 zu herrschen, muß dieses als ein Diener Gottes, einem höheren
156 Willen gehorsam. Religion und Cultur stehen ohne Zweifel in
157 der innigsten Verbindung. Aber hier wird uns nun der Unter-
158 schied zwischen der monotheistischen und polotheistischen [sic!] Religion
159 recht anschaulich vor die Seele treten.

160 Das Wesen aller Cultur beruhet auf der Seelenthätigkeit,
161 vermöge welcher im denkenden Geiste der Mensch das physische
162 Leben sich zum Bewußtsein bringt und ihm hierdurch eine ideale
163 Realität verleiht. In den *Vorstellungen*, welche sich der Mensch
164 von den Dingen macht, liegt hierzu der Anfang; je weiter er
165 fortschreitet, je mehr er nebst den Vorstellungen von der Aeußer-
166 lichkeit der Dinge, deren Beschaffenheit, Eigenschaften, Gestaltungen
167 und von ihren wahrnehmbaren Gesetzen sich zum Bewußtsein bringt,
168 um so vollkommener ist auch die ideale Realität, welche dieselben
169 in ihm und für ihn haben, desto größer seine Befähigung, dem
170 Idealen eine physische Realität zu geben, d. h., eine Herrschaft
171 über das physische Leben auszuüben. Der Polytheist geht von
172 der Cultur aus und schöpft aus ihr seine Religion. Das Ideale
173 des physischen Lebens, welches er in sich aufnahm, trägt er wiederum
174 als Ideales, als Geistiges in die physische Welt hinein und was
175 nur in ihm zur geistigen Existenz gelangte, das denkt er sich *geistig*
176 existierend innerhalb des physischen Seins. Der Polytheist kömmt
177 mit seinem Geiste nicht über sich selbst hinaus. Gleich einem
178 Zauberkreise schließt ihn das physische Leben mit seinen felsigen
179 Ketten ein. Er herrscht über dieses, aber indem er sich ihm dienst-
180 bar macht, und verehrt ringsumher eine Anzahl Götter und ist
181 ihnen gehorsam, indem er sie selbst sich dienstbar sein läßt. Die
182 Schöpfungen seiner Phantasie, die Göttergestalten seines Wahns
183 bilden anfangs die Resultate seiner Cultur und je mehr diese
184 fortschreitet, seinen Geist bildend, erleuchtend, um so mehr erbleichen
185 jene, drohen als Luftgestalten zu verflüchtigen und er schließt entweder
186 (116) seine Cultur ab, um die Wahngebilde zu retten, oder er wirft letztere
187 von sich und mit ihnen seine ganze Vergangenheit, als deren
188 Schöpfung er sie betrachtet, und stürzt sich in den Schlamm der
189 physischen Lust, sinnlichen Ausschweifungen hingegeben, von dem
190 Strome des physischen Lebens fortgetragen und in den tiefen Ab-
191 grund rettungsloser Vergänglichkeit hinabgeschwemmt. So war

Anhang 4: Lazarus Adler, Ueber das Verhältniß des Judenthums zur Cultur überhaupt

das tragische Geschick unzähliger Völkerschaften. Auf einer, dem Anscheine nach, schon hohen Stufe der Cultur stehend, zerrann dieser vermeintliche Felsen, wurde zur grausigen Fluth und begrub sie, die Altersschwachen, in ihre stürmischen Wogen.

Wenige Völker nur schlugen den ersteren Weg ein – und bei näherer Untersuchung läßt sich der Grund wohl auch erforschen und angeben – was jedoch hier zu weit führen würde – sie schlossen, um ihre Götter zu retten, ihre Cultur ab und starren, versteinerten Mumien ähnlich, aus der grausigen Vorzeit, wie verwitterte Felsenspitzen aus des Meeres Tiefe, nur darum nicht versinkend, weil der Grund noch nicht ganz erschüttert ist. Aber schon brausen die Wogen, schon lockern die stürmischen Wellen – wer weiß, was ihnen bevorsteht?

Der Monotheismus dagegen, einen höheren, von dem physischen Leben verschiedenen und über dieses erhabenen Willen erkennend und anerkennend, will aus Gehorsam gegen diesen, den Einzigen und Einigen, jenes, das physische Leben, beherrschen und sein Walten und Weben, seine Macht und Ohnmacht sich zum Bewußtsein bringend, verschafft er sich wohl auch von ihm eine ideale Realität, aber als ein geistiges Eigenthum, mittels dessen er die physischen Gewalten zu bändigen, die Kraft besitzt. Ja, der Monotheist hat eine Religion, von der geleitet er nach Cultur strebt und in dieser von Stufe zu Stufe steigt. Die Herrschaft polytheistischer Cultur erstreckte sich nur auf das Aeußerliche des Stoffes, die Formen der Schönheit nachzuahmen und den phantastischen Wahngebilden einen stofflichen Ausdruck zu geben; die der monotheistischen über sein inneres Leben, es zu gestalten, dienstbar zu machen den menschlichen Bestrebungen, welchen das in der Ferne leuchtende Ziel einer geistigen Vollendung unversiegbare Kraft und ausdauerndes Ringen mit widerstrebenden Hindernissen einflößte. Wer war nun von Anfang an der Träger dieses schauerlichen aber großartigen Schauspiels, wie es niemals ein anderes gab? Die Weltgeschichte legt Zeugniß ab – **das Judenthum**! Es war die göttliche (117) Gestaltung eines Daseins, welches die Elemente der Cultur in sich schloß und aus welchem heraus alle Keime hervorsprossen, deren Gedeihen die heiligsten und erhabensten Errungenschaften der Menschheit sind.

Ehe noch ein Volk der Erde von dem erhabenen Ziele des geistigen Lebens, Erforschung und Erkenntniß der Menschheit, auch nur eine Ahnung hatte, stellte das Judenthum schon seine Lehrer auf, gründete seine Schulen und schuf jene große Schule des Prophetenthums, aus der die heilige Gottesquelle, daran alle

234 Menschen sich laben sollten, lebendig und mächtig hervorsprudelte.

235 Noch lange bevor die übrigen Völker daran dachten, daß
236 Lehren und Lernen das unzerreisbare Band sei, welches die Ge-
237 schlechter aller Zeiten mit einander verbindet und wie ein von
238 unsichtbarer Hand gepflanzter Baum seine wonnigen Blüthen
239 überall hin ausbreitet, hatte das Judenthum schon das große
240 Wort gesprochen: „Ihr sollt lehren; Alle sollt Ihr Lehrer sein,
241 Eueren Kindern sollt Ihr es bekannt machen," hatte schon über
242 Lehren und Lernen, über Lehrer und Schüler seine Vorschriften
243 und Gesetze gegeben.

244 Kaum daß irgend einem Volke noch der göttliche Lichtstrahl
245 der Humanität und Menschenliebe die Seele beschienen hatte, so
246 schwang das Judenthum schon das Scepter göttlicher Weltregie-
247 rung, predigte Recht und Gerechtigkeit, und berief seine Send-
248 boten, Barmherzigkeit und Liebe, Seelenfriede und Seelenfreude
249 zu predigen.

250 Als noch Heimath und Vaterland bei fast allen Völkern
251 kaum gekannte Worte, Raub und Plünderung die liebste Beschäf-
252 tigung, Trug und Arglist, Falschheit und Verrath als erhebende
253 Vorzüge [Borzüge] gepriesen wurden, da tönte das Judenthum schon als ein
254 göttlicher Posaunenschall: Du sollst im Schweiße Deines Ange-
255 sichts Dein Brod essen! Das Land, das Dir von Gott gegeben
256 wird, sei Dir theuere Heimath, geliebtes Vaterland, Saat und
257 Ernte stehen unter seinem Schutze, keine Lüge soll Deine Lippe,
258 Dein Herz keine Falschheit verunreinigen! Ja, das Judenthum
259 schließt in der grauesten Vorzeit schon Alles das in sich, war zu
260 dem Allen schon die Anregung, was durch die fortschreitende
261 Cultur nach und nach erzielt werden sollte.

262 (118)**II.**

263 Doch jene Zeit liegt weit hinter uns. Die heutige Cultur
264 steht auf einer anderen Stufe. Wir wollen auch das Verhältniß
265 des Judenthums zu dieser betrachten. Ich sagte, die polytheistischen
266 Völker blieben entweder stehen oder gingen unter. Es war aber
267 noch ein Drittes vorhanden. Das Judenthum hatte frucht-
268 tragende Saaten ausgestreut. Seine monotheistische Religions-
269 lehre war als eine neue Pflanzung an die Stelle der poly-
270 theistischen auf dem großen Acker der Menschheit ausgebreitet
271 worden. Der Fortschritt in der Cultur wurde wieder von
272 einem lebendigen Glauben auch außerhalb des jüdischen Volks-
273 stammes getragen und hatte, wenn auch nicht unmittelbar, doch

mittelbar seine Wurzelfasern in dem unversiegbaren Lebensborne
des Judenthums. Die heutige Cultur, unaufhaltsam fortschreitend,
hat jene Lebensbasis, welche deren Boden gegen Versumpfung
schützt aber auch vor der Ausartung in ein wucherndes Unkraut
hervorbringende Pflanzung bewahrt.

Wir dürfen und wollen dessen uns freuen. Die heutige Cultur ist ein Sprößling des Judenthums und ein menschliches Gemeingut, auf der kein Volk der Welt ein größeres, begründeteres Eigenthumsrecht anzusprechen hat, als die jüdische Religionsgenossenschaft. Wir dürfen darum gegen die heutige Cultur weder als einen dem Judenthume fremdartigen Bestandteil uns abschließen, noch auch das Judenthum überhaupt als eine Abschließung von derselben ansehen, und ebensowenig, indem wir der heutigen Cultur uns anschließen, dieses als etwas Ueberflüssiges oder für entbehrlich halten. Das Judenthum ist für den Fortschritt in der menschlichen Kultur noch heute, wie früher, der nothwendigste Bestandtheil. Sie werden gegen diese Behauptung wohl manchen Zweifel hegen und manches Bedenken haben, derselben ihre Zustimmung zu geben. Aber Sie dürfen sich auch versichert halten, daß wenn mich nicht sorgsames Nachdenken und reifliche Prüfung diesen Ausspruch als unumstößlich wahr hätte erkennen lassen, ich denselben hier nicht gewagt haben würde.

Zur ausführlichen und vollständigen Deduktion ist nun freilich die mir heute vergönnte Zeit zu kurz, auch der Ort nicht ganz der geeignete. Jedoch wird es mir möglich sein, mit einigen kurzen Andeutungen schon, das Verständniß dieses Verhältnisses, (119) wie ich es bezeichnet habe, zu fördern und Ihre Zustimmung zu erlangen.

Man hört in unserer Zeit viel davon sprechen, daß Religion und Cultur oft mit einander in Widerstreit gerathen, daß die Religion von dem Fortschritte der Cultur in ihren Grundfesten erschüttert werde; dem Fortschritte der Cultur dagegen die Religion als ein störendes Hinderniß im Wege stehe. Beides ist falsch. Religion und Cultur widerstreiten sich nicht, können einander gar nicht widerstreiten. Haben ja beide ganz verschiedene Gebiete. Die *Religion* leidet keinen Schaden durch die Cultur, sondern die *Irreligion*. Dem Fortschritte der Cultur steht nicht Religion als ein Hemmniß entgegen, sondern *Uncultur*, die sich als Religion ausgiebt.

Der Fortschritt in der Cultur bringt und hat allerdings in den religiösen Anschauungen manche Veränderungen hervorgebracht, aber nur Diejenigen, die den *Buchstabenglauben* als Religion ansehen und betrachten, können daraus einen Schaden für letztere fürchten zu müssen sich einreden. Als die Cultur den großen Fortschritt machte, die bis dahin geglaubte Bewegung aller Himmelskörper um die Erde in Abrede zu stellen und in den bis dahin blos angestaunten aber nicht verstandenen Bewegungen ein Gesetz entdeckte, welches den Forscher in den Stand setzt, von allen jenen erstaunlich großen Himmelskörpern, die Bahn anzugeben, die Zeit ihres Umlaufs zu bestimmen, und sich gleichsam heimisch in jener fernen, fernen Welt zu machen, da schrieen Viele: die Religion sei gefährdet und man wollte mit Schwert und Folter die Wissenschaft verstummen machen. Sie verstummte aber nicht! und warum nicht? Weil ihre Schwester, die Religion, über Folter und Schwert hinweg ihr die Hand reichte, sich mit ihr vereinigte, zur Ausdauer Muth und Standhaftigkeit einflößend. Nur der *Buchstabenglaube* war es, der den Fortschritt in der Wissenschaft bekämpfte. Wie verhielt sich hierbei das Judenthum? Seine Religion, **den** Buchstabenglauben verwerfend, stand hiervon unberührt und freute sich dieses geistigen Fortschrittes. Denn die Religion hat hierdurch nicht verloren, sie hat gewonnen; das ideale Bewußtsein des physischen Lebens hat sich weiter ausgedehnt und in dem größeren Umfange der menschlichen Herrschaft auf dem physischen Gebiete richtete die Seele sich empor und wurde der Geist ein edlerer und würdigerer Diener des göttlichen Willens. Das (120) Judenthum hat von keinem Fortschritte der Cultur etwas zu fürchten, es zieht vielmehr aus jedem nur neue Stärkung, Läuterung und Erhebung, denn es will eben diesen Fortschritt, will geistigen Aufschwung, der nur durch Vereinigung mit einer fortschreitenden Cultur möglich ist. *Freie Forschung will das Judenthum.* Nicht blos gestattet wird sie, gesetzlich vorgeschrieben ist sie. Das Judenthum als Träger derjenigen Religion, welche gegen den Buchstabenglauben kämpft, ist eben darum auch ein treuer Bundesgenosse der fortschreitenden Cultur überhaupt und ganz besonders der heutigen. Darum hat auch die Weltgeschichte kein zweites Beispiel, daß eine Genossenschaft so schnell überall die Fortschritte der Cultur in sich aufnahm und auszunehmen bestrebt war, wie es in kaum einem halben Jahrhunderte bei der jüdischen der Fall war. Alle Fortschritte der Cultur sind für das Judenthum treue Bundesgenossen für sein erhabenes Ziel.

Aber nur Bundesgenossen, die es hochschätzt und werthhält, von welchen jedoch es sich niemals darf verdrängen lassen. Das Judenthum will den Fortschritt in der Cultur. Diesen, den Fortschritt in der Cultur hat aber auch das Judenthum nothwendig.

Anhang 4: Lazarus Adler, Ueber das Verhältniß des Judenthums zur Cultur überhaupt

358 Sprechen wir uns ganz freimüthig aus. Die Religion, klagt man,
359 stellt sich der Cultur gar oft hindernd entgegen und meint nun,
360 wenn alle Religion beseitigt sein würde, so würde die Cultur
361 mit Riesenschritten vorwärts kommen. Diese Täuschung beruht
362 wieder auf einer Verwechselung. Die Religion stellt sich der
363 Cultur niemals hindernd entgegen, sondern die Uncultur einer
364 dünkelhaften Selbstvergötterung und übermüthigen Lieblosigkeit,
365 welche durch die Religion eben überwunden werden soll.

366 Wir haben alle mit Betrübniß von dem schändlichen Menschen-
367 raub, der zu Bologna stattgefunden hat, in den öffentlichen Blät-
368 tern gelesen. Wir haben aber auch mit Befriedigung die laute
369 Stimme des Fortschrittes gehört, welche diese schreckliche That
370 als eine gottlose brandmarkt. Wir könnten daher leicht zu dem
371 Schlusse kommen, daß die Relgion [sic!] ein Hemmschuh der fortschrei-
372 tenden Cultur sei.

373 Dieser Schluß aber ist falsch. Die Religion hat jene
374 schreckensvolle That nicht vollbracht – sie kann eine solche That
375 nicht vollbringen, eine solche blutige, bei der das Blut gebrochener
376 Vater- und Mutterherzen zum Himmel schreiet und lauter als
377 das Hebels ihren Kajin anklaget; die Uncultur derer hat es
378 (121) gethan, die durch ihre Religion sich noch nicht freigemacht haben,
379 aber frei werden sollen und unter Gottes Beistand auch werden.
380 Sie, die Uncultur, steht noch mächtig der Cultur gegenüber, so
381 daß es ihr gelingt, statt ihr dienstbar zu sein, die Religion sich
382 dienstbar zu machen.[1]

---

[1] Der Eifer für den Glauben ist nicht immer Glaubenseifer, d, h. ein aus dem Glauben entstehender und ausschließlich von diesem beherrschter Eifer, sondern theils bewußt, theils unbewußt, ein Eifer *der Selbstsucht*, welcher unter der Aegide des Glaubens die angewandten unerlaubten Mittel zu beschönigen sucht. Wie wäre es sonst möglich, daß Jemand seinen Glauben als den *der Liebe* bezeichnet, welcher sanften Herzens und liebevoll wohlthätig zu sein gebiete, *um seines Glaubens willen* lieblos *bis zur Grausamkeit* zu sein sich gestattet! Soll eine Religion sich als Abglanz Gottes manifestiren, so kann es nur *durch die Liebe* geschehen.
Es ist wahr, der Eifer für den Glauben muß opferbereitwillig sein und unter allen Völkern stehen die Märtyrer im höchsten Ansehen, aber der ist ein Märtyrer seines Glaubens, *der sein eignes Wohlergehen, sein eignes Lebensglück und, wenn erforderlich, sein Leben selbst* seinem Glauben zum Opfer bringt, nicht aber derjenige, welcher das Mitleid und alle sanften Regungen des menschlichen Herzens unterdrückend, **Anderer** *Glück,* **Anderer** *Leben,* seinem Glauben opfert. In dieser Beziehung stellen die *jüdischen* Glaubenslehrer wieder einen Grundsatz auf, der, wenn alle Religionen ihn aufstellen würden, vieles Blutvergießen und viele schmerzlichen Bedrückungen verhütet hätte. Sie nennen den Märtyrer zwar nicht einen Heiligen, aber einen Gottes Namen **Heiligenden**.
Für seinen Glauben sterben ist ihnen die höchste Stufe der Gottesverehrung, aber *sie stellen eben so hoch und bezeichnen es mit ganzdemselben Namen,* bei den Angehörigen eines anderen Glau-

383 Das Ziel einer wahrhaften monotheistischen
384 Religiosität: Allgemeine Anerkennung des Menschenrechts und
385 der Menschenwürde, ist, weil vom Unkraute selbstsüchtigen Ehr-
386 geizes umwuchert, noch nicht allgemein sichtbar und kann es auch
387 nur durch das Fortbestehen des Judenthums werden, dessen Re-
388 ligion die Trägerin dieser Verheißung an das ganze Menschen-
389 geschlecht ist.

390 Ich stelle nun ganz einfach die Frage: Ist der heutigen Cul-
391 tur das Judenthum entbehrlich? Oder ist es nicht vielmehr das
392 Bollwerk auch der heutigen Cultur?

393 (122) Noch bliebe mir nun übrig, aus dieser Ausführung einige
394 praktische Lehren abzuleiten, insbesondere die Mahnung daran zu
395 knüpfen, an der heutigen Cultur fortwährend uns nach Kräften
396 zu betheiligen, bei dieser Beteiligung aber doch am Judenthume
397 recht fest zu halten. Allein wozu wiederholen, was der Ausspruch
398 unserer ganzen Festesfeier ist? Möge mir zum Schlusse nur der
399 Wunsch noch gestattet sein, daß dieser Verein, wie er ein culturge-
400 schichtliches Denkmal der Vergangenheit ist, auch als eine das
401 religiöse Leben fördernde Stiftung der Zukunft entgegen führen
402 und hierzu von Gott erhalten und gesegnet werden möge! Amen.

bens **durch ein menschenfreundliches Verhalten** von dem eignen
Glauben die Vorstellung seiner Göttlichkeit herbeiführen. Umgekehrt ist Lieblosigkeit gegen Andersgläubige das schwerste, *der Gotteslästerung ganz gleich stehende Vergehen*, weil hierdurch (122) nicht etwa nur *eine* religiöse Vorschrift übertreten, sondern die Religion überhaupt herabgewürdigt und gerechten Schmähungen Preis gegeben wird. Wie nun erst, wenn *im Namen Gottes* das Böse geschieht? *Wenn durch den Glauben eine* **lieblose That** *entschuldigt* werden soll? Giebt es eine größere Beschuldigung des eignen Glaubens? Flüchtet sich da der Mensch nicht mit seinen eignen sündhaften Schwächen hinter den Glauben, auf diesen die Schuld wälzend, um selbst rein und unschuldig zu scheinen? Siehe Maimonides, **Jad Chasaka**, I, Abschn. V, II, und Semag, S. **l, a.**

Verzeichnis der Sekundärliteratur

Adorno, T. W. (1971) Erziehung nach Auschwitz. In: Adorno, T. W. (1971) Erziehung zur Mündigkeit. Vorträge und Gespräche mit Hellmut Becker 1959–1969, Frankfurt am Main. S. 88–104.
Allgemeine Zeitung des Judenthums (Hrg.) (1871) Gedenckbuch an den deutsch-französischen Krieg von 1870–71 für die deutschen Israeliten. Mit: „Erstes Verzeichniss der deutschen Soldaten jüdischer Religion". Bonn.
Aub, J. (1846) Die Verbreitung jüdischer Schriften unter Christen. In: Sinai I (1846) Heft 23, 181–182.
Baron, S. (1949) The Impact of the Revolution of 1848 on Jewish Emancipation. In: Jewish Social Studies 11 (1949) p. 195–248.
Barbian, J. P.; Brocke, M.; Heid, L. (Hg.) (1999) Juden im Ruhrgebiet. Vom Zeitalter der Aufklärung bis zur Gegenwart. Essen.
Barkai, A. (1982) Sozialgeschichtliche Aspekte der deutschen Judenheit in der Zeit der Industrialisierung. In: Tel Aviver Jahrbuch für deutsche Geschichte (Früher: Jahrbuch des Instituts für deutsche Geschichte). Tel Aviv/Gerlingen 1972 ff. 11 (1982) S. 237–260.
Barkai A. (1988) Jüdische Minderheit und Industrialisierung. Demographie, Berufe und Einkommen der Juden in Westdeutschland 1850–1914. Tübingen.
Barkai, A. (2000) Aufbruch und Zerstörung. Deutsch-jüdische Geschichte in der Neuzeit: 1918–1945. Bd. 4. (hrsg. im Auftr. des Leo-Baeck-Instituts von M. A. Meyer unter Mitw. von M. Brenner) München.
Bekanntmachung (1816) „*In dem Art. 46. der Wiener Congreßakte ist in Ansehung hiesiger freien Stadt, ausdrücklich festgesetzt, daß derselben politische Verfassung auf den Grundsatz, einer vollkommenen Gleichheit unter den christlichen Religionspartheien gegründet seyn solle ...*" [des Rates der Stadt Frankfurt betreffende Ausführung des Art. 46 der Wiener Kongressakte, sowie des § 16 der Bundesakte betreffend die bürgerliche Gleichstellung der Juden]; Frankfurt am Main, den 8. Juni 1816 / Stadt-Canzlei. Frankfurt.
Bergmann, W.; Körte, M. (Hg.) (2004) Antisemitismusforschung in den Wissenschaften. Berlin.
Börne, L. (1816a) Aktenmäßige Darstellung des Bürgerrechts der Israeliten zu Frankfurt am Main. Rödelheim.
Börne, L. (1816b) Die Juden in der freyen Stadt Frankfurt und ihre Gegner. Im Julius (o.O).
Brenner, M. (2000) Emanzipation und Akkulturation. Deutsch-jüdische Geschichte in der Neuzeit: 1780–1871. Bd. 2. (hrsg. im Auftr. des Leo-Baeck-Instituts von M. A. Meyer unter Mitw. von M. Brenner) München.
Breslauer, B. (1911) Die Zurücksetzung der Juden an den Universitäten Deutschlands. Berlin.
Breuer, M./ Graetz, M. (2000) Tradition und Aufklärung. Deutsch-jüdische Geschichte in der Neuzeit: 1600–1780. Bd. 1. (hrsg. im Auftr. des Leo-Baeck-Instituts von M. A. Meyer unter Mitw. von M. Brenner) München.
Brieler, U. (1998) Die Unerbittlichkeit der Historizität. Foucault als Historiker. Köln.
Brocke, M. (1997) Salomon Ludwig Steinheim-Institut für deutsch-jüdische Geschichte, Duisburg. In: Standorte 1997/96 (1997) S. 593–597.
Brocke, M.; Müller, C. E. (2001) Haus des Lebens: jüdische Friedhöfe in Deutschland. Leipzig.
Brocke, M. (Hrg.) (2001) Neuer Anbruch: zur deutsch-jüdischen Geschichte und Kultur. Berlin.
Brocke, M., Carlebach, J. (Hrg.) (2004) Biographisches Handbuch der Rabbiner. München.

Verzeichnis der Sekundärliteratur

Bronsen, D. (ed.) (1979) Jews and Germans from 1860 to 1933. The Problematic Symbiosis. Heidelberg.

Bruer, Albert (2006) Aufstieg und Untergang. Eine Geschichte der Juden in Deutschland (1750–1918) Köln.

Caborn, J. (2006) Schleichende Wende. Diskurs von Nation und Erinnerung bei der Konstituierung der Berliner Republik, Münster. [Edition DISS Band 10]

Çelik, S. (2006) Grenzen und Grenzgänger. Diskursive Positionierungen im Kontext türkischer Einwanderung, Münster. [Edition DISS Band 12]

Derrida, J. (2004) „For a justice to come", fragments of the interview with Jacques Derrida [ins Englische übersetzt von Ortwin de Graef und Frederick Bowie]. In: Al-Ahram Weekly, 686 (15.–21. April 2004).

Diaz-Bone, R. (2003) Entwicklungen im Feld der Foucaultschen Diskursanalyse. In: Historical Social Research, 4, S. 60–102

Eder, Franz X. (Hg.) (2006): Historische Diskursanalysen. Genealogie, Theorie, Anwendungen, Wiesbaden.

Eichstädt, V. (1938) 1750–1848 / Bd. 1, Bibliographie zur Geschichte der Judenfrage. Hamburg.

Eliav, M. (2001) Jüdische Erziehung in Deutschland im Zeitalter der Aufklärung und der Emanzipation. Zuerst Jerusalem 1960. Aus dem Hebräischen übersetzt von M. Strobel. Münster, New York, München, Berlin.

Fairclough, N. (1989) Language and Power. London.

Fassl, Peter (1993) Dokumentation zur Geschichte und Kultur der Juden in Schwaben III. Bibliographie. Bearbeitet von Doris Pfister. Bezirk Schwaben. Augsburg;

Foucault, M. (1976) Überwachen und Strafen. Die Geburt des Gefängnisses (Paris 1975). Frankfurt am Main.

Foucault, M. (1978) Dispositive der Macht. Berlin.

Foucault, M. (1981) Archäologie des Wissens. Frankfurt am Main.

Friedländer, D. (1799) Sendschreiben an Seine Hochwürden, Herrn Oberconsistorialrath und Probst Teller zu Berlin, von einigen Hausvätern jüdischer Religion. Berlin.

Friedlaender D., Schleiermacher F., Teller W. A. (2004) A debate on Jewish emancipation and Christian theology in old Berlin. Indianapolis, IND.; Cambridge.

Fürst, J. (1960) Bibliotheca Judaica: Bibliographisches Handbuch der gesammten jüdischen Literatur, mit Einschluß der Schriften über Juden und Judenthum und einer Geschichte der jüdischen Bibliographie. Repr. d. Ausg. von 1849–1863. Hildesheim.

Fürst, J. (1870) Das peinliche Rechtsverfahren im jüdischen Alterthume. Ein Beitrag zur Entscheidung der Frage über Aufhebung der Todesstrafe. Heidelberg.

Funkenstein, A. (1984) Hermann Cohen: Philosophie, Deutschtum und Judentum. In: Jüdische Integration und Identität in Deutschland und Österreich 1848–1918. Int. Symposium. Hrg. v. W. Grab, Tel Aviv 1984, S. 355–364.

Gerhard, U., Link, J. (1991), Zum Anteil der Kollektivsymbolik an den Nationalstereotypen. In: J. Link, W. Wülfing (Hg.) Nationale Mythen und Symbole in der zweiten Hälfte des 19. Jahrhunderts. Stuttgart 1991, S. 16–52.

Grab, W. (1977) Juden und jüdische Aspekte in der deutschen Arbeiterbewegung 1848–1918. Int. Symposium. Hrsg. v. W. Grab. Tel Aviv.

Grattenauer, K. W. F. (1791) Ueber die physische und moralische Verfassung der heutigen Juden. Stimme eines Kosmopoliten, Germanien (Leipzig).

Grattenauer, K. W. F. (1803a) Wider die Juden. Ein Wort der Warnung an unsere christlichen Mitbürger, Berlin.

Grattenauer, K. W. F. (1803b) Erklärung an das Publikum über meine Schrift: Wider die Juden, Berlin.
Halhuber, M.-J., Pelinka, A., Ingruber, D. (2002) Fünf Fragen an drei Generationen: der Antisemitismus und wir heute. Wien
Hambrecht R. (1993) Herzog Ernst II. und der Literarisch-politische Verein. In: H. Bachmann, W. Korn (Coburg), H. Claus, E. Dobritzsch (Gotha) (Hg.) Herzog Ernst II. von Sachsen-Coburg und Gotha 1818–1893 und seine Zeit. Jubiläumsschrift im Auftrag der Städte Coburg und Gotha. Augsburg 1993, 73–90.
Hartmann, S. (1998) Fraktur oder Antiqua. Der Schriftstreit von 1881 bis 1841. Frankfurt am Main.
Hartwich, W.-D. (2005) Romantischer Antisemitismus: von Klopstock bis Richard Wagner. Göttingen.
Hasenclever, C. (2005) Gotisches Mittelalter und Gottesgnadentum in den Zeichnungen Friedrich Wilhelms IV. Herrschaftslegitimierung zwischen Revolution und Restauration. Berlin.
Haury, T. (2002) Antisemitismus von links: kommunistische Ideologie, Nationalismus und Antizionismus in der frühen DDR. Hamburg.
Heitmann, M. (1997) Hermann Cohen. In: H. Erler, E. L. Ehrlich, L. Heid (Hg.) Meinetwegen ist die Welt erschaffen. Das intellektuelle Vermächtnis des deutschsprachigen Judentums, 58 Portraits, Frankfurt/New York, 102–109.
Heitmann, M. (1999) Jonas Cohn (1869–1974) Die unendliche Aufgabe in Wissenschaft und Religion. Hildesheim.
Heitmann, M. (2002) Moritz Lazarus (1824–1903): Erziehung unter dem Primat der „sittlichen Berechtigung Preußens in Deutschland". In: W. Jasper, J. H. Knoll (Hg.) Preußens Himmel breitet seine Sterne, 2. Bd., Hildesheim, 107–119.
Herzog, D. (1996) Intimacy and exclusion: religious politics in pre-revolutionary Baden. Princeton, NJ.
Heschel, S. (1999) Vorwort. In: C. Wiese (1999), S. IX.
Heschel, S. (2001) Der jüdische Jesus und das Christentum: Abraham Geigers Herausforderung an die christliche Theologie. Berlin.
Heuer, R. (1982–1988) Bibliographica Judaica. Verzeichnis jüdischer Autoren deutscher Sprache. Bd. 1: A-K. Frankfurt 1982. Bd. 2: L-R. Mit Nachträgen, Pseudonymen- und Ortsverzeichnis. Frankfurt 1985. Bd. 3: S-Z. Frankfurt.
Holz, K. (2001) Nationaler Antisemitismus: Wissenssoziologie einer Weltanschauung. Hamburg.
Horch, H.-O. (2004) „Archiv jüdischen Lebens". DFG-Digitalisierungsprojekt erschließt historische jüdische Periodika. In: RWTH Themen. Berichte aus der Rheinisch-Westfälischen Technischen Hochschule Aachen, Ausgabe 2/2004, S. 68–69.
Hug, T. (Hrg.) (2001) Einführung in die Methodologie der Sozial- und Kulturwissenschaften. Baltmannsweiler.
Jahrbuch 1998 des ‚Forum Vormärz Forschung' (1999): Juden und jüdische Kultur im Vormärz. Bielefeld.
Jäger, M. (1996) Fatale Effekte. Die Kritik des Patriarchats im Einwanderungsdiskurs. Duisburg.
Jäger, M., Jäger S. (2007) Deutungskämpfe. Theorie und Praxis Kritischer Diskursanalyse, Wiesbaden.
Jäger, S. (1999) Sprache – Wissen – Macht. Victor Klemperers Beitrag zur Analyse von Sprache und Ideologie des Faschismus, Muttersprache (1), 1–18.
Jäger, S. (2001) Diskurs und Wissen. In: Keller, R. (Hrg.) (2001) Handbuch sozialwissenschaftliche Diskursanalyse. Bd. 1. Opladen, 81–112.

Jäger, S., Jäger, M. (unter Mitarbeit von G. Cleve, I. Ruth, F. Wichert und J. Zöller) (2003) Medienbild Israel. Zwischen Solidarität und Antisemitismus. Münster.

Jäger, S., Januschek, F. (Hg.) (2004) Gefühlte Geschichte und Kämpfe um Identität. Münster.

Jäger, S. (2004⁴) Kritische Diskursanalyse: eine Einführung. Münster.

Jansen, R. (1982) Mission oder Toleranz. Eine Kontroverse zwischen Lavater und Mendelssohn um die Frage nach der Wahrheit und der Religion. In: Judaica Jg. 38., 1982, Basel, 91–107.

Jasper, W. (2003) Ludwig Börne. Keinem Vaterland geboren. Berlin.

Jellinek, H. (1847a) Die Täuschungen der aufgeklärten Juden und ihre Fähigkeit zur Emanzipation mit Bezug auf die von der Preußischen Regierung dem Vereinigten Landtage über die Juden gemachten Propositionen. Zerbst

Jellinek, H. (1847b) Über die Bedeutung der letzten zwölf Jahre in Deutschland. In: St. R. Taillandier, Die gegenwärtige Krisis der Hegel'schen Philosophie [übersetzt von Hermann Jellinek] Leipzig, 3–34.

Jochmann, W. (1988) Gesellschaftskrise und Judenfeindschaft in Deutschland 1870–1945. Hamburg.

Kapr, A. (1993) Form und Geschichte der gebrochenen Schrift. Mainz.

Kastner, D. (Bearb.) (1989) Der Rheinische Provinziallandtag und die Emanzipation der Juden im Rheinland 1825–1845; eine Dokumentation. Hrg. von der Archivberatungsstelle Rheinland. Köln und Bonn. 2. Bd., 543–988.

Kastner, D. (1999) Die Revolution von 1848/49 im Rheinland. Zu den Neuerscheinungen der Jahre 1998/99. In: Annalen des Historischen Vereins für den Niederrhein, insbesondere das alte Erzbistum Köln. 1999, 332–358.

Katz, J. (1967) „The German-Jewish Utopia of Social Emancipation". In: M. Kreuzberger (Hrg.) Studies of the Leo Baeck Institute, New York, 1967, 61–80.

Kayserling, Meyer (1896) Die jüdische Litteratur von Moses Mendelssohn bis auf die Gegenwart. Trier.

Krohn, H. (1974) Die Juden in Hamburg. Die politische, soziale und kulturelle Entwicklung einer jüdischen Großstadtgemeinde nach der Emanzipation 1848–1918. Hamburg.

Landwehr, A. (2001) Geschichte des Sagbaren. Einführung in die historische Diskursanalyse. Tübingen.

Levinas, Emmanuel (1992) Schwierige Freiheit. Versuch über das Judentum, Frankfurt am Main.

Lessing, G. E. (1984) Nathan der Weise. Darmstadt.

Liberles, R. (1985) Religious Conflict in Social Context; the Resurgence of Orthodox Judaism in Frankfurt am Main, 1838–1877. Westport, Conn./London.

Lindner, E. (1997) Patriotismus deutscher Juden von der napoleonischen Ära bis zum Kaiserreich. Frankfurt am Main.

Link, J. (1982) Kollektivsymbolik und Mediendiskurse. In: kultuRRevolution 1/1982, 6–21.

Link, J. (1983) Was ist und was bringt Diskurstaktik. In: kultuRRevolution 2/1983, 60–66.

Link, J. (1995) Diskurstheorie. In: W.-F. Haug (Hrg.) Historisch-Kritisches Wörterbuch des Marxismus, Bd. 2, Hamburg, Sp. 744–748.

Lippe, Ch. D. (1881–1899) Ch. D. Lippe's bibliographisches Lexicon der gesammten jüdischen und theologisch-rabbinischen Literatur der Gegenwart: mit Einschluss der Schriften über Juden und Judenthum. Zehnjähriger resp. 18-jähriger Bücher- und Zeitschriftencatalog. Wien.

Löwenstein, L. (1895–) Beiträge zur Geschichte der Juden in Deutschland. Frankfurt am Main.

Lowenstein, S. (1980) The Rural Community and the Urbanization of German Jewry. In: Central European History 1980, 218–236.

Lowenstein, S. M. (2000) Umstrittene Integration. Deutsch-jüdische Geschichte in der Neuzeit: 1871–

1918. Bd. 3. (hrsg. im Auftrag des Leo-Baeck-Instituts von M. A. Meyer u. Mitw. von M. Brenner) München.
Martschukat, J. (Hrg.) (2002) Geschichte schreiben mit Foucault. Frankfurt am Main.
Maset, M. (2002) Diskurs, Macht und Geschichte. Foucaults Analysetechniken und die historische Forschung. Frankfurt am Main.
Meyer, M. A. (1988) Response to Modernity. A History of the Reform Movement in Judaism. Oxford, New York.
Mosse, G. L. (1985) Jewish Emancipation: Between Bildung and Respectability. In: J. Reinharz, W. Schatzberg (Hg.) The Jewish Response to German Culture: from the Enlightenment to the Second World War. Hanover, N.H., London, 1–16.
Mosse, W. E.; Paucker, A.; Rürup, R. (Hg.) (1981) Revolution and evolution, 1848 in German-Jewish history. Tübingen. [= Schriftenreihe wissenschaftlicher Abhandlungen des Leo Baeck Instituts Nr. 39]
Mosse, W. E. (1981) The Revolution of 1848 – Jewish Emancipation in Germany and its Limits. In: W. E. Mosse, A. Paucker, R. Rürup (1981), 389–402.
Mosse, W. E. (1987) Jews in the German Economy: The German-Jewish Economic Elite 1820–1935. Oxford.
Neumann, W. A. (1860) Preßprozeß Doktor [Sebastian] Brunner – Ignaz Kuranda. Wien.
Oppenheim, H. B. (1843) Über ein neues-altes Projekt zur bürgerlichen Gleichstellung der Juden und über die sogenannte Selbstemancipation. In: Der Israelit des 19. Jahrhunderts, 4. Jahrgang 1843 Heft 12 (19.3.1843) 47–48.
Paul, J. (1999) ‚Erinnerung' als Kompetenz. Zum didaktischen Umgang mit Rassismus, Antisemitismus und Ausgrenzung. Duisburg. [DISS-Texte 31]
Paul, J. (2004) Der verweigerte Dialog. Jüdische Publizistik und die deutsche Nation im 19. Jahrhundert. Eine Projektskizze. In: A. Schobert, S. Jäger (Hg.) Mythos Identität. Fiktion mit Folgen (unter der Mitarbeit von F. Wichert). Münster, S. 139–166. [Edition DISS Band 6]
Paul, J. (2004a) Das ‚Tier'-Konstrukt – und die Geburt des Rassismus. Zur kulturellen Gegenwart eines vernichtenden Arguments. Münster. [Edition DISS Band 2]
Paul, J. (2006) Das ‚Konvergenz'-Projekt – Humanitätsreligion und Judentum im 19. Jahrhundert. In: M. Jäger, J. Link (Hg.) Macht – Religion – Politik. Zur Renaissance religiöser Praktiken und Mentalitäten. Münster, S. 31–59. [Edition DISS Band 11]
Pulzer, P. G. J. (1992) Jews and the German state: the political history of a minority, 1848–1933. Oxford.
Pulzer, P. G. J. (2004) Die Entstehung des politischen Antisemitismus in Deutschland und Österreich 1867 bis 1914: mit einem Forschungsbericht des Autors. Aus dem Engl. von J. und T. Knust. Simon-Dubnow-Institut für Jüdische Geschichte und Kultur. Göttingen.
Ratzinger, Josef (1975) Mit ihm und in ihm. Christologische Forschungen und Perspektiven. Freiburg.
Reinharz, J. (1974) Deutschtum und Judentum in the Ideology of the Centralverein deutscher Staatsbürger jüdischen Glaubens 1893–1914. In: Jewish Social Studies 1974, 19–39.
Richarz, M. (Hrsg.) (1976–1982), Jüdisches Leben in Deutschland. Selbstzeugnisse zur Sozialgeschichte. 3 Bde. Stuttgart.
Richarz, M. (1981) Emancipation and Continuity. German Jews in the Rural Economy. In: W. E. Mosse, A. Paucker, R. Rürup (Hg.) Revolution and Evolution: 1848 in German-Jewish History. Tübingen, 1981, 95–115.
Rürup, R. (1981) The European Revolution of 1848 and Jewish Emancipation, In: In: W. E. Mosse, A.

Paucker, R. Rürup (Hg.) Revolution and Evolution: 1848 in German-Jewish History. Tübingen, 1981, 1–54.

Rürup, R. (1987) Emanzipation und Antisemitismus. Studien zur „Judenfrage" der Bürgerlichen Gesellschaft. Frankfurt.

Rüsen, J. (2001) Holocaust-Erinnerung und deutsche Identität: In: ders., Zerbrechende Zeit. Über den Sinn der Geschichte, Köln 2001, 279–299.

Sarasin, P. (2003) Geschichtswissenschaft und Diskursanalyse. Frankfurt am Main.

Schoeps, J. H. (Hrg.) (1989) Juden als Träger bürgerlicher Kultur in Deutschland. [Studien zur Geistesgeschichte; 11]

Scholem, G. (1964) Wider den Mythos vom deutsch-jüdischen Gespräch. Offener Brief an Manfred Schlösser, den Herausgeber von „Auf gespaltenem Pfad. Zum neunzigsten Geburtstag von Margarete Susman". Jerusalem, den 18. Dezember 1962. In: Bulletin des Leo Baeck Institute 1964, 278–281.

Scholem, G. (1970) Judaica II. Frankfurt am Main, 7–12.

Schudt, Johann Jakob (1714) Jüdische Merckwürdigkeiten Vorstellende Was sich Curieuses und denckwürdiges in den neuern Zeiten bey einigen Jahrhunderten mit denen in alle IV. Theile der Welt sonderlich durch Teutschland zerstreuten Juden zugetragen. Franckfurt; Leipzig.

Silberner, E. (1962) Sozialisten zur Judenfrage. Ein Beitrag zur Geschichte des Sozialismus vom Anfang des 19. Jahrhunderts bis 1914. Berlin.

Sterling, E. (1956) Er ist wie du. Aus der Frühgeschichte des Antisemitismus in Deutschland (1815–1850). München.

Stern, F. (2002) Dann bin ich um den Schlaf gebracht: ein Jahrtausend jüdisch-deutsche Kulturgeschichte. Berlin.

Stern, F., Gierlinger, M. (Hg.) (2003) Ludwig Börne: Deutscher, Jude, Demokrat. Berlin.

Tal, U. (1975) Christians and Jews in Germany: Religion, politics, and ideology in the Second Reich, 1870–1914. Ithaca u. a.

Titscher, S., Wodak, R., Meyer, M., Vetter, E. (1998) Methoden der Textanalyse: Leitfaden und Überblick. Opladen.

Toury, J. (1966) Die politischen Orientierungen der Juden in Deutschland. Von Jena bis Weimar. Tübingen.

Toury, J. (1977) Soziale und politische Geschichte der Juden in Deutschland 1847–1871. Zwischen Revolution, Reaktion und Emanzipation. Düsseldorf.

Treitschke, H. von (1879) Unsere Aussichten. In: Preußische Jahrbücher. 44 (1879) 559–576.

Unger, J. J. (1899) Patriotische Casual-Reden. 2. Aufl. Prag.

Volkov, S. (1977) The Immunization of Social Democracy against Anti-Semitism in Imperial Germany. In: W. Grab (Hrg.) (1977) Juden und jüdische Aspekte in der deutschen Arbeiterbewegung 1848–1918. Int. Symposium. Tel Aviv, 63–83.

Wiese, C. (1999) Wissenschaft des Judentums und protestantische Theologie im wilhelminischen Deutschland [= Schriftenreihe wiss. Abhandlungen des Leo Baeck Instituts 61]. Tübingen.

Wiese, C. (2004) Zwiespalt und Verantwortung der Nähe. Raphael Straus' friedvolle Betrachtung über Judentum und Christentum. In: Kalonymos, Beiträge zur deutsch-jüdischen Geschichte aus dem Salomon Ludwig Steinheim-Institut, 3–4/2004, 1–9.

Wilke, C. (2003) „Den Talmud und den Kant": Rabbinerausbildung an der Schwelle zur Moderne. Hildesheim.

Wilke, C. (Bearb.) (2004) Die Rabbiner der Emanzipationszeit in den deutschen, böhmischen und großpolnischen Ländern 1781–1871. 2. Bd. München.

Wistrich, R. S. (1976) Georg von Schoenerer and the genesis of modern Austrian anti-Semitism. In: The Wiener Library Bulletin, London 1976/77, 20–29.
Wistrich, R. S. (1982) Socialism and the Jews: the dilemmas of assimilation in Germany and Austria-Hungary. Rutherford.
Wodak, R. (2001) The discourse-historical approach. In: Wodak, R.; Meyer, M. (Hg.) (2001), 63–94.
Wodak, R.; Meyer, M. (Hg.) (2001) Methods of critical discourse analysis. London.
Zimmermann, M[oshe] (1979) Hamburger Patriotismus und deutscher Nationalismus. Die Emanzipation der Juden in Hamburg 1830–1865. Hamburg.
Zimmermann, M[ichael] (Hrg.) (1998) Die Geschichte der Juden im Rheinland und in Westfalen. Köln.
Zumbini, M. F. (2003) Die Wurzeln des Bösen: Gründerjahre des Antisemitismus: von der Bismarckzeit zu Hitler. Frankfurt am Main.

Verzeichnis der Primärliteratur

1845 Philippson Religion: Philippson, Ludwig, Staat und Religion, die religiöse Gesellschaft (1845) In ders., Weltbewegende Fragen in Politik und Religion. Aus den letzten dreißig Jahren. Erster Theil: Politik. Leipzig: Baumgärtner, 1868, 84–112

1845 Stern Christlicher Staat: Stern, Sigismund, Sechste Vorlesung. Das Judenthum und der Jude im christlichen Staat. In ders., Die Aufgabe des Judenthums und des Juden in der Gegenwart. Acht Vorlesungen, gehalten in Berlin, vom 25. Jan. bis 12. März 1845, Berlin: Berliner Lesecabinet 1845, 205–252

1846 Holdheim Vaterland: Holdheim, Samuel, Die religiöse Aufgabe in dem neuen Vaterland: Predigt bei Gelegenheit der Befreiung der Israeliten Mecklenburg-Schwerins von der Abgabe des Schutzgeldes, gehalten am Sabbath Chaije Sarah 14 November 1846. Schwerin: Kürschner 1847

1846 Stern Zukunft: Stern, Sigismund, Achte Vorlesung. Fragen an die Zukunft. In ders., Die Religion des Judenthums in acht Vorlesungen. Berlin: Bernstein 1846, 287–327

1847 Einhorn Verhalten: Einhorn, David, Das vom Judenthum gebotene Verhalten des Israeliten gegenüber seiner stiefväterlichen Behandlung von Seiten des Vaterlandes; Predigt am 13. November 1847 in der Synagoge zu Schwerin gehalten. Schwerin: Kürschner 1847

1847 Veit Entwurf: Veit, Moritz (1808–63), Der Entwurf einer Verordnung über die Verhältnisse der Juden und das Edikt vom 11. März 1812: Als Manuskript gedruckt. Leipzig: Brockhaus 1847

1848 Grünhut Invalide: Grünhut, A., (Wachtmeister] Der jüdische Invalide oder Verteidigung der jüdischen Soldaten und des Judenthums überhaupt gegen eine Schmähschrift unter dem Titel: Die Juden wie sie waren, sind – und bleiben werden. O.J.; o.O. (1848) [eine Wiener Flugschrift unter dem genannten Titel erschien 1848]

1848 Philippson Begründung: Philippson, Ludwig, Neunte Vorlesung. Die Religion der Gesellschaft in ihrer Begründung und Entwickelung. In ders., Die Religion der Gesellschaft und die Entwickelung der Menschheit zu ihr, dargestellt in zehn Vorlesungen. Leipzig: Baumgärtner's Buchhandlung 1848, 146–165

1848 Schwarz Sendschreiben: Schwarz, Israel: Sendschreiben an das teutsche Parlament in Frankfurt a.M., für die Aussprechung der Judenemancipation und ein offenes Wort an den christlichen Klerus. Ursprünglich in: Der treue Zions-Wächter (Hamburg), Nr. 4, 1848, S. 211–213, 251f.; Separatdruck: Heidelberg: G. Reichard 1848 [Israel Schwarz: Cand.theol.; Sohn des Rabbiners Hajum Schwarz / Hürben.]

1848 Zunz Märzhelden: Zunz, Leopold, Den Hinterbliebenen der Märzhelden Berlins (1848) In ders., Gesammelte Schriften. Herausgegeben vom Curatorium der „Zunzstiftung", 1. Bd. Berlin: Louis Gerschel 1875, 301–302

1849 Philippson Gesinnung: Philippson, Ludwig, Die politische Gesinnung der Juden (1849.) In ders., Weltbewegende Fragen in Politik und Religion. Aus den letzten dreißig Jahren. Erster Theil: Politik. Leipzig: Baumgärtner 1868, 371–377

1849 Salomon Himmel: Salomon, Gotthold, Der neue Himmel und die neue Erde oder die bürgerliche Gleichstellung der Israeliten in Hamburg, eine am 17. Februar 1849, bei dem Sabbat-Gottesdienste gehaltene Predigt. Hamburg: Halberstadt 1849

1849 Zunz Demokratie: Zunz, Leopold, Die Prinzipien der Demokratie (1849) In ders., Gesammelte

Schriften. Herausgegeben vom Curatorium der „Zunzstiftung" 1. Bd. Berlin: Gerschel. 1875, 308–316.

1850 Adler Allioli: Adler, Lazarus, Emancipation und Religion der Juden oder Das Judenthum und seine Gegner. Ein Sendschreiben an Herrn Professor Dr. Allioli, Landtags-Abgeordneten und Dompropst in Augsburg. München: Schurich, 1850. Separatabdruck aus: Neue Fränkische Zeitung.

1850 Einhorn Ungarn: Einhorn, Ignaz (Eduard Horn), Das demokratische Element im Juden- und Christenthume. In ders., Die Revolution und die Juden in Ungarn, nebst einem Rückblick auf die Geschichte der Letztern von J. Einhorn. Bevorwortet von Julius Fürst. Leipzig, C. Geibel 1851 [Vorwort datiert vom Oktober 1850] Reprint. Nachw. von Ambrus Miskolczy unter Mitw. von Michael K. Silber, Budapest: Universitas 2001, 11–25

1850 Holdheim Religiöse Trauung: Holdheim, Samuel, Die Bedeutung der religiösen Trauung neben der Civilehe im Judenthum. In ders., Gemischte Ehe zwischen Juden und Christen. Die Gutachten der Berliner Rabbinatsverwaltung und des Königsberger Konsistoriums, beleuchtet von Dr. Samuel Holdheim, Rabbiner und Prediger der jüdischen Reformgemeinde zu Berlin. Berlin: Leopold Lassar, 1850, 75–88

1852 Stein Staat: Stein, Leopold, Was ist das Wesen des Christlichen Staates? Eine zeitgemäße Frage. Frankfurt/M: Literarische Anstalt 1852

1853 Philippson Stoff: Philippson, Ludwig, Stoff und Geist in der Menschheit. 1853, In ders., Weltbewegende Fragen in Politik und Religion. Aus den letzten dreißig Jahren. Zweiter Theil: Religion. Erster Band: Allgemeines. – Zur vergleichenden Religionswissenschaft. Leipzig: Baumgärtner 1869, 68–81

1853: Saalschütz Geist: Saalschütz, Joseph Levin, Der Geist der Versöhnlichkeit im biblischen Staatswesen. Bei der Feier des allerhöchsten Geburtsfestes Sr. Majestät des Königes, am 15. October 1853 in der Synagoge zu Königsberg. Königsberg: Samter 1853

1854 Hirsch Christentum: Hirsch, Samuel, Achter Vortrag. Fortsetzung. In: Die Humanität als Religion in Vorträgen, gehalten in der Loge zu Luxemburg, 1854, 212–248.

1856 Holdheim Stahl: Holdheim, Samuel, Stahl's christliche Toleranz. Zweiter unveränderter Nachdruck. Berlin: Abelsdorff 1856 [frühere Auflage nicht bibliographierbar]

1857 Ritter Beleuchtung: Ritter, Immanuel Heinrich, Beleuchtung der Wagner'schen Schrift: Das Judenthum und der Staat. Berlin: Hesselberg 1857

1858 Philippson Völker: Philippson, Ludwig, 5. Der Verfall der Völker (1858.) In ders., Weltbewegende Fragen in Politik und Religion. Aus den letzten dreißig Jahren. Erster Theil: Politik. Leipzig: Baumgärtner, 1868. S. 16–23

1858 Stern Erziehung: Stern, Sigismund, Die Elemente der sittlichen Erziehung: Allgemein menschliche, religiöse, nationale und Berufsbildung. In ders., Einladungsschrift zu der am 22., 23., 24. und 25. März stattfindenden öffentlichen Prüfung der Bürger- und Realschule der israelitischen Gemeinde. Frankfurt: Adelmann 1858, S. 3–30

1859 Adler Handwerk: Adler, Lazarus, Ideen über Handwerk und Handel in religiöser und sittlicher Beziehung [Zum Schiller-Jahr 1859]. In ders., Vorträge zur Förderung der Humanität. Den Freunden und Förderern der Humanität aller Confessionen, insbesondere meinem lieben und gelehrten Freunde Herr Dr. Jakob Pinhas gewidmet. Kassel: M. S. Messner'sche Buchhandlung 1860, 71–86

1860 Adler Civilisation: Adler, Lazarus, Civilisation und Judenthum (1860). Ein Vortrag gehalten am Tage der Stiftungsfeier der Gesellschaft Humanität. In ders., Vorträge zur Förderung der Humanität. Den Freunden und Förderern der Humanität aller Confessionen, insbesondere meinem lieben und gelehrten Freunde Herr Dr. Jakob Pinhas gewidmet. Kassel: M. S. Messner'sche Buchhandlung 1860, 45–60

1860 *Adler Vorträge Kultur:* Adler, Lazarus, Über das Verhältniß des Judenthums zur Cultur überhaupt und zur heutigen insbesondere. Ein Vortrag gehalten am Tage der Stiftungsfeier der Gesellschaft Humanität. In ders., Vorträge zur Förderung der Humanität. Den Freunden und Förderern der Humanität aller Confessionen, insbesondere meinem lieben und gelehrten Freunde Herr Dr. Jakob Pinhas gewidmet. Kassel, M. S. Messner'sche Buchhandlung 1860, 111–122

1860 *Adler Vorträge Vaterland:* Adler, Lazarus, Das wiedergefundene Vaterland. In ders., Vorträge zur Förderung der Humanität. Den Freunden und Förderern der Humanität aller Confessionen, insbesondere meinem lieben und gelehrten Freunde Herr Dr. Jakob Pinhas gewidmet. Kassel, M. S. Messner'sche Buchhandlung 1860, 167–180

1860 *Kaempf Stützen:* Kaempf, Saul Isaac, Die wahren Stützen des Thrones und des Vaterlands. Rede, gehalten bei der am 18. März 1860 im neuen israelitischen Tempel zu Prag stattgehabten Dankesfeier wegen des den Israeliten Österreichs verliehenen Possessionsrechts. Prag: Freund 1860

1860 *Riesser Rechte:* Riesser, Gabriel, Die Rechte der Juden in Preußen. 1860. (Aus den Preußischen Jahrbüchern Band V. Heft 2.) In: Gabriel Riessers Gesammelte Schriften. Hrg. Im Auftrag des Comité der Riesser-Stiftung von Dr. M. Isler. 3. Band. Frankfurt/Leipzig: Volckmar 1867, 568–627

1861 *Frankel Judeneid:* Frankel, Zacharias [Oberrabbiner, Director des jüd.-theol. Seminars zu Breslau], Der Judeneid vor den preussischen Kammern. Breslau: Skutsch 1861

1861 *Philippson Mission:* Philippson, Ludwig, Blicke auf die gegenwärtige Weltlage und politische Briefe. 4. Am 30. Januar 1861. Die Nationalitäten. In ders., Weltbewegende Fragen in Politik und Religion. Aus den letzten dreißig Jahren. Erster Theil: Politik. Leipzig: Baumgärtner 1868, 218–220

1861 *Philippson Jan:* Philippson, Ludwig, Die industrielle Mission der Juden (1861.) In ders., Weltbewegende Fragen in Politik und Religion. Aus den letzten dreißig Jahren. Erster Theil: Politik. Leipzig: Baumgärtner 1868, 378–392

1861 *Zunz Erste Wahlrede:* Zunz, Leopold, Erste Wahlrede (1861) In ders., Gesammelte Schriften. Herausgegeben vom Curatorium der „Zunzstiftung" 1. Bd. Berlin: Louis Gerschel Verlagsbuchhandlung 1875, 316–321

1861 *Zunz Zweite Wahlrede:* Zunz, Leopold, Zweite Wahlrede (1861) In ders., Gesammelte Schriften. Herausgegeben vom Curatorium der „Zunzstiftung" 1. Bd. Berlin: Louis Gerschel Verlagsbuchhandlung 1875, S. 321–325

1862 *Philippson Atheisten:* Philippson, Ludwig, Der Judenhaß der Atheisten und Rothen (1862) In ders., Weltbewegende Fragen in Politik und Religion. Aus den letzten dreißig Jahren. Erster Theil: Politik. Leipzig: Baumgärtner 1868, 425–429

1862 *Philippson Gewalten:* Philippson, Ludwig, Die drei Gewalten (1862) In ders., Weltbewegende Fragen in Politik und Religion. Aus den letzten dreißig Jahren. Erster Theil: Politik. Leipzig: Baumgärtner 1868, 127–133

1862 *Philippson Partei:* Philippson, Ludwig, Die ultramontan- und pietistisch-feudale Partei (1862) In ders., Weltbewegende Fragen in Politik und Religion. Aus den letzten dreißig Jahren. Erster Theil: Politik. Leipzig: Baumgärtner 1868, 416–424

1862 *Unger Verfassung:* Unger, Joachim Jacob, Die Grundsäulen einer wahrhaft freisinnigen Verfassung. Festrede zur Jahresfeier der österreichischen Staatsverfassung, gehalten am 26. Februar 1862. In ders., Patriotische Casual-Reden., Zweite, vermehrte Auflage, Prag: Jakob B. Brandeis 1899, 3–18

1863 Süskind Leipzig: Süskind, S., Fest-Predigt bei der Gedenkfeier der Völkerschlacht bei Leipzig in der Synagoge zu Wiesbaden am 18. October 1863. Wiesbaden: Jurany und Heusel 1863

1864 Philippson März: Philippson, Ludwig, Blicke auf die gegenwärtige Weltlage und politische Briefe. 5. Im März 1864. In ders., Weltbewegende Fragen in Politik und Religion. Aus den letzten dreißig Jahren. Erster Theil: Politik. Leipzig: Baumgärtner 1868, 220–237

1864 Zunz Selbstregierung: Zunz, Leopold, Selbstregierung (1864) In ders., Gesammelte Schriften. Herausgegeben vom Curatorium der „Zunzstiftung." 1. Bd. Berlin: Louis Gerschel Verlagsbuchhandlung 1875, 340–347

1865 Jacoby Kammergericht: Jacoby, Johann, Rede vor dem Kammergericht am 9. Januar 1865 In ders., Gesammelte Schriften und Reden. Zweiter Theil. Hamburg: Meißner 1872, 240–265

1865 Philippson Deutschtum: Philippson, Ludwig, Judenthum und Deutschthum (1865.) In ders., Weltbewegende Fragen in Politik und Religion. Aus den letzten dreißig Jahren. Erster Theil: Politik. Leipzig: Baumgärtner 1868, 448–458

1866 Ehrenteil Ehrentod: Ehrentheil, Adolf, Ehrentod der Braven. Rede gehalten zur Seelengedächtnißfeier für die im jüngsten Kriege gefallenen Soldaten. Prag: Ehrmann 1866

1866 Geiger Auflösung: Geiger, Abraham, Die zweimalige Auflösung des jüdischen Staates. Eine Zeitpredigt, gehalten den 30. Juni 1866 In: Abraham Geiger's Nachgelassene Schriften. Hg. von Ludwig Geiger, 1. Bd. Berlin: Gerschel 1875, 410–422

1866 Philippson Febr: Philippson, Ludwig, Blicke auf die gegenwärtige Weltlage und politische Briefe. 7. Im Februar 1866. In ders., Weltbewegende Fragen in Politik und Religion. Aus den letzten dreißig Jahren. Erster Theil: Politik. Leipzig: Baumgärtner 1868, 246–262

1867 Jellinek Kriege: Jellinek, Adolf, Gedächtnißrede auf die im letzten Kriege gefallenen israelitischer Religion. Wien: Herzfeld und Bauer 1867

1869 Anonym Mohl: Robert von Mohl wider die Gleichstellung der Juden. Zur Kritik der neuesten Angriffe von einem getauften Juden. Berlin: Adolf 1869

1869 Lieser Wagner: Lieser, E., Die modernen Judenhasser und der Versuch von Julius Lang, das Judenthum mit Richard Wagner zu versöhnen. Nakel: Hallmann 1869

1870 Fürst Todesstrafe: Fürst, Julius, Das peinliche Rechtsverfahren im jüdischen Alterthume: Ein Beitrag zur Entscheidung der Frage über Aufhebung der Todesstrafe. Heidelberg: Bassermann, 1870

1870 Jacoby Arbeiterbewegung: Jacoby, Johann, Das Ziel der Arbeiterbewegung. Rede vor den Berliner Wählern am 7. Juni 1870. In ders., Gesammelte Schriften und Reden. Zweiter Theil. Hamburg: Meißner 1872, S. 345–371

1871 Buchholz Volk: Buchholz, Das deutsche Volk und die Juden. In: Israelitische Wochen-Schrift für die religiösen und socialen Interessen des Judenthums. Redakteur und Herausgeber: Dr. A. Treuenfels. Breslau, Jg. 1871, Nr. 29, S. 225–227; Nr. 30, S. 233–234; Nr. 31, S. 241–244

1872 Lazarus Blick: Lazarus, Moritz, Ein psychologischer Blick in unsere Zeit. Vortrag, im wissenschaftlichen Verein in der Singakademie am 20. Januar 1872 gehalten. Berlin: Dümmler 1872

1873 Unger Herrschermacht: Unger, Joachim Jacob, Die Merkmale der gottberufenen Herrschermacht. Festrede zur Jubelfeier der fünfundzwanzigjährigen Regierung Seiner Majestät, des Kaisers Franz Joseph I., gehalten am 2. December 1873. In ders., Patriotische Casual-Reden. Zweite, vermehrte Auflage. Prag: Jakob B. Brandeis 1899, 27–36

Ausführliches Inhaltsverzeichnis:

1. Der verweigerte Dialog: Analyse eines kulturellen Erbes 7

2. Methodische Überlegungen: Historische Diskursanalyse 12
2.1. Zum Verhältnis von Diskurstheorie und Diskursanalyse 12
2.2. Zur Vorgehensweise 15

3. Diskursiver Kontext: Die Debatte um Integration und
   rechtliche Zugehörigkeit 17

4. Publizistische Bedingungen 19
4.1. Gleichberechtigte Publikations- und Distributionsmöglichkeiten deutsch-
   jüdischer Autoren 19
4.2. Die wichtigsten Medien der Zeit: Zur Bedeutung der Broschürenliteratur . . 20

5. Ein großes thematisches Spektrum: Die zentralen Themen und
   Unterthemen der Texte 23
5.1. Themenanalyse 23
5.2. Das Bemühen um Gehör: Ergebnisse der Themenanalyse der zentralen Texte 26
   5.2.1. Streuung der zentralen Texte im Untersuchungszeitraum 26
   5.2.2. Textsorten, Adressierung und Sprecherposition 26
   5.2.3. Verteilung der Themen auf Themenbereiche 27
5.3. Festere Verschränkung mit dem Religionsdiskurs: Ergebnisse der
   Themenanalyse der nicht zentralen Texte 29
   5.3.1. Streuung der Texte im Untersuchungszeitraum 29
   5.3.2. Wissenschaftliche Abhandlungen, gefolgt von Predigten und Vor-
      trägen: die Textsorten, die Textadressierung und die Sprecherpositionen 29
   5.3.3. Verteilung auf die Unterthemen 30
5.4. Vom Corpus zum Dossier – als Grundlage einer Aussagenanalyse 32

6. Das Sagbarkeitsfeld: Aussagenanalyse 34
6.1. Vorbemerkung 34
6.2. Konzeptionelle Aussagen 37
   6.2.1. Gottes- und Menschenbild: Monotheismus und sittliche Freiheit . . . 37

6.2.2. Individual- und Sozialethik: Nächstenliebe –
Gleichheit und Gerechtigkeit 40
    6.2.2.1. Individualethik 40
    6.2.2.2. Sozialethik 42
6.2.3. Freiheit, Gleichheit und Brüderlichkeit als universale Werte des
Judentums 44
6.2.4. Konkretisierungen 52
    6.2.4.1. Soziale Gerechtigkeit: 52
    6.2.4.2. Rechtsstaat und Nation 54
6.3. Judentum, Christentum, Antisemitismus 66
   6.3.1. Judentum und Christentum 67
   6.3.2. Antisemitismus 74
      6.3.2.1. Fehlende Nächstenliebe und jüdischer ‚Hass' 75
      6.3.2.2. Die christliche Übertrumpfung des Judentums 77

7. Feinanalysen 81
7.1. Ein ironisch angelegtes Rollenspiel: Leopold Stein, Was ist das Wesen des
Christlichen Staates? Eine zeitgemäße Frage. 81
   7.1.1. Institutioneller Rahmen 81
   7.1.2 Text-Oberfläche 84
      7.1.2.1. Grafische Gestaltung des Artikels 84
   7.1.3. Gliederung und Argumentation 85
      7.1.3.1. Überschrift und liturgische Vorbemerkungen (1–30) 85
      7.1.3.2. Einleitung (31–91) 86
      7.1.3.3. Hauptteil (92–426) 88
   7.1.4. Sprachlich-rhetorische Mittel 94
      7.1.4.1. Ironie 94
      7.1.4.2. Konfliktvermeidung 96
   7.1.5. Logik und Komposition 96
   7.1.6. Referenzbezüge, Redewendungen, Anspielungen 98
   7.1.7. Kollektivsymbolik 100
      7.1.7.1. Symbole des Lichts 100
      7.1.7.2. Symbole der Kriegsführung 102
      7.1.7.3. Symbole des Körpers 103
   7.1.8. Akteure und ihre Charakterisierungen 104
   7.1.9. Zwischen Ausbruch und Gefangenschaft: Aussagen 108
      7.1.9.1. Jüdische Ethik 108
      7.1.9.2. Das religionsgeschichtliche Verhältnis zwischen Judentum und
Christentum 108

    7.1.9.3. Motivationen und Gründe des judenfeindlichen bzw. antisemitischen Syndroms 108
    7.1.9.4. Gesellschaftsverständnis und Zukunftsperspektive 109
  7.1.10. Zusammenfassung 109
 7.2. Religion und Fortschritt: Lazarus Adler, Über das Verhältnis des Judenthums zur Cultur überhaupt und zur heutigen insbesondere. 111
  7.2.1. Institutioneller Rahmen 111
    7.2.1.1. Ein nachträglich veröffentlichter Vortrag 111
    7.2.1.2. Ein Autor der Reformbewegung 111
    7.2.1.3. Anlass. Eine Stiftungsfeier 112
  7.2.2. Textoberfläche 112
    7.2.2.1. Einbindung des Artikels im Rahmen der Gesamtveröffentlichung 112
    7.2.2.2. Grafische Gestaltung 113
    7.2.2.3. Gliederung in Sinnabschnitte 113
  7.2.3. Komposition und Logik: strikt durchgehalten 115
  7.2.4. Art und Form der Argumentation: Auf Konsensbildung ausgerichtet . 116
    7.2.4.1. Hinführung 117
    7.2.4.2. Das Verhältnis des Judentums zur Kultur überhaupt (81–262). 118
    7.2.4.3. Das Verhältnis des Judentums zur Kultur heute 121
    7.2.4.4. Schlussfolgerungen 123
    7.2.4.5. Zusammenfassung 124
  7.2.5. (Kollektiv-)Symbolik: Der Zeit entsprechende Natursymbolik 124
  7.2.6. Pronominalstruktur und Akteure: Keine feste Wir-Gruppe 131
  7.2.7. Anspielungen und Zitate: Konstruktive Auseinandersetzung 133
  7.2.8. Aussagen: Menschenwürde im Mittelpunkt 136
  7.2.9. Zusammenfassung: Gegen Rückschritt und Unkultur 136

8. **Staat, Nation, Gesellschaft: Die jüdische Sicht / Zusammenfassung der Projektergebnisse** 138

8.1. **Konzeptionelle Aussagen: Für ein innerweltliches Heilsgeschehen** 138
8.2. Aussagen zu Judentum, Christentum, Antisemitismus: Für alle geltende universalistische Werte 140
8.3. Diskursive Wirkungsmittel und Strategien: „Licht" und „Finsternis" 141
8.4. Betrachtung der Ergebnisse im gesellschaftlichen Zusammenhang: Eine historische Hypothek 144

9. **Die Bedeutung der Projektergebnisse für Gegenwart und Zukunft** 145
 9.1. Die christliche Übertrumpfung des Judentums – heute 145

9.2. Judentum und das Ethos der Aufklärung 147
9.3. ‚Messianismus' – als Prinzip politischer Ethik? 148

Anhang 1: Aufbau des Archivs 151

Anhang 2: Analyse der Themenfelder 154

Anhang 3: Leopold Stein, Was ist das Wesen des christlichen Staates [Volltext] 162

Anhang 4: Lazarus Adler, Ueber das Verhältniß des Judenthums zur Cultur überhaupt und zur heutigen insbesondere [Volltext] 174

Verzeichnis der Sekundärliteratur 185

Verzeichnis der Primärliteratur 192

Ausführliches Inhaltsverzeichnis 197

WILLY COHN
KEIN RECHT, NIRGENDS
BRESLAUER TAGEBÜCHER 1933–1941
EINE AUSWAHL
HERAUSGEGEBEN VON NORBERT CONRADS

Der Breslauer Historiker Willy Cohn (1888–1941) ist der wichtigste Autor seiner Generation für das jüdische Breslau. Er kannte die Stadt und die jüdische Gemeinde wie kaum ein zweiter. Mit seinen hier in einer Auswahl vorgelegten Tagebuchaufzeichnungen, die er im geheimen bis zu seiner Ermordung durch die Nationalsozialisten 1941 führte, liegt erstmals ein umfassender Augenzeugenbericht über den Untergang der drittgrößten jüdischen Gemeinde Deutschlands vor.

2008. 369 S. 17 S/W-ABB. AUF 16 TAF. GB. MIT SU.
ISBN 978-3-412-20139-5

»Mit der Veröffentlichung seiner Tagebücher ist Willy Cohn nun ein Denkmal gesetzt – als dem, nach Victor Klemperer, wichtigsten Chronisten des Schicksals jüdischer Deutscher in Zeiten der finstersten Barbarei.«
　　　Volker Ullrich, *DIE ZEIT*

»Aufschlussreicher als Klemperer.«
　　　Walter Laqueur, *Die Welt*

BÖHLAU VERLAG, URSULAPLATZ 1, 50668 KÖLN. T: +49(0)221 913 90-0
INFO@BOEHLAU.DE, WWW.BOEHLAU.DE | KÖLN WEIMAR WIEN

CHRISTIANE HOFFRATH
BÜCHERSPUREN
DAS SCHICKSAL VON
ELISE UND HELENE RICHTER UND IHRER
BIBLIOTHEK IM »DRITTEN REICH«

Zu Anfang des zwanzigsten Jahrhunderts eroberten sich Elise und Helene Richter einen Platz in der akademischen und kulturellen Welt Wiens. Mit dem Anschluss Österreichs an das »Deutsche Reich« 1938 waren die jüdischen Schwestern den Verfolgungen der Nationalsozialisten ausgesetzt. Am Ende blieb ihnen nur noch ihre umfangreiche, bedeutende Privatbibliothek. 1941 verkauften sie den größten Teil ihrer Bücher an die Universitäts- und Stadtbibliothek Köln in der Hoffnung, damit die fälligen Judenabgaben bezahlen zu können und der drohenden Deportation zu entgehen. Das Buch geht den Spuren der Bibliothek nach und schildert den Lebensweg der Schwestern, der 1943 in Theresienstadt endete.

2009. 225 S. 12 S/W-ABB. AUF 8 TAF. GB. MIT SU. ISBN 978-3-412-20284-2

»Christiane Hoffrath beschäftigt sich seit 2005 mit der Recherche
und Rekonstruktion der Richter-Bibliothek. Was ihre fast kriminalistischen
Untersuchungen zutage förderten, ist eine ebenso bittere wie spannende
Geschichte – und ein politisches Mahnmal, das nahezu sieben Jahrzehnte
nach dem Tod der Schwestern erschütternd wirkt.«
Kölner Stadt-Anzeiger

BÖHLAU VERLAG, URSULAPLATZ 1, 50668 KÖLN. T: +49(0)221 913 90-0
INFO@BOEHLAU.DE, WWW.BOEHLAU.DE | KÖLN WEIMAR WIEN

BEATE KLARSFELD/SERGE KLARSFELD
ENDSTATION AUSCHWITZ
DIE DEPORTATION DEUTSCHER UND
ÖSTERREICHISCHER JÜDISCHER
KINDER AUS FRANKREICH
EIN ERINNERUNGSBUCH

Mit diesem Buch soll an das Leben von etwa 800 jüdischen Kindern aus Deutschland und Österreich erinnert werden, die nach der Deportation aus ihrem Zufluchtsland Frankreich von den Nationalsozialisten ermordet wurden. Mit großem Engagement haben Beate und Serge Klarsfeld alle verfügbaren Informationen über diese Kinder zusammengetragen, um ihr Schicksal vor dem Vergessen zu bewahren.

2008. 187 S. MIT 230 S/W-ABB. GB. 155 X 235 MM.
ISBN 978-3-412-20156-2

Die Klarsfelds […] berichten die Wahrheit darüber, was den Kindern angetan wurde. […] Den Leser erwartet keine Gute-Nacht-Lektüre. Im Gegenteil – sie raubt den Schlaf.
 Süddeutsche Zeitung

Eine einzigartige Dokumentensammlung […]. Das Ehepaar Klarsfeld hat die Würde von 200 Kindern der Nachwelt erhalten, indem sie den nummerierten Zahllosen ihre Namen und Gesichter zurückgab.
 Europäische Rundschau

BÖHLAU VERLAG, URSULAPLATZ 1, 50668 KÖLN. T: +49(0)221 913 90-0
INFO@BOEHLAU.DE, WWW.BOEHLAU.DE | KÖLN WEIMAR WIEN

JACOB SIMON
EIN JÜDISCHES LEBEN IN THÜRINGEN
LEBENSERINNERUNGEN BIS 1930
(VERÖFFENTLICHUNGEN DER HISTORISCHEN KOMMISSION FÜR THÜRINGEN. GROSSE REIHE, BAND 17)

Jacob Simon (1865–1943) stammte aus einer Familie, die in der jüdischen Gemeinde Hildburghausens über mehrere Generationen Führungspositionen innehatte. Nach dem Jurastudium in München, Leipzig und Jena ließ er sich 1891 als Rechtsanwalt in Meiningen nieder und übernahm 1919 den Vorsitz der dortigen jüdischen Gemeinde. 1933 verlor er die Zulassung als Notar, 1938 die als Rechtsanwalt. Jacob Simon und seine Ehefrau wurden 1942 nach Theresienstadt deportiert, wo beide im Jahr darauf starben. Seine zwischen 1919 und 1930 geschriebenen Erinnerungen, die hier erstmals veröffentlicht werden, zeichnen ein lebendiges Bild des Alltags jüdischen Lebens in Thüringen während der Weimarer Republik.

HG. VON JOHANNES MÖTSCH UND KATHARINA WITTER
2009. VIII, 308 S. 8 S/W-ABB. AUF 6 TAF. GB. 170 X 240 MM.
ISBN 978-3-412-20382-5

LOUISE HECHT
EIN JÜDISCHER AUFKLÄRER IN BÖHMEN
DER PÄDAGOGE UND REFORMER
PETER BEER (1758–1838)
(LEBENSWELTEN OSTEUROPÄISCHER JUDEN, BAND 11)

Als Pädagoge, Historiker und religiöser Reformer deckte Peter Beer mit seinem Werk die Kerngebiete der jüdischen Aufklärung (Haskala) in Mitteleuropa ab. Denn die Umgestaltung des Erziehungswesens, die Etablierung einer modernen Historiographie und die „Kultreform" waren wesentliche Voraussetzungen zur Modernisierung des Judentums. Das vorliegende Buch zeigt Beer im Kontext der einschneidenden politischen, kulturellen und religiösen Veränderungen in der Habsburger Monarchie an der Wende zum 19. Jahrhundert.

2008. 403 S. 5 S/W ABB. BR. 145 X 210 MM.
ISBN 978-3-412-14706-8

„Louise Hechts Buch beruht auf gründlicher Erforschung archivalischer und gedruckter Quellen. Man verspürt bei der Lektüre das Interesse und Engagement der Autorin. Das Buch wird die rege Diskussion über die Haskala weiter beleben […]."
H-Soz-u-Kult

BÖHLAU VERLAG, URSULAPLATZ 1, 50668 KÖLN. T: +49(0)221 913 90-0
INFO@BOEHLAU.DE, WWW.BOEHLAU.DE | KÖLN WEIMAR WIEN

REIHE JÜDISCHE MODERNE

HERAUSGEGEBEN VON
ALFRED BODENHEIMER UND
JACQUES PICARD

Band 1: Eckhard John, Heidy Zimmermann (Hg.)
JÜDISCHE MUSIK?
FREMDBILDER – EIGENBILDER
2004. VIII, 416 S. 49 s/w-Abb. Gb.
ISBN 978-3-412-16803-2

Band 2: Erik Petry
LÄNDLICHE KOLONISATION IN PALÄSTINA
DEUTSCHE JUDEN UND FRÜHER ZIONISMUS AM ENDE DES 19. JAHRHUNDERTS
2004. XXI, 406 S. Gb.
ISBN 978-3-412-18703-3

Band 3: Peter Haber, Erik Petry, Daniel Wildmann
JÜDISCHE IDENTITÄT UND NATION
FALLBEISPIELE AUS MITTELEUROPA
2006. VIII, 171 S. 2 s/w-Abb. Gb.
ISBN 978-3-412-25605-0

Band 4: Birgit Schlachter
SCHREIBWEISEN DER ABWESENHEIT
JÜDISCH-FRANZÖSISCHE LITERATUR NACH DER SHOAH
2006. X, 336 S. Gb.
ISBN 978-3-412-29405-2

Band 5: Corinne Susanek
NEUE HEIMAT SCHWEDEN
CORDELIA EDVARDSONS UND EBBA SÖRBOMS AUTOBIOGRAFIK ZUR SHOAH
2008. X, 285 S. Gb.
ISBN 978-3-412-24106-3

Band 6: Hanna Zweig-Strauss
SALY MAYER (1882–1950)
EIN RETTER JÜDISCHEN LEBENS WÄHREND DES HOLOCAUST
2007. 392 S. 39 s/w-Abb. auf 32 Taf. Gb.
ISBN 978-3-412-20053-4

Band 7: Stefanie Leuenberger
SCHRIFT-RAUM JERUSALEM
IDENTITÄTSDISKURSE IM WERK DEUTSCH-JÜDISCHER AUTOREN
2007. VIII, 274 S. 15 s/w-Abb. auf 15 Taf. Gb.
ISBN 978-3-412-20058-9

Band 8: Alexandra Binnenkade, Ekaterina Emeliantseva, Svjatoslav Pacholkiv
VERTRAUT UND FREMD ZUGLEICH
JÜDISCH-CHRISTLICHE NACHBARSCHAFTEN IN WARSCHAU – LENGNAU – LEMBERG
Mit einem Geleitwort von Heiko Haumann.
2009. X, 216 S. 3 s/w-Abb. Gb.
ISBN 978-3-412-20177-7

Band 9: Beatrix Borchard, Heidy Zimmermann (Hg.)
MUSIKWELTEN – LEBENSWELTEN
JÜDISCHE IDENTITÄTSSUCHE IN DER DEUTSCHEN MUSIKKULTUR
2009. 406 S. 26 s/w-Abb und 10 s/w-Abb. auf 8 Taf. Gb. ISBN 978-3-412-20254-5

Band 10: Wulff Bickenbach
GERECHTIGKEIT FÜR PAUL GRÜNINGER
VERURTEILUNG UND REHABILITIERUNG EINES SCHWEIZER FLUCHTHELFERS (1938–1998)
Mit einem Geleitwort von Jacques Picard.
2009. 363 S. Mit 22 s/w-Abb. Gb.
ISBN 978-3-412-20334-4

böhlau

BÖHLAU VERLAG, URSULAPLATZ 1, 50668 KÖLN. T: +49(0)221 913 90-0
INFO@BOEHLAU.DE, WWW.BOEHLAU.DE | KÖLN WEIMAR WIEN